西方女性媒介文化研究

Western Media Culture of Femininity

张舍茹　陆道夫　编著

暨南大學出版社
JINAN UNIVERSITY PRESS

中国·广州

图书在版编目（CIP）数据

西方女性媒介文化研究 / 张舍茹，陆道夫编著．—广州：暨南大学出版社，2013.12

ISBN 978－7－5668－0828－8

Ⅰ.①西…　Ⅱ.①张…②陆…　Ⅲ.①女性—传播媒介—文化—西方国家—文集—汉、英　Ⅳ.①G206.2－53

中国版本图书馆 CIP 数据核字（2013）第 257343 号

……………………………………………………………………………………

西方女性媒介文化研究

编 著 者：张舍茹　陆道夫

出 版 人：徐义雄

策 划 人：杜小陆

责任编辑：杜小陆　高　洵

责任校对：何　力

地　　址：中国广州暨南大学

电　　话：总编室（8620）85221601

营销部（8620）85225284　85228291　85228292（邮购）

传　　真：（8620）85221583（办公室）　85223774（营销部）

邮　　编：510630

网　　址：http：//www.jnupress.com　http：//press.jnu.edu.cn

排　　版：弓设计

印　　刷：佛山市浩文彩色印刷有限公司

开　　本：787mm×960mm　1/16

印　　张：17.75

字　　数：300 千

版　　次：2013 年 12 月第 1 版

印　　次：2013 年 12 月第 1 次

定　　价：39.80 元

蔡　骐/黄　金

女性媒介文化研究的源流与发展前景*（代前言）

一、女性主义媒介文化研究的兴起

西方女性主义研究起源于西方的女权主义运动。早在18世纪，女权思想就在西方资产阶级民主思想的基础上孕育并发展起来，从而爆发了大规模的妇女运动。这场妇女运动到20世纪初达到高潮，即女权主义运动第一个高潮。到20世纪60年代，女权主义运动再度达到第二次高潮。这时的“feminism”已远远超出了前期“女权主义运动”所指涉的政治运动的范畴，进入了对构成社会整体的文化加以批判的女性主义批评时期。这一阶段多被称为女性主义时期。

女性主义凭借这次运动高潮，走进了西方高等教育与研究机构，并且作为一个特定的教育和研究领域逐渐形成规模。此后，女性主义学者在诸如文学、历史、社会学和心理学等领域展开了声势浩大的性别清算。例如，清算文学作品中的女性描写以及倡议女性写作，重写没有女性身影的历史，探讨人类社会进程中女性扮演的角色等，与此相关而诞生了女性主义研究的各个支流学派，如女性主义文学、女性主义历史学、女性主义社会学等。

在对这些问题进行不断深入研究的同时，女性主义研究的视野也继续向其他学科扩展。研究者们很快将目光投向由大众媒介传播的通俗文化上，尤其是大众媒介对女性不平等的文化表现上，包括了分析和批判通俗文化与大众媒介如何以及为什么用一种不公平、不公正和利用性的方式，在性别不平等和压制的更加一般的框架内来对待妇女以及她们的表现。例如对广告中所

---

* 本文原发表于《湖南师范大学学报》2004年第3期，收入本书时引文方式略有改动，谨致谢意与歉意。题目为编者所加。

流露的性别陈规，女性读者阅读罗曼司小说所产生的快感，对肥皂剧的讨论等。但是，这些理论探讨却零星分布在各个研究领域之中，学界通常把这些尚未形成体系的研究统称为女性主义媒介批评。

随着大众传播理论在全球学术领域的拓展，它与其他学科的融合已渐成气候，从中也建立起众多相关的交叉学科。从女性主义角度来审视大众媒介，或者说，女性主义研究涉足传播领域，似乎也成为当今的一种学术新动向。1978年，美国传播学女学者塔奇曼等人主编出版了《炉床与家庭：媒介中的女性形象》论文集，标志着女性主义媒介研究正式成为传播学研究的一个分支。从那时起到现在的三十多年间，女性主义媒介研究逐步发展为一门显学。此时，西方学者以往所提出的大众媒介的女性主义批判，显然不再能涵盖我们现今的研究，因为它已不只是单纯的揭示，还会通过批判来理解传播与社会之间复杂的关系。

由此可见，女性主义媒介研究的兴起，是从妇女运动发展到女性主义学科运动，到女性主义通俗文化研究，再到大众媒介研究的一个历史发展过程。进入20世纪90年代后，许多新的思想和研究成果纷纷出现，使人感到妇女所面对的问题要远远复杂于女性主义思想通常划分的自由主义女性主义、激进女性主义以及社会主义女性主义三种意识形态取向，于是各个学派开始进一步分化，如社会主义女性主义与马克思主义的结合形成了新的学派，激进女性主义之中也出现了更多的争论。除此之外，也相继出现了其他超越“三大家”的理论研究，如运用心理分析的后结构女性主义和倡导价值多元化的后现代女性主义等。由于受到母体学科体系的影响，女性主义媒介研究也相应呈现出多元化的发展趋势，而承认内部矛盾斗争的不可避免性，鼓励不同思想的交锋，正是这一理论存在和发展的源泉。

作为一种融女性主义与大众传播学于一体的跨学科研究，女性主义媒介研究既承袭了前者所特有的批判色彩，也保留了后者的基本理论框架。遵循“传播者→信息→受众”的传播模式，我们也同样从这一模式入手来探讨女性主义的媒介研究。

二、媒介机构与女性

据调查表明，大部分媒体中的工作人员都是男性，处于媒介机构中上管理层的也是男性居多。在中国，广电行业、报业以及通讯社中的男女性别比例大约为7:3，而在传媒的领导层中，妇女的比例更加微乎其微。即使今天越来越多的女性走上了媒体工作岗位，但女性要么是从事行政工作，要么是在那些被认为是她们所肩负家庭责任的延伸领域内工作，如儿童、教育、消费、家庭节目。西方学者更是通过实证调查得出了这样的结论：媒介制作领域内女性的增多并不意味着女性权力在增加或影响在增大，相反，它意味着在该领域内女性收入和地位的下降。

同样，男性对媒介工业的控制，必然导致大众文化中男性视点的流行。根据福柯的理论，“话语即权力，权力通过话语而在文化机制中起作用”。在媒介营造的这个宏大的话语场或话语生产平台中，媒介机构虽然受到了其他诸如法律、政治、社会、文化以及专业因素的种种制约，但作为信息发布的来源，它拥有空前的话语权。而媒介首先墨守成规地反映了一种客观现实，那就是，的确有许多女性扮演母亲和家庭主妇的角色，但这种写实性也受到了质疑。范佐伦就曾指责它们并没有充分反映女性的生活和经验的全貌。他认为，“红颜祸水”、“洗衣烧饭”无法体现复杂多样的女性世界。也有学者提出，传播媒介的内容同时在延续并创造着文化，由大众传媒所塑造的定型化了的性别角色，极易内化为受众的社会期待，最终影响受众的社会性别认识和行动。媒介在反映这种生活写照之外，沿袭了一套对女性极其不公的刻板陈见，特别是在无形中刻画了后现代女性主义者所激烈批判的性别本质主义——女性特征绝对地被归纳为肉体的、非理性的、温柔的、母性的、依赖的、感情型的、主观的、缺乏抽象思维能力的；而男性特征则被归纳为精神的、理性的、勇猛的、富于攻击性的、独立的、理智型的、客观的、擅长抽象分析思维的等。

媒介的这种性别不平等的话语生产通常被视为是对父权制观念的传播。英国学者斯特里纳蒂认为，父权制可以被看成是一种社会关系，男人们在其中支配、剥削和压迫妇女们。自由主义女性主义认为，要扭转这一局面，一是女性应该获得更平等的机会进入由男性控制的领域并争取权力地位，二是媒介要描写更多非传统角色的女性和男性，以及使用不具有性别歧视的语言。激进的女性主义将男子视为通过控制性行为和人类繁衍从而在妇女所受压迫中获得好处的集团，女性应当建立自己的传播工具，并要求改变父权制度下男女之间的社会关系和权力结构。而社会主义女性主义把对父权制与资本主义制度的批判联系起来，认为妇女在资本主义社会中充当了无偿劳动者，从而成为现代工业社会中被剥削、被压迫的对象；正如她们对电视机制分析所揭示的那样："电视已经被建构为经济及工业力量的重要环节，成为资本主义（最大的）商业营利机构。……女性观众只不过是电视利用娱乐贩卖货物所产生的消费者。"对父权制社会而言，继续保持社会性别制度，也就是维护了对男性极为有利的现有秩序，从而继续维护他们的既得利益和长远利益。因此，作为权利维护工具的大众传媒不可避免地承担了父权制意识形态的话语生产者的职责。

另一方面，持有话语权的媒介生产者大多不可能脱离其生长的文化背景。在人类社会的发展过程中，父权观念已经根深蒂固地植入了社会文化之中，人们的头脑里被灌输了几千年的关于男女之间的道德、伦理、宗教、审美及风俗习惯的观念。因而，即使是媒介机构中的少数女性媒介文本生产者，也落入了性别歧视的怪圈而不能自拔。她们或者根本没有意识到自己深处于男权的控制之中，习惯性地充当了男性视角的复制者，或者为了商业利益而有意去迎合菲勒司逻各斯中心。中国学者戴锦华就以当代中国涌现出的一批女导演为例，剖析了无意识女性媒介生产者的叙事风格。她认为，在绝大多数女导演的作品中，创作主体的性别身份甚至绝少呈现为影片的风格成因之一，她们的成功之处在于能够制作"和男人一样"的影片，能够驾驭男人所驾驭并渴望驾驭的题材。比如，李少红在影片《血色清晨》中所呈现的"陈陋、颓化、因之而至为残酷的社会仪式"，"无主名、无意识杀人团式群体"，"经典的看客般的社会心态"，"文化文物化式的死亡过程"，这些都成功地运用了经典的男性拍摄手法。与这些女性导演不同，70年代出生的女作家卫慧、棉棉的身体写作显然是对男权制的一种积极迎合，是对60年代的陈染、林白等人"女性写作"传统的一种颠覆，她们"并不拒绝男性的趣味，而是竭力体现出配合的趋势——她们不仅不反对男性的'窥视'，而且主动地'展示'"。有学者指出，女性的身体甚至被动地成为了男性欲望的课题，变化的不过是把"被动地显现女性隐秘"转化为"主动地暴露女性情欲"。

三、女性主义视野中的媒介文本

媒介究竟是如何生产出这种性别意识形态（即媒介的话语方式）的呢？

女性主义学者对各种具体的媒介文本进行了个案式的解读，以此来揭示这种意识形态是怎么样获得再生产的。我们可以通过他们关于广告、肥皂剧、妇女杂志、电影及罗曼司小说等具体媒介文本类型的研究，来展示女性主义媒介文化研究的基本路径。

（一）广告

女性主义学者对广告中所呈现的性别不平等加以无情的批判。学者们由一组对黄金时段的电视广告样品所做的内容分析数据来揭示广告是性别陈规的延续。通过统计广告中妇女角色的种类与出现方式、出现频率，他们发现，女性普遍出现在服装、食品、家用电器之类的广告中，或者作为具有性诱惑力的形象被安置在广告中，而男性形象则多数与高科技产品的广告联系在一起。比如，有人曾经做过详细的调查统计，在对516部电视广告作品中所出现的成年人物形象的分析发现，家庭的这一类形象的男女比例分别是18.1%和40.5%，而职业的这一类形象的男女比例分别是61.3%和24.0%；穿着西服和职业装的男女比例分别是50.7%和14.1%，而穿着普通生活装的男女比例是37.1%和80.8%。广告中的性别描绘因其对受众的潜在影响力而被看作是一个重大的社会问题。然而，这种分析方法被批评为缺乏理论上质的辨别力，它不过是提供了一幅男女之间的社会关系和性别关系，以及对男女进行表现的静止图画，它无法透析媒介形象产生的根源。

（二）肥皂剧

戴安娜·米罕是试图把定量方法与定性方法结合起来并加以运用的研究者之一。在《夜晚的女性：黄金时段电视剧中的女性角色》中，她同样把内容分析作为其研究方法，计算女性角色或女主角的数量、在情景喜剧中以一个女性为代价而换来的笑话出现的次数，或者是戏剧性的暴力场景中有关女性犯罪或针对女性所犯罪的次数，从而证实了“女性角色的力量与无力，脆弱与坚韧的问题”，并由此推论：“观众依据电视模式来评价他人的行为举止是否合适，因而生活本身与其电视翻版之间的相互联系就会变得越来越密切。”米罕的研究同样也受到一些学者的挑战，例如美国媒介学者卡普兰认为，大量实证材料虽然证明了大众媒介中妇女形象的普遍塑造方式，但却没有更多地说明这些形象是如何产生的，或是关于这些形象确切的含义，以及它们对女性观众的影响。而文化研究学者则另辟出路，他们采用符号学或结构主义分析将视野拓展到了媒介文本的内容层面之外的深层意义。

(三) 妇女杂志

在运用符号学分析方式所进行的文本分析中，麦克罗碧对少女杂志《杰姬》的代码解析堪称女性媒介文化研究的经典。她认为，诸如浪漫代码、个人生活代码、时装和美丽代码以及波普音乐代码之类的代码，有助于确定一种以未来作为妻子和母亲角色为基础的少女意识形态，而受众不可避免地要屈从于这种意识形态的力量。她借鉴了阿尔都塞和葛兰西的主导意识形态思想的分析，至今仍受到学者们的青睐，她对妇女杂志文本后隐藏的意识形态的揭示更加本质和尖锐。中国学者卜卫的研究也表明，在这类杂志中，女性美被传统地界定为男性眼光中的性感尤物，女性被切割成“零件”，活在男性文化所主宰的审美活动中；而作为审美的主体，男性对女性容貌、身材的期待实质上形成了对女性的一种控制。其实，无论是纪实性的妇女杂志如《家庭》、《知音》，还是时尚类的妇女杂志如《时尚》、《瑞丽》，它们都复制了既定的性别意识、性别关系和性别认同。前者以平凡人的辛酸文字作为主料，将女性理想的气质定义为男性所需要的“温柔”与“风情”，女性的理想品格则是牺牲自己而退守家庭。与之相较，宣扬提升女性成熟气质的时尚类杂志打造的是一个物质生活充裕、追求浪漫格调的繁华世界，其中充斥着关于各种名贵物品的信息。在学者温史普看来，还导致了“妇女们不可避免地通过消费来确定她们自身的女性气质”。这些无疑将女性与情感、消费以及被动性牢牢地联系在一起，从而与父权制中男性的理智、生产及主动性形成了鲜明的二元对立。

(四) 电影

劳娜·穆尔维写于1975年的《视觉快感与叙事电影》一文提供了一幅精神分析视角的新图画。她认为，观淫癖与恋物癖是好莱坞电影用以建构观众的机制，男性观众因为视淫本能（即观看而产生的快感）而成为一个观淫者，电影中的所有女性躯体都被“恋物癖化”了；而如果观众是一个女人，她不得不假定自己处于男性的位置，从而参与到观淫癖和恋物癖这两种机制中去。穆尔维指出：“女人在她们那传统的裸露癖角色中同时被人看和被展示，她们的外貌被编码成具有被看性的内涵。”有学者甚至对西方电影中的东方女性形象也做了类似的探讨。他们认为，这些电影中的女性一样被观赏者置于被窥视的地位，而且由于“白种男人从棕色男人手里拯救棕色女人”的故事已成为一种电影寓言，从而使东方女性处于双重窥视（西方看东方，男人看女人）的情境中。

（五）罗曼司小说

美国学者拉德薇在其《阅读罗曼司》一书中论述到，罗曼司小说的理想结局是女主人公理想性地得到了一位异性（即小说中的男主人公）的呵护，这位男性将带给她父亲般的保护、母亲般的关爱和充满激情的爱情。这样看来，罗曼司小说充当了女性从中确立一种“独立”的心理欲望的场所，女主人公（女读者）将随着小说的叙事而经历其心理体验，并在圆满的结局中成功地确立那种与他人相关的自我。同时，它也以爱的名义再次复制了男性解救（或支配）女性的神话。不过，拉德薇也进一步发现，对于这些女读者来说，阅读罗曼司不仅使她们从日常的各种问题和责任中解脱出来，而且还为她们创造出一段时间或一种空间，在这段时间或这种空间里，女人们是完全独立自主的，她们可以全神贯注地去考虑其个人的各种需要、欲望和乐趣，而这其实也是一种转移或逃避现实的手段，说明女性完全可以创造性地使用文本来实现其对父权制的反抗。

从上面的分析可以看出，拉德薇不再是单纯地把受众放在被动的信息接受者的位置上，她开始注意到受众对于媒介的主动使用。实际上，受众头脑中的性别形象也许会因为大众媒介的作用而得到强化，但这些意识形态并不一定对受众的观念和行为产生直接影响。用约翰·费斯克（或译约翰·菲斯克）的话来说就是，大众对文化工业产品的辨别行为往往出乎文化工业本身的意料，因为它既取决于文本的特征，也同样取决于大众的社会状况。拉德薇的论著涉及女性主义媒介研究的另一个领域，即对文本接受者——女性受众的分析。

四、女性受众与媒介使用

通常说来，文本的作者在通过文字与图像符号建构文本时会有一个意义中心，而读者在解读文本时获得了某种意义的消费与情感的释放。传统妇女杂志的故事文本可以依结局而分为悲剧或喜剧两类。悲剧故事让有类似命运的读者得到了安慰，原来天下的苦命人不知凡几，从而在某种程度上缓解了他们的痛苦情绪，有时还能获得一些有益的启迪与对策；而喜剧故事则会激发读者对美好生活的向往和追求，那些生活中的成功者会成为读者向往与效法的楷模。与之相较，许多新型的女性时尚类杂志则不强调故事，而宣称自己是为白领女性提供信息服务的，其潜台词就是承认社会不同阶层的存在，并认可不同社会阶层应该拥有不同的生活方式。时尚杂志的读者则通过阅读这些杂志去了解这些信息，并购买这些物品，从而把自己切实地划入白领这一社会阶层中。因此，阅读这样的杂志，对于这些女性读者来说，是获得身份认同的一种手段。

观看电影及肥皂剧的观众同样如此。斯泰希在其论文《明星透视：好莱坞与女性观众》中就把女性看电影视为一种与各种主流含义进行谈判的过程，而不是穆尔维所认为的一种被动接受的过程；电影院成了观众逃避现实、识别（权力、控制和自信）以及消费的场所。另一位学者也同样强调这种快感机制的产生。洪美恩（或译为莱恩·昂）在征集喜欢或不喜欢《豪门恩怨》（或译为《达拉斯》）的观众来信中发现：该剧的憎恶者一边把《豪门恩怨》视为“坏的东西”，一边却在讽刺式的观看中对某事物提出评论，肯定了一种居于那事物之上的关系，以此体验着观看它的乐趣。例如，有位观众以一种否定的方式勾勒出那些喜欢《豪门恩怨》的人们或曰他人的身份，自信心达到了特别的程度；那些喜爱《豪门恩怨》的人差一点儿被这位来信者宣布为白痴！喜欢该剧的人则采取了平民主义的立场，拒绝屈从于大众文化意识形态的规定，或让那些规定决定自己的偏好，他们在观看中为这样的拒绝提供了直接的正当理由，喜欢《豪门恩怨》是一件无须劳神费力的事情，因为它似乎并没有被大众文化意识形态创造的那些禁忌所包围。洪美恩的女性主义分析同时也是以喜爱肥皂剧的观众身份来进行的，有别于拉德薇的将女性主义与浪漫小说截然分开的做法。她认为乐趣并不是某种总是“损害受众自身实际利益”的东西，幻想与小说也不会取代生活的其他方面，诸如社会实践、道德或政治意识等，相反地还与它们相依相伴。

根据文化研究学者霍尔的编码/解码理论，受众解读媒介信息的方式并不是确定的，因而媒介的文本具有不确定性，媒介文本不再被看成是“具有自身意义和对所有读者产生相似影响的一种自足的独立体，相反，它被认为具有多种潜在意义，有很多方式能够激活这些潜在意义”。尤其是女性受众在对待媒介时所产生的反抗与快感机制使这些文本成了她们手中有意义的使用工具。媒介机构的作用在这里再次体现出来，因为她们喜欢的书或电视节目正是为女性逃避而制作的，媒介在给受众提供阅读快感的同时，又再度强化了对女性的意识形态的控制。学者布伦斯登主张，研究的重点应该从只注重媒介文本如何专门取悦于女性观众，转移到它们是怎样作为一种直接影响和控制不同文化观念从而具有社会效应的机构而存在上来。这样，媒介的机构、文本与受众三者之间形成的并不是一个“铁板一块”的整体。探讨性别因素在传播过程中所起的作用，这是女性主义媒介文化研究努力的方向。

五、女性主义媒介研究的方法及前景

女性主义媒介研究的方法论呈现出多样性，但主要分为两大类：一类沿用了社会科学中的量化研究方法，如内容分析、调查统计；一类借鉴的是人文科学的质化研究方法，包括深度访谈、参与观察、符号学、心理分析等。如前所述，广告中性别角色的量化统计只能说明传播现实中的趋势和潮流，至于数据背后的意义，则需要揭示传播的各个层面与各个角落里存在的性别不平等和歧视，揭示女性身处的困境，昭示提高女性地位、赋予女性自主权之道的质化方法。拉德薇是首先觉察到这种方法论的简单化趋势的学者之一，她在《阅读罗曼司》中强调要把分析的重点从单独分析文本本身，转移到日常生活环境中和复杂的社会事件来阅读。对她而言，文本分析需要通过了解女性观众如何“阅读”文本来补足。也就是说，定量研究采用一种假定的“客观”态度来提供“未受污染”的经验材料，可是女性主义研究因其政治主张而“必须搜寻到那些与女性有着特殊关联的问题，以及她们在社会上被指定的特殊位置”。这就要求研究者以受众的身份参与到文本阅读中去，同时这也意味着像内容分析这种量化研究不会被女性主义研究者完全摈弃。另一位学者缪尔认为，“男性视点的流行完全是因为男人们控制了那种工业”，而内容分析“正像其他类型的统计学证据一样，可以通过用数量表示通俗文化中男性视点的流行而被动员来支持这一立场”。这使我们想到定量方法与定性方法之间的对立并不是不可调和的，米罕等人的研究就是这种方法论上的新尝试。通过确立一种更为精确、更为科学的量化方法来印证质化结论，似乎有助于补充人文科学所缺少的实证色彩。在两种研究方法之间，我们或许还能找到一条联系的纽带，使实证与思辨更好地走向融合，从而可以更好地运用女性主义来研究媒介文化。克里登在《重审社会性别价值的挑战》一文中表达了这种美好愿望："这些研究方法的融合是改变这个体制以及提高其中的女性地位，并最终提高民众地位的不可或缺的一部分。"

在女性主义学者对各种媒介文本展开激烈争论时，她们强调了性别因素而忽略了其他可能影响女性社会地位的因素。事实上，在任何一个社会中，除了性别以外，阶级和种族等因素也会影响到人与人之间的关系。女人的社会身份不仅仅是女性，她还隶属于某个阶级与某个民族，并有自己独特的生活经验，尤其是在对黑人女性及第三世界女性的研究中，以前单纯的性别研究方法显现出了偏见与无力。一些中国学者也意识到，如果"将西方特定历史阶段的女性主义理论普遍化"，那就很容易陷入殖民主义的陷阱，从而遮蔽第三世界中国女性的真正处境。为此，他们大声疾呼："中国的妇女观则更多地隐匿于社会总的道德规范和革命运动之中，对于中国妇女材料的把握应该立足于经验范畴，而不是理念范畴。"在实际的研究中，学者们有意识地运用更多的研究视角去克服女性主义研究传统中的这种简单化倾向，比如，东方女性在电影中的表述是将性别、阶级和种族三者联系在一起的。学者们同时指出，中国本土的女性主义研究应该"寻找和开掘本土理论资源，在与外来理论的对照中形成一套自己的女性主义诗学"。

应该看到，尽管女性主义思潮已经越来越发展壮大，但是大众媒介对于女性主义尤其是女性主义者的反应却不尽如人意。最近的一项调查研究表明，女性主义者相对于普通女性来说更加受到媒介的"妖魔化"，（她们）与大多数市民的日常生活事物既没有联系又不相适应，某种程度上（也）不做与普通女性相同的事情。因此，观众可能认为女性主义者及其关注的事物与寻常百姓无关，也可能认为她们实际上是异常的。塔奇曼所指出的那种"象征性歼灭"，对于女性主义者来说或许比对一般女性更为明显。这同样也表明了女性主义媒介研究依然任重道远。

参考文献

［1］斯特里纳蒂. 通俗文化理论导论［M］. 北京：商务印书馆，2001.

[2] 陈阳. 性别与传播 [M]. 国际新闻界，2001 (1).

[3] 鲍晓兰. 西方女性主义研究评介 [C]. 上海：三联书店，1995.

[4] 林林，张玉川. 女性报道者的角色嬗变 [J]. 现代传播，2003 (3).

[5] 罗伯特·C. 艾伦. 重组话语频道 [M]. 北京：中国社会科学出版社，2000.

[6] 蔡敏. 传媒话语生产与控制 [J]. 现代传播，2002 (6).

[7] James Curren & Michad Gurevich. 大众传播与社会 [M]. 台北：五南图书出版公司，1990.

[8] 朱易安，柏桦. 女性与社会性别 [M]. 上海：上海教育出版社，2003.

[9] 李银河. 女权主义围绕性别气质问题的论争 [A]. 荒林，王红旗. 中国女性文化第 2 期 [C]. 北京：中国文联出版社，2001.

[10] 石义彬. 单向度、超真实、内爆——批判视野中的当代西方传播思想研究 [M]. 武汉：武汉大学出版社，2003.

[11] 戴锦华. 可见与不可见：当代中国电影中的女性与女性的电影 [A]. 李小江，朱虹，董秀玉. 主流与边缘 [C]. 上海：三联书店，1999.

[12] 郑智斌. 性别在电视广告中——性别的媒介形象对比 [J]. 南方电视学刊，2002 (4).

[13] Marian Meyers, *Mediated Women: Representations in Popular Culture*, London: Hampton Press, Inc., 1999.

[14] 卜卫. 解读《女友》杂志的性别论述 [A]. 荒林，王红旗. 中国女性文化第 1 期 [C]. 北京：中国文联出版社，2000.

[15] 约翰·斯道雷. 文化理论与通俗文化导论 [M]. 南京：南京大学出版社，2001.

[16] 孙萌. 西方电影中的东方女性 [J]. 电影艺术，2003 (2).

[17] 约翰·费斯克. 理解大众文化 [M]. 北京：中央编译出版社，2001.

[18] 莱恩·昂. 达拉斯与大众文化意识形态 [A]. 罗钢，刘象愚. 文化研究读本 [C]. 北京：中国社会科学出版社，2000.

[19] 赵华. 论媒体在传播过程中意义的嬗变 [J]. 新闻与传播，2003 (3).

[20] Pamela J. Creedon, *Women in Mass Communication*, Now York & London: SAGE Publications, Inc., 1993.

[21] 远婴. 女权主义与中国女性电影 [A]. 胡克, 张卫, 胡智锋. 当代电影理论文选 [C]. 北京: 北京广播学院出版社, 2001.

目　录

第一部分　汉语论文

第二部分　英语论文

目 录

第一部分 汉语论文

第二部分 英语论文

第一部分　汉语论文

张舍茹 1

美国女性媒介文化研究的学术贡献

在过去的20年里，女性主义文化研究专著在美国大量出版，女性主义学者根据各自对文化的不同定义，或是把女性主义的研究课题植入文化批评的土壤中，或是用女性主义的政治观点去重新审视文化研究的理论与实践。简妮丝·拉德薇（Janice Radway）的专著《阅读浪漫：妇女、父权制和通俗文学》（*Reading the Romance*：*Women*，*Patriarchy*，*and Popular Literature*），塔奇曼（Tuchman）的《炉边与家园：大众媒介中的女人形象》（*Hearth and Home*：*Images of Women in the Mass Media*）以及劳娜·穆尔维（Laura Mulvey）的论文《视觉快感与电影叙事》（*Visual Pleasure and Narrative Cinema*）等，堪称是女权主义与文化研究相结合的代表之作。

一、浪漫小说的女性阅读体验

拉德薇在该书中运用女性主义的观点立场和文化研究的方法，博采文化批评、文学理论、民族志研究（ethnography）和心理分析等众家之长，在文化研究领域里开辟了新的天地，充分显示了女性主义在文化研究领域里的创造活力。

拉德薇的研究始于1979年。她注意到，女性主义运动第二次高潮并未降低女性大量购买并阅读浪漫小说的热情。恰恰相反，女读者们对平装本的浪漫小说买得更积极，读得更起劲了。为了解释女性主义求平等求解放的运动和女读者心甘情愿被浪漫小说所“俘虏”这一奇怪的矛盾现象，拉德薇先后在史密斯顿书店（Smithston Bookshop）采访调查了42名这类小说的读者，录制了60小时个别交谈和小组座谈发言。她的调查对象年龄为25~45岁，大多数已婚并有孩子。调查研究资料主要是通过个人问卷调查、无确定答案的集体讨论、面对面的访谈、一些非正式的讨论以及通过观察书店里一些常客之间的相互影响来搜集。拉德薇所采访的妇女中大部分每天都看书，她们每周要花11～15个小时的时间来阅读浪漫小说。至少有四分之一的妇女告诉她，除非因为家务活及其他家庭事务需要耽误，否则的话她们更愿意从头到尾一口气读完一篇浪漫小说。她们每周消费1～15篇小说不等。有四个人甚至说，她们每周读15～25篇浪漫小说。

拉德薇首先在书中回顾了美国图书出版发行的历史，揭示了广告宣传、市场调查和发行销售与浪漫小说热的兴起之间的密切关系。她指出，读书不是一个孤立的行动。由于浪漫小说首先是一种商品，它经过了市场商品流通渠道才到达读者手中，所以，研究浪漫小说就不能不顾及它的商品因素。在接下来的两章中，拉德薇研究分析了史密斯顿书店读者的具体情况。拉德薇运用民族志的写作方法，即作者以参与者（participant）和观察者（observer）的双重身份亲临其境，观察记者采访对象的活动，从研究对象的角度来反映她们的思想和行为。与社会学调查的方法相比，民族志作者更偏重于内部调查体验生活，而不是结构或数据分析。

在拉德薇看来，史密斯顿书店里的女读者之所以爱读浪漫小说，是因为浪漫小说使她们能够暂时摆脱为人妻或为人母的琐碎事务。阅读仿佛是一种自我独立的"宣言书"。不仅如此，阅读行为还为这些家庭妇女提供了一种逃避现实的机会。她们从中得到的是希望、安慰和知识。因为理想的浪漫故事应该是讲述一个聪明能干、独立自主并富有幽默感的女性在经历了许多猜疑和不信任以及某种非人道的待遇和暴力后，被一个聪明能干、温柔体贴并富有幽默感的男人的爱所征服。在他们的关系不断发展的过程中，该男人从一个感情上还处于文字出现以前的社会的人逐渐转变为一个会关心她、呵护她的人，传统上只有女人对男人才会这样关心和呵护。按照拉德薇的解释就是，"这种浪漫的幻想（romantic fancy）并不是一种关于找到一个非常有趣的生活伴侣的幻想，而是表达了一种要以特定的方式被人关心、被人爱的良好愿望"[1](p.83)。这是一种关于回报（reciprocation）的幻想，一种希望男人们可以像通常人们要求女人给予男人那样给予女人关心和重视的良好愿望。但是这种浪漫的幻想给我们的启示远不止这些，它让人想起读者实际上还处在一个强烈需要"母爱"的时期。实际上，浪漫幻想小说是某种形式的回归，女读者通过阅读小说，在幻觉上和感情上又回到了那个以善解人意和无微不至关心别人为特征的"母爱"的时期。换句话来说，阅读浪漫小说是一个幻想的过程，在这个幻想过程中，男主角最终成为一个关爱和重视别人的人，而女读者则从她的恋母孩童时期以来就未曾体验过这样的关爱和重视。于是，浪漫小说的阅读就成为妇女设身处地、通过男女主角之间的关系来体验那种在日常生活中要给予别人而得不到足够回报的情感援助（the emotional succour）。拉德薇接着指出，要体验这种向母性情感满足的回归，有三种选择的可能，即同性恋、与男人发生性关系，或者是通过其他手段来寻求满足。然而，传统文化憎恶同性恋的本质限制了第一种可能；男性化的本质又限制了第二种可能；阅读浪漫小说可能算得上是第三种可能的一个例子。拉德薇指出："正是这种幻想导致了浪漫小说的产生，这种幻想源自于那种渴望去爱一位异性并被异性所爱的恋母情结式的欲望，以及那种萦绕脑海中的前恋母情结式的愿望。这种愿望是女人内心客体完形的一部分，是一种希冀能再次得到母亲的关爱，并从中体验到这种爱所意味的一切（性乐趣、在母体内成熟和身份的确证）。"[1](p.146)

毫无疑问，拉德薇的这一发现打破了传统的女性主义批评对浪漫小说和浪漫小说阅读所下的结论。在她之前，女性主义批评常常把浪漫小说的意义局限在文本之中，似乎一本小说对任何稍有训练的读者都会产生相同的作用。即使是那些以读者为中心的批评家，也往往是以批评家的反应代替具体读者的反应。拉德薇把浪漫小说的阅读作为一种文化现象来研究，把发言权交给史密斯顿书店的读者，将她们不同的阅读感受与其各自的生活经验联系起来进行考察。拉德薇的研究摈弃了传统的大众文化消费模式，即文化商品支配消费者，消费者被动接受大批量生产的文化商品。在她看来，大众文化的消费过程不能简单等同于食物消费的过程，大众对文化不仅仅是"消化"和"吸收"的关系，因为文化是包含信仰、价值观和世界观在内的一个综合系统。这个系统决定人们的生活方式并赋予它意义。为此，拉德薇强调，要搞清楚读者与浪漫小说的关系，就必须先搞清楚浪漫小说不是固定和一成不变的普通商品。它们一方面受文化约束，但另一方面又为文化服务。同样，浪漫小说的读者也不是一个同一或统一的整体。她们的消费兴趣和消费动机既受社会的影响，又与她们的个人经历和文化程度有着密切的关系。所以，那种一味强调浪漫小说的保守性，或是把浪漫小说的读者一概视为无主见、易幻想，只会被浪漫小说牵着鼻子跑的观点都是不全面的。通俗小说的意义和美学价值不仅在于作品本身，同时在于其不同的读者所起的因时因人而异的作用。

拉德薇的这一发现意义重大，它使文化研究从表层走向深层，从不变走向多变，从批评家一言堂走向大众的群言堂。对女性主义研究来说，拉德薇的研究是把女读者的作用从消极提升到积极，从客体（object）到主体（subject），从边缘到中心的一次大飞跃。

虽然拉德薇不同意将浪漫小说阅读仅仅看作是父权制社会体系中的一种意识形态手段。但有一点她却很清楚：女人们是带着一种对父权制不满的情绪去阅读浪漫小说的。浪漫小说阅读包含着一种乌托邦式的抗议（utopian protest），包含着一种对美好生活的向往。浪漫小说的标准化语言和近似现实主义小说的叙事手法都是它吸引女读者的重要因素，因而也使之成为宣传社会认可的女性角色的理想媒体。从这一点出发，阅读浪漫小说有两方面的意义：一方面，阅读意味着一种“温和的反抗”，是对社会现实不满和渴望改变现状的表现；另一方面，阅读又是抑制女性反抗意识，把她们的不满引入理想化的消极期待之中，迫使她们安于现状，不采取行动。或许浪漫小说的意识形态力量很强大，但是有力量就会有抵抗。这种抵抗可能仅限于消费中的挑选行为，即通过对有限的抗议和乌托邦式的向往去阐明，从而暂时得到满足。身为女权主义者的拉德薇最后倡议道：“我们应该将这种抵抗找出来，这不仅是为了理解它的起因以及它的乌托邦式的向往，而且是为了了解如何才能更好地鼓励它、帮助它去实现自己的目标。如果我们不这样做的话，我们就已经等于承认斗争失败了，至少是承认在浪漫小说这个方面不可能创造一个无须通过阅读就能自己获得而非通过他人间接感受乐趣的世界。”[1](p.222)

值得一提的是，拉德薇的著作是女性主义与文化研究相结合的一个创举，是当代美国女性主义文化研究的一部经典。但是，著作中的局限性也很明显，比如，著作中只涉及白人中产阶级家庭主妇读者而没考虑其他层次的女读者，将女权主义和浪漫小说截然分开的研究方法，对阅读行为的分析缺少一些“乐趣本身”的讨论。虽然如此，拉德薇在自己的著作中把女权主义和文化研究所推崇的“开放”和“不封底”的学术原则具体化了，这为后来的研究者们提供了范式。

二、女性形象的象征性被歼灭

在英美国家，许多有关女性和大众文化的早期著作都集中关注塔奇曼所称的“对妇女象征性的歼灭”（symbolic annihilation of women）。这个说法是指文化生产和媒介表现忽视、排斥妇女及其利益，或者将她们及其利益边缘化和浅薄化。妇女们或者缺席不在场（absent），或者根据基于性吸引力和家务劳动中的表现而形成某种固定的女性形象。换句话来说就是，媒介通过不在场、谴责或者浅薄化而把妇女们“象征性地给歼灭”了。

关于大众媒介“象征性地歼灭女性”的争论最早是由塔奇曼提出的。她把这种观点和“反映假设”（the reflection hypothesis）相联系，从而表明大众传媒反映一个社会主导的社会价值观。这些价值观并不关注社会到底是什么，而是关注社会的“象征性形象”，它愿意如何看待它自身。塔奇曼认为，如果事物不以这种确定的方式呈现出来，它就意味着被“象征性地歼灭”，“或者被谴责、被轻视，或者缺席意味着象征性的歼灭”[2](p. 169)。至于美国传媒中女性的象征性形象或者遭到谴责，或者遭到轻视，她们被符号化为单纯的装饰物，需要保护或被打发到家庭的保护范围之内，她们最终成了象征性歼灭的对象。这一反映假设辩论认为，媒体为了吸引受众，不得不反映社会价值观念。因此，它们为了最大限度地增加受众，不得不寻求一种“共同的标准”，这种寻求就是“参与了对女性的象征性歼灭，其方法是无视职业女性的存在，把她们放逐到家庭生活中而轻视她们”[2](p. 183)。

通过全面考察20世纪50、70年代中后期美国的例证，塔奇曼发现上述观点特别适合于大众电视和新闻。在塔奇曼看来，就电视而言，男人试图主导各类电视节目，女性不能在节目中被充分地表现。不仅如此，男人在电视节目中被表现为事业型和能力型的形象；而女性则被塑造成毫无用处和能力低下的形象，即使是极少数的职业女性也被描绘成不如她们的男性对手那样能够胜任工作。更为普遍的是，女性和男性不能拥有同样的职业：男性是医生，女性就是护士；男性是律师，女性便是秘书；男性在公司工作，女性则打理时装店。通过这样的牺牲和轻视，无能的女性形象从遭到贬低扩大到受害和浅薄化的程度。与男性不同的是，当电视中的女性卷入暴力时，她们更容易成为受害者而不是攻击者。同样重要的是，女性卷入电视暴力的模式揭示了对已婚妇女的认可，对独身和职业妇女的谴责。电视广告证实了这种对女性的象征性歼灭。“电视商业广告的分析支持了反映假设。在话外音广告和单性广告（角色都是男性或都是女性）中，我们不难看到，商业广告要么忽视女性，要么对女性有成见。在塑造女性形象时，广告把女性放逐到妻子、母亲、主妇和性对象的角色中，以限制女性在社会中可能担任的角色。”[2](p. 175)女权主义学者贝蒂·弗里丹（Betty Friedan）在《神秘的女性》一书中用大部分篇幅对妇女杂志进行内容分析，并批判了广告和市场研究技巧。[3](p. 141)媒体广告的分析使人想到日常对性别的描绘往往是根据传统的各种文化陈规来建构的：妇女被表现得非常女人气，是“性对象”，是家庭主妇、母亲、操持家务者；而男人则处在权威的和支配妇女的地位上。

三、电影中的女性形象——看与被看

劳娜·穆尔维的论文《视觉快感与叙事性电影》则从女性主义心理分析的角度探讨了大众电影是如何产生及复制她所谓的“男性凝视”（the male gaze）的。为了挑战大众电影“对视觉快感的操纵”，穆尔维要求“将快感的破坏当作是一种有力武器”。对快感或审美分析，或审美破坏是她的意图所在。

穆尔维列举出两种必须破坏的快感。第一种是窥视癖，即看的快感。第二种快感是“使窥视癖向自恋方面发展”。在她眼里，大众电影产生了两种相互矛盾的视觉享受。第一种导致了窥视癖；第二种则促进了自恋癖。因为第一种快感意味着银幕上客体与主体性爱身份的分离（主动的窥视癖），而另一种则要求通过观众迷恋和认出与他同样的人，从而对自我和银幕上的客体进行识别。按照穆尔维的理解，在一个男女两性失衡的世界里，看的快感被分为两种不同的立场：男人们看和女人们“供人看”，这二者都是为了迎合和满足男性的欲望。因而，对于（男性）看的快感来说，女人是至关重要的。

从传统意义上来看，被展示的女人的作用主要体现在两个层次上，即在银幕故事中作为各个角色的性爱对象（erotic object for the characters within the screen story），在电影院里作为观众的性爱对象（erotic object for the spectator within the auditorium），而这两种看之间的紧张关系在银幕上下不断变换。[2] (p.28)

对于穆尔维来说，大众电影主要是围绕着两个时刻构成的，亦即故事发生的时刻和演出的时刻。第一个时刻与主动的男性有关，第二个时刻与被动的女性有关。男性观众将目光锁定在男主角（“看的承受者”）身上，以满足自我的形成，同时又通过男主角将目光锁定在女主角身上（“充满性欲的看”），以满足性欲。第二种看是将女人定为性对象。下面的这种观点使第二种的“观看”变得更加复杂：

> 女人的含义最终就是性差异，她包含着这样的“看”，也就是她始终关注着的但又加以否认的某种东西：她没有男性生殖器，这意味着阉割的威胁及由此所带来的无乐趣的威胁，因而女人作为一种图像，是用来展示给男人和看的主动控制者看和享受的，而且总是会使人产生它原先所要表达的那种焦虑。[4]

在穆尔维看来，男性的潜意识可以通过两种途径来挽回快感并逃避原先的阉割情结的无快感的再现。第一种逃避的手段是对原先遭受创伤的时刻进行详细调查，最终“贬低、惩罚或挽救有罪的对象”[4]。她将黑白电影故事片作为这种控制渴望方法的典型代表。第二种逃避的手段是“完全否认阉割，为恋物对象寻找一个替身或者是将被代表的人物本身转变成某种恋物，从而使之具有安慰性而不具有危险性”[4](p.25)。为此，穆尔维以“对女明星的狂热崇拜”为例进行分析，“恋物窥视癖（以此）建立了对象的肉体美，并将它转化为某种自我满足的东西”[4](p.73)，这使得观众充满性欲的“看”不再是通过男主角的“看”来产生；当镜头为了满足观众无中介的、充满性欲的“看”而显现出女性的肉体（常常是不完整的）时，就产生了纯粹色情演出的时刻。为此，穆尔维要求必须消除大众电影的快感，从而使女人们从作为“（主动的）男性凝视的（被动）原料”的受剥削和受压迫地位上解放出来。她建议，在电影制作方面应该推行类似于布莱希特式的革命。如果想制作一种不再“过分迷恋于为满足男性自我的神经官能需求服务”的电影，那就必须摈弃错觉手法，使镜头具体化，并在观众中产生出一种具有辩证性和激情性的“公正激情”。穆尔维呼唤能够出现一种“在政治和美学方面都是比较激进的，并对主流电影的基本前提能够提出质疑”的先锋派电影。就此而言，穆尔维的分析深入透彻，发人深省，影响巨大，为后来的女性主义文化研究和电影研究带来了方法论上的启迪和思维灵感。

随着文化研究的兴起，美国女性主义文化研究的成果越来越多，研究范围也越来越广，研究对象和研究模式也越来越丰富多彩。为了保持已有的学术空间，女性主义文化研究的学者们主张保持一种开放的、宽容的和不封底的姿态，不急于下结论，而是不断地通过借鉴和实践，通过批评和自我批评来寻求新认识，扩大研究新领域，深化新的理论资源。

参考文献

［1］Janice Radway. *Reading the Romance*：*Women*，*Patriarchy*，*and Popular literature*. London：Verso，1987.

［2］Tuchman. *The Symbolic Annihilation of Women by the Mass Media*. S. Cohen and J. Young (eds.). *The Manufacture of News*. London：Constable，1981.

［3］Betty Friedan. *The Feminine Mystique*. Harmondsworth：Penguin，1963.

［4］Laura Mulvey. Visual Pleasure and Narrative Cinema. Screen 16，Vol. 3，1975.

张舍茹 2

《啊，拓荒者!》的女性主义目标追求

薇拉·凯瑟（Willa Cather，1873—1947）是20世纪上半叶美国著名的女性主义作家，《啊，拓荒者!》（*O Pioneers*!，1913）是她的成名作。小说以对比的手法成功地塑造了亚历山德拉这个勤劳睿智的女拓荒者形象，以及麦丽·托维斯基这个典型的传统女性形象。两位女性不同的命运和人生轨迹反映出薇拉·凯瑟作为西方知识女性的杰出代表的女性主义思想。早期的女权主义运动比较激进，她们希望采用对立甚至暴力手段来实现男女平等，因为她们认为社会的不平等造成了性别阶级和性别阶级间的不平等，使社会造成了性属差异，忽略了性别分析。随着女权主义运动的不断深入发展，自20世纪60年代以来，西方知识型女性主义者不再把争取在社会、政治、经济等诸多方面与男性平等当作女性主义运动的最终目标，开始从思想领域去构筑反传统的女性文化，她们开始承认男女之间的差异，并研究女性在文化政治方面弱势的根源，力图解构、颠覆或者重新评价政治、宗教、文化、语言等诸多领域的传统价值体系，解构男女间存在的不平等，最终建立两性和谐的美好世界。

众所周知，薇拉·凯瑟擅长描写女性及美国早期移民的拓荒开垦生活。小说《啊，拓荒者!》描写了瑞典移民后代亚历山德拉（Alexandra）在西部内布拉斯加草原上艰苦奋斗并最终取得成功的故事。小说采用并置、对照、象征、意象手法，大量引用圣经典故、古希腊神话等，增添了戏剧化的写作效果。其中，对比手法的运用尤显特色。凯瑟在小说中塑造了女主角亚历山德拉以及另一位女性麦丽·托维斯基的人物形象，通过对这两位女性在人生、事业、婚姻、爱情上不同的生活轨迹和内心世界活动的对比，刻画出截然不同的两个形象：一个是女主角亚历山德拉高大丰满、具有男性特点、反传统、反男性霸权的女权主义形象，另一个是麦丽·托维斯基柔软、乖巧，被社会、被男性所认可接受的典型的传统女性形象。通过对两位女主人公不同命运和遭遇的描述，薇拉·凯瑟阐释了两位女主角成功与失败、幸福与悲哀的真实根源。女性主义者所追求的目标既不是依附男人，丧失自我，充当男人宠物和私有财产的小女人，也不是失去女性气质，与男人对立，或者与男人一样的“女汉子”，那么女性主义追求的目标到底是什么呢?

我们在小说中看到，亚历山德拉是一位个子高大、体魄健壮的女孩子，穿着一件男式的长外套，戴着一顶圆的长毛绒帽子，用一条厚厚的头巾扎紧。她表情严肃，眉宇间透着沉思、审慎的气质，一双清澈、湛蓝的眼睛凝视着远方；她给人以胸有成竹、沉着镇定、刚毅果敢的印象；走起路来步子既快又稳，俨然一派可以排除万难，不达目的誓不罢休的气势。偶然露出的那一头按德国式样盘在头上的浓密光亮的黄褐色卷发常常引来男人们的夸赞，但她并没有因为此种赞美而感到丝毫快慰，反而会以古希腊女英雄的气概狠狠瞪着夸赞她的人，咬紧了下嘴唇显示出无比的愤怒，她不能忍受男人把她当作展览品一样去欣赏，体现了她追求独立平等的强烈自我意识。

亚历山德拉出身于瑞典移民家庭，她的父亲并早年带领全家从瑞典移民到美国西部的大草原，准备建立一番事业。然而，事与愿违，十多年的辛勤劳作并没能在这片土地上留下显著的痕迹，成就夙愿。在弥留之际，这位大男子主义十足的老父亲没有把延续他事业的重任交给三个儿子，却选择了长女亚历山德拉作为当家人，因为他知道女儿亚历山德拉比儿子们更富有想象力和开拓力，更了解土地。这就意味着亚历山德拉的命运将不会像一位普通妇女那样以婚姻、照料孩子和操持家庭为归宿，终将成为传统意义上只有男人才能担任的勇敢拓荒者。

不幸的是，亚历山德拉开始持家时，正好赶上连续三年的干旱。人们纷纷陷入绝望，开始变卖或弃离土地迁移回城，她的弟弟奥斯卡也打算弃离这块荒芜的土地，返回东部，可是亚力山德拉却毅然决定留下来，守住这块土地，她坚信土地会升值，拥有土地将会带给全家富裕的生活，她本能地感觉到“这个机会正在到来”[1](p.46)。她极强的洞察力和预见力驱使她到附近富裕农场做了详尽的考察，和那里的人谈论庄稼和家禽。经过仔细调查分析，亚历山德拉建议把家里的一半宅地做抵押借款，为的是最大限度地收购周围广阔的土地。虽然遭到弟弟们的强烈反对，但亚历山德拉的坚强信念最终还是征服了他们。后来，正如亚历山德拉所预见的那样，地价上涨。亚历山德拉一家不再是在土地上挣扎着的农民，他们成为富有、独立的农场主。在经过 16 年的辛勤耕耘后，荒芜的土地变成富饶的良田，实现了她父亲毕生没能实现的愿望，她大胆的做法拯救了整个村子，同时也展现出一位女性卓越的天赋和才能。

然而，如此伟大的成功并没有带给亚历山德拉真正的幸福。接近 40 岁的她依然一个人生活，承受着孤寂和创业的艰辛，无人分担。女人的本能使她内心深处对亲密的温情产生强烈的向往。“像一个潜意识的存在，像一条地下河，只是时不时在这儿或那儿显露一下。”[1](p.118)亚历山德拉经常白天做梦，梦到她被一个强壮而具有男子气概的男人托起。在她的潜意识里，她渴望得到关怀，希望有人分忧解难。小弟弟艾米和她的好友梅瑞的离世更使得这位事业成功的女强人几乎陷入精神的崩溃状态。面对自然，面对困难，她是勇敢无畏的，但在情感上却很脆弱。人性脆弱的一面在这位女强人身上一样体现得淋漓尽致，直到男友卡尔回到她的身边，当她“重重地靠在卡尔肩上，说：‘我累了，我一直都很寂寞，一直……’”[1](p.180)这时候的她，才感到满足和舒心，才露出欣慰的笑容。

麦丽·托维斯基是小说中与亚历山德拉形成鲜明对比的另一位女性形象。她长着一头棕色卷发，拥有丰满性感的嘴唇和一双闪着金光的动人大眼睛，是当地最美丽迷人的姑娘。她服饰时髦，举止优雅，楚楚动人。她的美貌吸引着众多男人的眼光，女性的阴柔之美招徕无数男性欣赏者、追求者和崇拜者。麦丽没有亚历山德拉所具有的那种自强、坚忍不拔的开拓精神，相反，她总是以展品的形象在众人面前出现。她的父亲把她当作向外人炫耀的私有财产，她的叔叔以给众人展示她的美为骄傲，麦丽的存在似乎就是充当取悦男人的饰品和宠物。她具有男人喜欢和认可的委曲求全、随遇而安、盲目顺从的性格，麦丽本人自己也认为女人是男人的仆人，是为男人服务而出生的，是为男人提供性情快乐的附属品。基于这种男权思想的束缚，她不能自立，过着依附男人的生活。然而，这么一位符合男权标准的女人却并没有因为符合男权标准而获得幸福。麦丽一生经历了两次爱情，当她爱上弗兰克时，因为违背了父亲的意愿而被送进修女院，直到父亲原谅了她，并同意把女儿移交给另一个主宰她命运的男人时，她才能够依靠父亲买给她的田地安定下来。她与弗兰克的婚姻虽然是她自愿的，但由于男权思想的禁锢，以及附属的、没有独立人格的社会地位，最终当脾气暴躁、蛮横无理、嫉妒心强、怨天尤人的弗兰克·沙巴塔对她的美貌和性消费失去兴趣时，这位以自我为中心的大男子主义者便对麦丽进行了奴役摆布，随意欺侮和蛮横欺压。即使在这种情况下，麦丽也没有反抗，没有抗争，而是以眼泪、沉默去接受这种厄运的摆布。她的软弱和依附性使得她的精神越来越压抑，性格越来越孤僻，生活越来越空虚，直到麦丽又一次遇到自认为可以寄托感情的艾米，但又不能勇敢地摆脱没有爱情的婚姻去接受艾米的爱。当艾米希望带她离开村庄去寻求幸福生活时，麦丽竟然斥责艾米不该说出这么伤风败俗的话，她依旧认为只有继续忍受家庭虐待才是好女人，否则就是道德败坏。无奈的艾米只有选择独自离开，别时的拥抱被弗兰克发现，私有财产被偷窃，激怒了占有欲极强的弗兰克，他开枪打死了艾米，打伤了麦丽。受伤的麦丽淌着血爬回到艾米身边，她没有再挣扎，静静地流血至死，脸上露出幸福的微笑。麦丽的悲剧结局表明，没有自强自立的精神，没有冲破传统观念樊篱的勇气，就将成为传统观念的受害者和牺牲品。我们不禁要问，如果麦丽能够自食其力，如果她能够像亚历山德拉那样独立果敢，会是同样的结局吗?

不难看出，薇拉·凯瑟在小说中塑造了亚历山德拉这样一位追求独立、平等的女性主义者形象，是对“思想不属于女人，只有男人才有思想和事业，男人有权享受创业的成功”的极大的抨击。她不满足于社会和文化为女性设定的唯一的归宿——“生殖和满足男性”[2]。亚历山德拉有征服自然灾害、重建家园、带领家人与同乡走向富裕生活的胆识和能力。她聪颖过人，有独立的人格，不会受人摆布。在这些方面，她绝不比男人弱，反而远远强于她的弟弟们和同乡们，处在和男人平等的位置上，她冲破了社会角色的樊篱，在某种意义上，她超越了男人创造土地的历史，同时，书写了女性拓荒者的历史。

然而，这么一位成功的女性，与普通女性一样需要亲情和爱情，从缺衣少食到成为庄园主的成功并没有带给她幸福和精神满足，她同样需要爱的滋润，直到她与卡尔结合，她方才找到幸福的感觉。由此可以看出，女性主义者不是要与男性对立，女性主义绝非是性别斗争的代名词，女性主义并非要将男性打倒，由女性主宰这个世界，不是讲求所谓“胸前平等”，把男女的生理差异平等化的两性战争，这与女性主义者追求的目标相悖，是对女性主义的歪曲和丑化。正如亚历山德拉所体现出的那样，女性主义追崇独立、平等、自由、人格健全、两性和谐的美好境界。格罗斯（Elizabeth Grosz）认为：“性别差异就像阶级和种族差异一样，是身体的差异。”[3]女性主义承认性别差异，反对性别歧视，反对把女性客体化、物质化，反对男权制文化父权樊篱，即女性只有在外貌、姿态、动作、声音、身材、精神和价值方面达到所谓女性标准，才能受到喜爱、雇佣、提拔。亚历山德拉的女性主义形象还体现了拒绝和反抗父权束缚才有出路的道理，她不顾弟弟们的反对，毅然决定选择自己的爱和生活，最终赢得幸福。

薇拉·凯瑟塑造的麦丽·托维斯基则是完全符合男权标准的女性，是“从19 世纪以来，生活与文学传统赋予女性的除了婚姻便是死亡的结局”[4]的真实写照。她美丽善良、温柔多情、逆来顺受，是男人眼里的展览品和宠物，她从不能主宰自己，父亲是她婚前的监护人，丈夫是她婚后的监护者。她坎坷的遭遇和悲惨的结局表明，女性传统依附他者的客体地位，是麦丽不幸结局的根源。

从上述的分析中可以清楚地看出，薇拉·凯瑟不赞同传统的婚姻模式，主张女性只有通过获得经济上的独立，才能摆脱其附属地位，成为真正的独立个体。薇拉·凯瑟解构父权制体系的目标非常明确，态度非常坚定。小说《啊，拓荒者！》反映了美国 20 世纪初的女性生活，折射出当时女性主义所希望实现的最终目标——除了追求女性的自我意识和主体身份，以及女性在政治、经济、教育等方面的平等权利之外，力求实现两性的和谐发展，性别界限的模糊化，最终使性别作为一个社会分层因素变得越来越不重要，使所有的个人都能使他们的个性得到充分的发展和实现，从而不仅实现男女两性在社会诸方面的真正平等，还最大限度地保留个性的差异，消除性别压抑，达到推进两性关系、婚姻、家庭、人类和社会制度健康协调发展的目的。

参考文献

[1] 薇拉·凯瑟. 啊，拓荒者！[M]. 资中筠，周微林译. 北京：外国文学出版社，1983.

[2] Elaine Showalter, *A Literature of Their Own*, Princeton: Princeton University Press, 2004.

[3] 贝蒂·弗里丹. 女性的奥秘 [M]. 程锡麟，朱徽，王晓路译. 哈尔滨：北方文艺出版社，1999.

[4] Elizabeth Grosz and Elspeth Probyn, *Sexy Bodies: the Strange Carnalities of Feminism*, New York: Routledge, 1995.

[5] Duplessis, Rachel Blau, *Writing beyond the Ending: Narrative Strategies of Twentieth-Century Women Writers*, Bloomington: University of Indiana Press, 1985.

3 张舍茹

麦克罗碧对女性杂志的意识形态分析

安吉娜·麦克罗碧（Angela McRobbie）是伦敦大学歌德史密斯学院传播学教授，早年获伯明翰当代文化研究中心博士学位，是英国伯明翰学派文化研究的重要理论家，也是伯明翰学派较早认识到女性亚文化问题的女性研究者之一。她与珍妮·嘉柏（Jenny Garber）合著的《女孩与亚文化》（*Girls and Subcultures*，1976）一文试图探讨工人阶级女孩是否真的在战后亚文化中缺席这一问题。她几年后发表的另一篇论文《对亚文化的女性主义批判》（*Settling Accounts with Subcultures*：*A Feminist Critique*，1980）算得上是对女孩亚文化问题的继续探讨。

20 世纪 70 年代，女性运动的中心内容之一就是要求研究者把目光转向家庭、消费等领域。麦克罗碧的硕士论文《工人阶级女孩和女性主义文化》（*Working Class Girls and the Culture of Femininity*，1977）可谓是这一理论的具体实践。她把目光投向男性研究者未能严肃对待过的青年女性群体，考察她们与家庭、学校和消费文化之间的关系。麦克罗碧运用阿尔都塞的"意识形态"理论和葛兰西的"霸权"理论，着重分析了工人阶级女孩在家庭、学校、青年俱乐部的生活情况，并把这三个地方视为文化权力斗争的主要场所。20 世纪 70 年代，文化研究领域内兴起的女性主义思潮对大众电影、女性杂志、浪漫小说都做了深入分析，发展出一系列诸如"凝视"（gaze）、"欲望"（desire）和"快感"（pleasure）等女性主义词汇。女权主义电影理论批评家劳娜·穆尔维在《视觉快感与叙事性电影》（*Visual Pleasure and Narrative Cinema*）中，从弗洛伊德的"窥淫"概念出发，在其与性别、权力的重叠中去思考电影：如果我们是女性，那么目光中充满了"好奇"，凝望中透出对神秘和未知的渴望与追求；如果我们是男性，却无法逃避被看形象的诱惑，在男性的视觉"窥淫"中形成了女性的形象符号。以此来分析好莱坞电影，我们会发现化妆的女性成为男性凝视的产物。[1] 当"凝视"结合“恋物”，当马克思“拜物”引入到女性分析，女性形象成为商品而进入经济的消费循环。麦克罗碧得益于该理论的灵感，她对流行音乐的女性主义分析可谓独辟蹊径，从20世纪70年代到90年代的流行音乐中窥视女性地位的变化。麦克罗碧发现，在20世纪70年代的流行音乐中，女性的地位是边缘化的。在这一时期兴起的摇滚乐中，男孩成为积极的业余演奏者，女孩则是乐迷和唱片收集者。究其原因，摇滚乐表现的是男性占主导地位的工人阶级亚文化。而在稍后出现的嬉皮（中产阶级）风格的音乐中，女性尽管也是边缘化的，但是显示了更多的主动性。特别是随着后来的服装和形象工业开始流行“中性”风格，流行乐坛的歌手们故意采取女性化的装扮。到了20世纪90年代，越来越多的女性登上流行乐坛，毫不掩饰由展示身体所带来的快感。透过流行音乐，我们可以看到女性在亚文化中由完全隐形到逐渐显现的过程。

如前所述，麦克罗碧是伯明翰学派中最早对女性杂志进行研究的女性学者之一。她对女性杂志做了长达20年的观察和分析，她在这一领域的贡献受到学术界的高度评价。传播学者大卫·哥特莱特（David Gauntlett）甚至把她称为20世纪90年代思想成熟的女性杂志评论者。[2]

一、麦克罗碧的女性杂志意识形态分析方法

1977年，麦克罗碧发表了重要论文《杰姬：杂志与青年女性的意识形态》（*Jackie: An Ideology of Femininity*）。文中运用阿尔都塞的意识形态理论和当时流行的符号学研究方法，她对这本发行量居英国第一的少女杂志进行了分析。对麦克罗碧来说，尽管当时的大众文化研究已经触及了大众文化的许多方面，但少女杂志却一直被排斥在学院分析的视野之外。与其他媒介文本如电影、小说、电视剧一样，少女杂志也是强有力的意识形态工具。因此，对杂志的意识形态运作规律及其对受众的影响进行揭示和阐释就显得不可或缺。在这篇论文中，麦克罗碧首先对可能使用的对少女杂志的阐释方法进行了归纳。第一种方法是传统的对待大众文化的理论。它把杂志看作廉价的、肤浅的和贬低读者身份的东西。作为研究者的麦克罗碧自然不会采取这种态度。第二种方法可以称为“共谋”理论（conspiracy thesis）：把大众文化视为统治阶级提供给被统治阶级的饲料，以保证统治阶级的利益。在麦克罗碧看来，尽管私人组织（如出版商）最终与国家统治阶级的意志统一，他们之间仍然存在着差别。第三种方法是文化主义者的态度，认为尽管青年的大众文化以商业形式表现出来，它为青年提供了表达自身的机

会。因为青年的价值观常常是与统治阶级、学校、父母的价值观相对立的。第四种阐释方法是媒介参与者常用的方法。媒介只是客观的信息者，观众运用自己的理性作出决定。麦克罗碧对《杰姬》杂志的分析与上述方法不同，她把这份杂志的功能视为建构青春期女性的意识形态，把她们塑造为驯服、被动的女性角色。此外，麦克罗碧还应用了符号学的分析方法，把这本杂志设想成一个体现了这种特殊意识形态的能指系统，以确保作为个别“主体”的年轻女性接受它的特殊代码和价值标准。

二、麦克罗碧对《杰姬》杂志少女代码的解析

《杰姬》杂志被设想成一个体现了这种特殊意识形态的符号系统，由以下四种代码组成：

第一种也是最重要的一种代码，称为“浪漫代码”（the code of romance）。寻求浪漫的女孩容易失去对真实世界（学校、家庭和工作）的兴趣，进入一种纯粹个人的、非历史的状态。“《杰姬》中的男女主角除了互相追求之外无事可做。这些故事由孤立的个体，而不是寻找幸福的群体组成。他们没有同性朋友，只通过双方获得成就感。”[3]

第二种代码是“个人生活代码”（the code of personal life），它涉及现实生活的各种困难和该杂志中的“问题”栏目。为读者提供的各种解答，倾向于进一步证实和强化在该杂志其他地方发现的青春期女性的意识形态。

第三种代码是“时装和美丽代码”（the fashion and beauty of code），它指导读者如何穿着打扮，使她们进入“女性消费的领域”。

第四种是“流行音乐代码”（the code of pop music），就是把歌星塑造成普通人的形象。一方面是由无名小卒到初演明星的陈腐故事的翻版，一方面试图拉近这些歌星和歌迷之间的距离。

通过对这四种代码的分析，麦克罗碧认为，《杰姬》以一种消费主义和一种作为主体意识形态一部分的女性文化为基础，掩盖了女性群体中由于阶级和种族的不平等而造成的差别，为女孩的穿着方式、行为方式和交谈方式制定标准，从而控制了私人领域。实际上，麦克罗碧对这本杂志的分析完全转到了阿尔都塞的意识形态立场。如果我们对比这篇文章和前面提到的那篇发表于同一年的《工人阶级女孩和女性主义文化》，就会注意到麦克罗碧对阿尔都塞的态度似乎有点自相矛盾。在前一篇文章中，麦克罗碧否定阿尔都塞断言的“意识形态的国家机器

确保对统治阶级的意识形态的臣服”[4]，并且描述了工人阶级女孩抵制意识形态的方式。而在这篇文章中，青年女性却被视为被动的客体，听任杂志来建构自己的意识形态。这也许反映了当时伯明翰学派内部的文化主义和结构主义之争的激烈程度，因为伯明翰学派的研究者在进行经验研究时偏向早期本土的文化主义，而在针对新近出现的媒介研究时却又易于偏重晚期舶来的意识形态理论。

三、麦克罗碧对女性杂志的意识形态分析

麦克罗碧用意识形态理论来分析流行杂志的做法被一些学者认为存在很多弊病，引起了学界的批评和争议。女性主义者弗雷泽（Frazer. J）认为，麦克罗碧对《杰姬》杂志的研究是建立在一个错误的假定之上：“意识形态实际上以一种机械的，甚至是自动的方式起作用。”[5]在对麦克罗碧的方法做了细致研究，并采访了接受麦克罗碧调查的那些女性读者之后，弗雷泽发现，那些被麦克罗碧研究所囊括的年轻姑娘在总体上倾向于把杂志当作小说来读，超越真实世界。她们并不认同故事中的各种中心人物。即使她们欣赏某本杂志的类型或风格，或它的虚构特点，她们也经常强烈批评那本杂志。

20 世纪 90 年代以来，麦克罗碧对女性杂志的分析评价与《杰姬》时期相比已经发生了很大变化，基本上正面评价多过负面评价，导致这一转变的原因主要有：一是女性主义研究者对待女性杂志的态度在这 20 年间发生的变化，二是女性杂志本身所发生的变化。

我们知道，女性杂志自 18 世纪晚期问世以来，已经为女性读者提供了一个忠告与娱乐的综合场所。不管政治怎样，女性杂志继续发挥其生存手册的功能，为其读者提供有关如何在父权制文化的统治中生存的建议。妇女杂志通过把娱乐与有用的建议综合在一起的手段来吸引读者。这种吸引是围绕着一系列“虚构”来策划的。这些虚构可以是广告的视觉虚构或有关时装、烹饪或家庭与家居的信息。它们也可以是真正的小说，例如，浪漫的爱情故事连载，5 分钟的短篇小说等。杂志中既有社会名流、达官显贵的故事，也有“普通”男女的平凡生活报道。每项内容都试图以不同的方式吸引读者进入杂志世界，并最终吸引她们进入消费领域。当然，消费乐趣并不完全依靠购买行为来获得。因此，杂志广告像杂志本身一样提供了一个梦想的场所。以这种方式，它们引发了一种（通过消费）获得满足的欲望。欲望只能通过大多数女人的日常活动，比如购物来满足。妇女杂志中的小说、评论或广告、时装和家庭装饰品、厨具和化妆品等栏目最终出售

的是成功而又令人愉快的女人气质。如果听从了建议或购买该产品，就能成为一个更好的恋人、母亲、妻子，乃至更好的女人。从一个女权主义者的观点来看，与此有关的问题是，这种女人气质总是围绕一个神话般的、游离于威力无比的社会和文化组织与限制之外的单个女性来形成的。实际的情况是，妇女杂志中很多女性气质的外表有助于强化妇女的附属地位，而妇女们仍然渴望把自己从这种附属地位中解放出来。与此同时，女性气质的美丽外衣不仅是作为女人而不是男人快感的源泉，而且还部分地作为女权主义憧憬未来的原材料。因而，对女权主义者而言，妇女杂志所引发的一个重要问题是，妇女们怎样才能抢占它们的女性话题的阵地，为她们自己创造出各种桀骜不驯的新形象。

需要指出的是，女性主义研究者对流行杂志的态度分为三个不同的阶段：一是早期的激烈批判态度，谴责大众杂志制造物化或虚假的女性形象。它不仅使女性成为男性消费的诱惑物，而且引诱女性进入消费文化。二是 20 世纪 70 年代中期的意识形态理论。三是重新评价阶段。70 年代末期出现的快感理论使女性研究者不再认为大众杂志低等、无足轻重，并且对浪漫小说进行重新评价，认为浪漫小说使与外界隔离的家庭妇女获得快感，是她们忍受单调乏味的家庭生活的策略之一。

到了 20 世纪 90 年代，后结构主义女性主义者承认，没有一个真正的“女性身份”（womanhood），正如没有真正的女性主义一样。因为“权力隐藏在意义的洪流中，这些意义凝结在社会重要的文化场所，其中包括杂志”[6]。因此，女性主义的重要任务之一就是要揭示杂志是如何通过生产意义的方式来建构女性读者的主体性的。这一时期的女性杂志在内容和风格上也发生了巨大的变化。20 世纪 70 年代的女性杂志，如《杰姬》始终把女性生活的重心放在男性身上。女性生活在一个封闭的小圈子里，没有在社会发展的兴趣。到了 80 年代中期，女性杂志开始提倡女性对个人发展、良好职业和经济独立的追求。这一时期流行的少女杂志《十七岁》（*Just Seventeen*）虽然也谈到爱情、性和男孩，但是那种传统的、只能创造出具有病态依赖心理的女性人格的罗曼史已经消失。在女性的词汇表里，“自我意识”、“自我尊重”、“个人空间”等词汇得以增加。女性杂志开始提倡女性对个人发展、良好职业和经济独立的追求。

值得欣喜的是，麦克罗碧不仅肯定女性杂志的正面意义，还在其中寻找女性主义的出路。她在 1999 年出版的《在文化社会中》（*In the Culture Society*）一书的前言中写道：“对于女性主义，我发觉我自己一直感兴趣的问题是——女性主义是如何把它的理念传播到青年一代的（它在此处经常遭到拒绝），以及它如何把理念传递到杂志中。"[7]麦克罗碧认为，传统女性主义者的主要问题在于她们拒绝思考女性主义与这些杂志和女性读者以及女性撰稿者之间的关系。所以，女性主义者与杂志撰稿人以及他们的读者之间才出现了鸿沟。为此，传统的女性主义者对待流行女性杂志应该少一些谴责，少一些反对，多一些对话，多一些沟通与协商。[8]只有这样，才有可能真正解决双方对流行杂志所持的观点分歧。

参考文献

[1] 张舍茹. 美国女性主义文化研究述评 [J]. 山西大学学报（社科版），2004 (4)，pp. 91 – 95.

[2] David Gauntlett, *Media*, *Gender and Identity*, London: Routledge, 2002.

[3] Angela McRobbie, *Feminism and Youth Culture*, Basingstoke, Hampshire: Macmillan Press Ltd., 2000.

[4] L. Althusser, Ideology and the State. *Lenin and Philosophy and other Essays*, London: New Left Books, 1991.

[5] Frazer. J, Teenage Girls Reading Jakie, *Media*, *Culture and Society*, 1987, 9 (4), pp. 407 – 425.

[6] Angela McRobbie, More New Sexualities in Girls and Women's Magazines, *Back to Reality*, Manchester: Manchester University Press, 1997.

[7] Angela McRobbie, *In the Culture Society*, London: Routledge, 1999.

[8] Angela McRobbie, *The Use of Cultural Studies*, London: Sage Publication, 2005.

《豪门恩怨》电视女性受众的制码与解码

斯图尔特·霍尔（Stuart Hall）是英国伯明翰学派最为著名的代表人物，他出生于牙买加，却生活在西方，接受着西方教育，被称为东方血统和西方教育的“两栖人”，是活跃于西方学术界的第三世界知识分子。霍尔最著名的论文《电视的制码解码》（简称《制码解码》）被视为西方文化研究的一个新起点和里程碑。[1]霍尔提出，电视话语“意义”的生产与传播可划分为三个阶段：编码、成品与解码。电视制作者在第一阶段对原材料进行加工，通过一些文化代码把世界观和意识形态组织了进去，其背后有“潜在信息”；第二就是霍尔强调编码后形成的电视成品的开放性和多义性，观众完全可以从中解读出不同的意义；第三阶段的解码至关重要，没有这个阶段，观众就无法获得意义，“意义和信息不是简单被传递，而是被生产出来的”[2]。依据观众的解码立场与制作者意图的不同关系，观众生产意义的方式有主控式、协调式和对抗式三种，即霍尔的解码立场（即“霍尔模式”）。第一种为“支配—霸权解码”（dominant-hegemonic position）。它假定观众的解码立场跟电视制作者的“专业制码”立场完全一致，这意味着若制码与解码两相和谐，观众“运作于支配代码之内”。第二种是“协商代码”（negotiated code or position）。这似乎是大多数观众的解码立场，既不完全同意，又不完全否定。一方面承认支配意识形态的权威，另一方面也强调自身的特定情况。观众与支配意识形态始终处于一种充满矛盾的商议过程。第三种为“对立码”（oppositional code），观众能看出电视话语的“制码”，但选择的是自己的解码立场。这一类观众对电视信息有自己的读法，往往根据自己的经验和背景从对立的立场去解读电视文本。

此文的发表打破了美国传媒研究的模式，为电视的文本研究以及电视观众的民族志研究提供了一个符号学范式，开启了把观众作为积极角色研究的先河，也由此出现了民族志研究的代表学者，其中包括从荷兰移师澳大利亚的学者洪美恩。她很关注受众在解码过程中的文化与身份认同，认为不同民族的受众及不同群体有着不同的解读模式（主要有两种：参照式解读和批判式解读），而这种模式“并不是由一个刺激与反应的过程产生出来的，而是通过各种类型的发送者与接受者之间的一个协商的过程而产生出来的”[3]。洪美恩对电视剧《豪门恩怨》的解码是对“霍尔模式”的经典解释，说明传播不是一个从传播者到接受者的直线行为，信息的发出不能保证它的到达，在传播过程中，从信息的原始创作即制码，到被解读和理解即解码，每一过程都有其自身的决定因素与存在条件，收视语境对受众的解码是至关重要的。

电视剧《豪门恩怨》（*Dallas*）是一部以西方社会中产阶级价值主旨和当代美国社会生活场景为主要表现对象的电视连续剧，共 3 562 集，自 1978 年在美国哥伦比亚广播公司首播之后，连续热播 13 年，雄霸 20 世纪 80 年代全美黄金时间电视收视率榜首，堪称世界上最为流行的电视节目，因而成为媒介研究的范例。就目前来看，它很可能也是所有电视文本中受到最多研究的媒介文本。洪美恩对该电视剧的受众做了大量细致深入的分析研究，在《生活》（*Viva*）期刊征集女性观众对《豪门恩怨》的褒贬评论，并以此为依据对该剧进行了受众解码分析。在洪美恩看来，《豪门恩怨》是她所称的“情感现实主义”（emotional realism）最合适不过的例子。可以从本义层次（the level of denotation）和转义层次（the level of connotation）两种层次上来欣赏《豪门恩怨》。本义是指节目的字面内容、一般故事情节、人物的相互关系等。转义是指从故事情节和人物相互关系中产生的联系、暗示等。像其他节目一样，观众观看《豪门恩怨》是一个选择的过程，从本义到转义来阅读文本；从语言学角度，人的语言和思维中所运用的符号通过与外部世界事物的约定俗成的对应关系获取意义，意义和意义结构都产生于我们的生活经验和社会文化经验。[4](p.10) 正因如此，观众能够把自己的感知与故事交织在一起，把自己的生活与德克萨斯州百万富翁的家庭联系起来，使该节目被赋予了情感现实主义。观众自己也许并不富有，但却拥有其他与《豪门恩怨》电视制作者的“专业制码”立场完全一致或基本共同的东西——完好的关系和破裂的关系、欢乐与悲伤、疾病与健康。那些发现其现实性的电视观众把注意力的焦点从故事的特性转移到其主题的共性上来，这就印证了霍尔所谓的制码与解码两相和谐，观众“运作于支配代码之内”的解码假设。

洪美恩认为，《豪门恩怨》给观众尤其是女性观众带来快感，这种快感既不是她们对枯燥的日常生活的补偿，也不是对单调的日常生活的逃避，而是其中的一个方面。她使用“悲剧性的情感结构”（tragic structure of feeling）阐释快感与悲伤如何在《豪门恩怨》中进行周旋。正如一位观众来信所述：“有时我喜欢与剧中人们一道放声大叫。用这种方法，我体内其他压抑的情感找到了发泄口；有时我对他们充满愤恨。”[5] 这一例证与霍尔的“协商代码或协商立场”假设相吻合，即观众对于《豪门恩怨》的解码既不完全同意，又不完全否定，一方面承认支配意识形态的权威，另一方面也强调自身的特定情况，观众对剧本的解读是充满矛盾的商议过程，因为文本所传达的概念都是抽象的符号结构，这些符号结构本身是无意义的，是通过外部世界的舞台和范畴之间直接或无中介的关联而获取意义，这种意义来自某种特定的阅读结构以及观众的身体经验。[4](p.42) 不同的经验产生不同的想象力，悲剧性的想象力激活了《豪门恩怨》的“悲剧性的情感结构”，现实性的想象力又产生了情感现实主义的乐趣，这样，“悲剧性的情感结构”与“情感现实主义”来回周旋。当然，并非所有《豪门恩怨》的观众都能够以这种方式去激活文本，有些观众对剧本的理解可能是完全对立的。这种对立的解读，霍尔称之为“对立码”，即看穿电视剧情的制码，依据自身经验从对立的立场来解读电视文本。

实际上，洪美恩不仅是作为一名知识分子和女权主义者来从事电视媒介开展研究的，而且是作为“总是特别喜爱观看诸如《豪门恩怨》之类的肥皂剧”的观众来开展研究的。电视文化的受众研究，或注重文本的分析，或注重传播生态的再现，与文化批评范式的区别在于：第一，把电视看成互动的传播过程，充分考察受众的接受度；第二，由宏观到微观，尽量从经验或实证层面去加以研究。洪美恩把存在于电视中的社会权利转化为系统的经验研究，把所收集到的观众来信作为分析依据和享受电视快感的经验基础。她所关心的不是那些被视为用来满足早已存在的需求之快感，而是那些“激发快感的机制”，也就是她的研究起点。在洪美恩看来，观众收看《豪门恩怨》所产生的快感不可避免地与“现实主义”联系在一起。来信观众认为该节目的“好”“坏”与否的程度是由他们认为该剧“现实”（好）或“不现实”（坏）与否而决定的。洪美恩根据观众对《豪门恩怨》的阅读态度，把他们分为讨厌该节目的观众、嘲弄讽刺的观众、喜爱该节目的观众、民粹主义电视观众等四种类型。

第一类是讨厌该节目的观众。洪美恩认为，人们不可能从产品的生产方式中看出某一产品是如何消费的。就像任何一种意识形态话语一样，大众文化的意识形态是通过对个人特定的主体位置进行质询而发挥作用的。那些声称讨厌电视剧《豪门恩怨》的观众正是利用了这种意识形态，只不过是利用的方式不尽相同罢了，有的是消极地、笼统地把该节目归为大众文化的一个例子，通常是不假思索而作出的；有的则是由于缺乏思辨，将这种意识形态用以说明和证实他们讨厌该节目。

第二类是对《豪门恩怨》进行讽刺与嘲弄的观众。这些冷嘲热讽的观众并不以作品所期望表现的方式来看待电视文本，而是通过讽刺性的评论来歪曲其所希望表达的含义。而《豪门恩怨》的快感则源自于这样一个事实，即坏的快感与坏的大众文化放在一起立即就融合化解了。正如一位观众来信所说的那样："《豪门恩怨》当然是大众文化，而且毫无疑问是坏的大众文化。但确切地说，这是因为我很清楚地意识到，我可以真正地享受观看这部肥皂剧的乐趣，并且嘲弄它。"[4](p.1) 对于那些讽刺和讨厌《豪门恩怨》的观众来说，大众文化的意识形态是作为常识性的基本原则来运作的，他们可以作出自己显而易见、不言自明的判断。

第三类是喜欢《豪门恩怨》的电视迷。对于持上述两种态度的观众来说，他们认为，那些不加挑剔与嘲弄地喜欢《豪门恩怨》的观众，是被大众文化愚弄和欺骗了的观众。正如一位观众来信说："（它的）目的只是大赚其钱，赚很多的钱。人们试图通过所有这些东西诸如性、美女、财富等来实现其目的。总会有人对此信以为真，上当受骗。"[4](p.101) 显然，这些观众是在由意识形态推理证明的基础上充满自信地提出这一主张的。

为了有意识或无意识地对付这种以恩人自居的态度，《豪门恩怨》的狂热者们必须采用不同的策略，洪美恩对此做了分析。第一个策略是"消化吸收"这种意识形态，将其融为自己的一部分，承认《豪门恩怨》的"危害"，但为了从节目中获得乐趣，宣称自己具有应付这些"危害"的能力。狂热者使用的第二个策略是勇敢地对抗大众文化的意识形态。当观众在两种对立观点（有内涵或无内涵、好或坏）的不同关系中对《豪门恩怨》重新定位时，她们坚定地站在大众文化意识形态的一边，没有超出其推理的限制范围。根据洪美恩的说法，"这位来信观众就好像在由大众文化意识形态所创造的离题空间里进行'谈判'，她将自己置身其中，没有站在一个对立的意识形态立场上来发表意见"[4](p.102)。狂热者们用来对付大众文化意识形态条条框框的第三个策略就是使用讽刺。这些狂热者们与洪美恩划分的第二类讽刺观众不一样。该策略涉及使用"表面讽刺"来为那种从其他各个方面来看都是一种非讽刺性的乐趣进行辩护。这类观众通过讽刺来指责（剧中的）角色，称他们为“可怕”的人物，而与此同时，讽刺又表明这类观众因为熟知剧情而在很大程度上置身于故事的发展和人物的关系演变中。使用这种策略的来信者其实是被意识形态的影响力和其自身从观看《豪门恩怨》中所获得的乐趣所包裹。洪美恩把这种讽刺视为一种“防御机制。观众试图利用该机制来遵循大众文化意识形态制定的所谓的社会规范，而与此同时，观众实际上却偷偷地喜欢上了《豪门恩怨》”[4](p.106)。

有趣的是，《豪门恩怨》的狂热者们发现，按照大众文化的意识形态来定位乐趣是必要的；他们“消化吸收”这种意识形态；他们与这种意识形态“进行谈判”；他们用“表面讽刺”来保护他们的乐趣，对抗这种意识形态的毁灭性的攻击。所有这些防御策略所揭示的是，“没有任何一种可以明确选择的意识形态可以用来对抗大众文化的意识形态——至少在说服力与和谐性方面没有可供选择的抵消后者影响的方法”[4](pp.109-110)。因此，喜欢或讨厌《豪门恩怨》的观众之间进行的斗争是一种不平衡的斗争。在这种不平衡的斗争中，一方是那些躲在大众文化意识形态的威力和保护之下进行辩论的人，而另一方则是那些在大众文化意识形态的冷漠无情的限制下进行对抗的人。洪美恩声称，这些狂热者似乎不可能采取一个行之有效的意识形态立场，也即站在同一立场上去摆脱大众文化意识形态的禁锢，从而直截了当地去表明自己对电视剧的态度。

第四类观众来信揭示的最后一种态度是由民粹主义意识形态所形成的。民粹主义作为一种社会思潮和社会运动，具有内容的丰富性和多样性。这种意识形态反映到《豪门恩怨》中，其核心观念具体表现为：一个人的品位与另一个人的品位具有同等的价值。民粹主义意识形态坚持认为，由于品位是一种独立的范畴，经常会受到个人变化的影响，因此而对他人的喜好作出美学上的判断显然是毫无意义的。民粹主义崇尚全民利益、直接民主、平民化、大众化、爱国主义、反帝国主义、反外来干涉、反个人专制等，假定这种意识形态有点像一种理想话语，那么，它可以借此保护观众从观看《豪门恩怨》中所获得的快感。然而，在所有来信观众中，只有为数很少的人采用这种话语，原因是这种意识形态可使用的词汇是极其有限的。由于大众文化意识形态拥有一套周密详尽的理论话语，因此，当来信观众被问及他们为什么喜欢或不喜欢《豪门恩怨》时，他们无疑会发现，想规避大众文化意识形态规范话语的束缚是很困难的。

洪美恩在引用法国社会学家布迪尔（Bourdieu）有关著作的基础上提出了规避方法。按照她的理解，民粹主义与“大众美学”密切相关，在这种大众美学中，中产阶级品味的道德范畴被偶然性、多元论，尤其是快感的强调所取代。对洪美恩而言，快感是改革后女权主义文化政治学中的关键术语。女权主义必须与“大众文化意识形态的家长式统治决裂。在这种大众文化意识形态的家长式统治中，妇女被视为肥皂剧那种欺骗性的主题的被动受害者，她们的快感完全被置之不理、弃之不顾”[4](pp. 118-119)。即便是考虑到快感时，它也只是被当作女权主义妇女解放目标的一个障碍而备受谴责。大众文化意识形态忽略了大众的审美要求，忽略了女性主体的情感和快感。作为知识分子和女权主义者，洪美恩清醒地意识到了《豪门恩怨》的意识形态功能，明确了对它所持有的批判立场。她之所以喜欢看《豪门恩怨》，是因为节目能够为观众带来快感。洪美恩研究的结果之一，就是发现电视剧带来快感的不是内容，而是形式即叙事结构。这叙事结构与内容，与美国价值或美国文化没有关系，它不是大众文化意识形态的帮凶。如肥皂剧中的恶棍，其叙事功能不过是让故事继续下去。电视剧中的恶棍负隅顽抗，决不罢休，什么时候认输了，故事也就完结了。此外，肥皂剧尤其是情节剧的想象，还是拒绝现实平庸生活的一种表达。肥皂剧不能被视为人生悲剧，它还没达到那一境界。在情节剧想象中生活无聊的失落感被位移，取而代之的是快感。观众在观看电视节目的过程中得到了一种报复的快感。

洪美恩承认，大众对于文化制品的“审美”要求并无“终极标准”可言。大众的美学在本质上是多元随机的，文化对象的意义大可以因人而异、因地而异。它的基础在于肯定文化形式和日常生活的延续性，在于期望参与和情感投入。也就是说，大众的审美要求中居于首位的就是快感，而快感纯属个人之事。《豪门恩怨》带给观众的就是一种快感，或者说是一种快感的消费。快感是在看电视的过程中实现的，收视时的快感与意识形态的效果无关。所以，具有颠覆意义和革命意义的快感，明显是被大众文化意识形态忽略了。大众文化意识形态将责任感、批评距离和审美的纯粹性放在中心，要道德，不要快感，并对后者另眼相待。如果“大众文化意识形态完全置身于大众审美的框架之外，终究免不了纸上谈兵的悲哀”[6]。

虽然有学者指责洪美恩把快感问题过于简单化了，缺乏戏剧层面上的心理分析，虽然她被指责是通过颠倒区分高雅文化与通俗文化的隐含和明确的评价而攻击大众文化意识形态，虽然她的研究被人攻击为是对大众文化采用古老过时和不合时宜的研究方法，但洪美恩对《豪门恩怨》的女性主义解读还是带来了方法论上的重要启示，丰富了伯明翰学派女性媒介文化研究的理论资源。

参考文献

[1] John Storey, *Cultural Studies and the Theory of Popular Culture*, Edinburgh: Edinburgh University Press, Beijing: Peking University Press, 2007.

[2] John Storey, *Culture Sfudies and the Theory of Popular Culture*, Edinburgh: Edinburgh University Press, 1996.

[3] 泰玛·利贝斯，卡茨. 意义的输出——《达拉斯》的跨文化解读 [M]. 刘自雄译. 北京：华夏出版社，2003.

[4] Ien Ang, *Watching Dallas*: *Soap Opera and the Melodramatic Imagination*, London: Methuen, 1985.

[5] 李幼燕. 理论符号学导论（第3版）[M]. 北京：中国人民大学出版社，2007.

[6] 陆扬，王毅. 文化研究导论 [M]. 上海：复旦大学出版社，2006.

张舍茹 5

女权主义翻译理论的女性主体建构

20 世纪 60 年代以来，西方知识女性在学者 Mary Wollstonecraft，Elizabeth Cady Stanton，Virginia Woolf，Simone de Beauvoir，Betty Friedan 等一批女权运动先驱的引领下，大量的妇女研究或社会性别研究中心或机构应运而生，女性主义学说也随之建立起来。女性开始认识到男女间的不平等不是天生的、自然的，而是后天的、人为的，是社会的大文化、小文化、道德伦理、宗教信仰和教育造就的。[1](pp. 35-387) 女性从属或边缘的社会地位是父权话语一言堂权威造成的，在“男尊女卑”思想观念的建构过程中，语言扮演了重要角色，成为权力操纵的手段。因为语言的生成和发布从来都是由社会权力机构操纵的，而社会权力机构的运作大多是由男人掌控的，男人掌握着语言的生产和使用，形成男权话语中心和女性话语边缘的局面；因为历史上的文坛历来是男人的特权，只有翻译是女性进入文学领域的唯一主要途径，也是女性参与社会政治运动的主要手段。

自中世纪以来，西方现代主义文学作品有一半以上是女性翻译的，因此，女权主义者把翻译当作她们从思想、文化领域去构筑反传统的女性文化的途径，致力于把女性主义运动和女性翻译实践相结合，用束缚女性精神和社会生活的表述工具——语言来解构父权话语中心，实现由“边缘话语向中心话语的转变”的目标。女性主义翻译家从解构主义、读者反应论、新历史主义、多元系统论等现代理论中吸取了许多有价值的观念，力图解构或颠覆或重新评价并审视政治、宗教、文化、语言等诸多领域的传统价值体系，在翻译过程中通过语言这个权力舆论工具反映女性自身价值和社会价值，把女性主义思想渗透到社会生活的每一个领域。1996 年，学者 Sherry Simon 的 *Gender in Translation: Cultural Identity and Politics of Transmission* 一文的发表标志着女性主义翻译理论的形成和诞生，其功用就是为女性服务，通过翻译，“使女性语言得以显现，让世人看见和听见女性”[2](pp. 14-15)，从而为处于边缘的女性赢得彰显自我的途径。

女权主义翻译理论是女性主义者把文化政治引入文学的研究，它的形成实质上是女性对于社会、文化和政治上的父权统治以及由此所构筑的性别差异的反抗。借鉴了新历史主义（new historicism）的文学批评方法，认同对历史文本加以释义以及文学隶属于大的文化网络的观点，文学与权力政治之间存在复杂关系。女权主义翻译理论吸纳新历史主义的观点，认同文学是意识形态作用的结果，着力于意识形态的塑造。由于男权政治的形成就是男性把语言当作权力操纵的手段，用语言述说着男人的意愿、塑造着男人的世界，宣扬着父权意识，因此形成了父权统治的权威话语——“父权语言”（patriarchal language）。女性为了能像男人一样，用女性自己的语言来描述和反映女性自己真实的内心世界、社会经验和个人体验，来言说自己的特殊性、差异性，让女性拥有话语权，使女性获得与男人精神上平等的地位，坚信翻译是女性介入语言的最好途径。正如女性主义翻译家苏珊·巴斯内特所坚持的那样：文化研究和翻译研究不可割裂，翻译中可采用的文化策略对文学作品的译文分析将源语的文化因子重组植入目的语，使译文能被读者理解并接纳。[3](pp. 58-60)

女权主义翻译理论还吸收了文化翻译学派巴斯奈特（Bassnett & Lefevere）的翻译思想，即“翻译绝不是一个纯语言的行为，它深深根植于语言所处的文化之中”[4](p. 94)；此外，女权主义翻译理论在其形成和发展的过程中还借鉴了解构主义理论、读者反应论以及新历史主义等的思想，认为翻译属于文化内部以及文化之间交流的观点的影响，认同翻译行为体现文化的强势与弱势。

女权主义翻译理论主张，翻译是一种创造性的写作实践，通过翻译重新塑造女性自我价值和社会价值来改变女性弱势文化，用女权主义自己的翻译理论来解构翻译处于从属或派生地位，视原文对译文具有等级上的权威，把作者比拟为男性、阳性、主动的角色，而译者被喻为女性、阴性、被动的角色，对翻译女性化（feminized）和翻译边缘化进行革命。在众多的翻译理论和流派中，女权主义翻译理论明确确立了译者的主体身份，认为翻译不是机械的语码转换，而是一种意识形态，是一种文化的载体，是理解、重写、改写、再创作，是利用语言所进行的一种政治行为。虽然译者要受制并忠实于原文，但是译者的世界观在翻译过程中会自觉或不自觉地流露出来，并渗透到译文中，实现翻译中的“归化”和“异化”并存。女权主义翻译理论主张使用新词、新拼写、新语法结构、新意象和新隐喻以远离父权语言的权威结构，从而为女性寻求一片新的话语空间，为女性赢得话语平等权利。

女权主义翻译理论还对传统译论规定性的“忠实原则”提出质疑，旨在从性别角度对体现社会、政治、文化诸多方面的语言功能进行革命。女权主义翻译理论体现了尤金·奈达（Eugene Nida）在《翻译的科学探索》中关于翻译“动态对等”的主导思想，即重视读者的反应，用自然流畅的语言使译文读起来一目了然，甚至可根据不同层次的读者对同一文本译出不同的译文，这就是读者反应论的思想。在翻译策略方面，女权主义翻译家弗洛图（Flotow）全面地论述了女权主义翻译的三种实践方式：增补（supplementing）、劫持（hijacking）以及加写前言和脚注（prefacing and footnoting）。“增补”是为了弥补语言间的差异；“劫持”是指女权主义译者对并不具有女权主义意图的文本的剥夺或挪用；“加写前言和脚注”通常被女权主义译者用来解释原文意旨，概括自己的翻译策略，目的是让译本读者充分了解译者的翻译过程，并借此发挥女权主义翻译的教喻作用。[5]而重写、增补、前言和脚注、劫持正是女权主义翻译的象征性策略，其目的就是变革性别语言来发出女性自己的声音，使得女性和译者能够凸现主体性。因为任何文本的翻译都会留有译者的痕迹，这种痕迹也是某个特定时代的意识形态以及文化政治环境所留下的痕迹，而且每一个读者对文本的意义都会加上自己不同的理解。为此，一个原文的意义是多样的，每个读者对文本的意义都可以有不同的理解，女性主义认同翻译的干预性创造，实现两性和谐、作者和译者等同、体现译者文本意义的创造是女权主义翻译理论的实质所在。

众所周知，解构主义理论（deconstructive theory）是后结构主义（post-structuralism）最有影响的理论，解构是后结构主义解读、实践与批评文学作品的一种主要方法。解构主义代表人物德里达（Derrida）主张解构一切中心，解构罗格斯的语音中心主义，关注语言能指的异延、所指的不确定和文本意义的传播。德里达认为，任何篇章，无论是辩论文、哲学论文还是诗词，在阅读时总是有一些与表面所言之意不相同的东西，解读时可以认为它有双重意义，任何言语中的语言与其自身都有差异，因而可以被解读为另一种语言，这些意义与批评家所见的单一、稳定的意义是相悖的，因为一个篇章是一个无穷无尽的能指系列，没有稳定的、最终的、实质的意义，每一个词在词义系统中把读者引向下一个词，那么意义就被持续地、无穷无尽地“推迟”[6](p.416)。所以，一个篇章可能会有“背叛”自身的可能性。这就是说，一个篇章存在着太多不确定的意义。而女权主义翻译理论最为实质的部分就是通过翻译把解构主义文本写作理论应用于翻译研究，对翻译的实质做透彻的剖析。女权主义翻译理论主张译者身份的主体性，应用转换性别话语与移植、翻译语码创新和劫持等手段应验着解构主义理论在翻译实际中的可行性。女权主义翻译理论证实了翻译实际上是文本的转换的一个过程，无论过去还是未来，把一种语言的纯粹的“所指”运送到另一种语言中是不可能的事，即使同一种语言之间也难以实现。“所指”与“能指”之间必然存在差异，两者之间没有确定的关系，所有言语都屈从于“差异”这一文字游戏。“能指”（词语）永远没有确定的“所指”（事物概念），语言是一个“差异”系统而不是意义单位的集合。“差异”包括“不同”和“推迟”。就此意义而言，女权主义翻译理论又一次与解构主义理论相呼应，认为由于读者的世界知识和通过语言建构的语境能力的不同，对原作的解读就会存在差异，而解构主义也十分认同读者解读过程对篇章意义的贡献，强调读者与作者的交际，亦即译者与作者的交际。此外，解构主义还主张解构一切中心，女权主义翻译就是要解构父权话语，认为写作和翻译是互相依赖的，两者的相通在于对表述的共识，即解构主义所认同的表述总是一个动态的过程，即使是原作也一样无法完全达到最初创作的动机，原文语言与译文语言存在互文性：“每一种语言都在孤独中萎缩、贫瘠、停滞、病态。由于翻译，即由于这种语言的互文性，一种语言给予另一种语言它所缺乏的东西……”[7](p.97)翻译使得语言恒生并得以繁荣，所以译者赋予原作的生命力使得译者主体得以“显身”。在译者的努力下，译作使原作超越了时间和空间的限制，扩大了原作的影响，延长了原作的生命力。女权主义翻译理论正是吸收了解构主义理论精髓而得以产生和发展，最终实现通过翻译为女性赢得话语权，同时赋予原作新的生命力的目标。

读者反应论是美国翻译理论家尤金·奈达提出的，其贡献就在于他把信息论与符号学引进了翻译理论，提出了“动态对等”的翻译标准。奈达不仅把现代语言学的最新研究成果应用到翻译理论中来，而且他是翻译史上第一个把社会效益（读者反应）原则纳入翻译标准之中的人。作为对等理论（equivalent theory）重要组成部分的读者反应论（reader’s response theory）重视读者，注重原文信息的传达，强调与乔姆斯基的转换生成语法和成分分析法等的有机结合。读者反应论坚持文本因读者的阅读而存在。也就是说，如果文本没有了读者，文本的存在就没有价值，无论读者如何理解文本，都是由读者对文本内涵进行解读，因为有了读者，文本才有存在的意义。读者反应论的核心思想是读者给予文本生命力，读者的理解是文本意义的所在，每一次阅读都是对文本的又一次全新的诠释和创造。

如前所述，读者反应理论的重心是读者与篇章的相互关系，把研究的中心从作者和文本的关系转向文本和读者的关系，强调读者在阅读篇章过程中的不同参与方式，因而读者反应理论着重研究读者对篇章的贡献，反对形式主义和新批评忽视或低估篇章定位理论（test-oriented theory），注重“说什么”，而不是“怎么说”。奈达认为，评价译本的优劣要看读者的反应是否与源语读者的反应大致相同，翻译就是交际，翻译归根结底是为读者服务的，因而翻译应以译文读者为中心。译者首先必须是读者，而对译文的读者而言，译者是作为原文本的第一读者存在的，因此，译者的阅读、理解和阐释过程同其他读者一样，首先具有创造性，从而影响译文读者的解读，亦即译者对文本的接受、理解、阐释也必然是动态的，存在着差异性。[8](p.29)奈达的理论运用与翻译更接近于意大利学者韦努蒂（Lawrence Venuti）在其 *The Translator's Invisibility* 一书中所讲的“归化”译法，就是以地道的译语表达形式和相应的文化因子进行翻译，以顺应强调读者读后感受和反应。除了奈达的读者反应理论，美国学者 Holland 和 Bleich 提出了另一种读者反应理论，即阅读是一种隐藏的意愿实现形式，读者对篇章的参与就如同对其他形式的愿望参与一样。[9](p.246)此外，姚斯（Jauss）提出的读者反应理论包含于他的“接受理论”，他认为研究作品应根据作品在它的“同代读者”心中的印象和效果，因为文学价值要根据篇章的观点随时间变化的程度来判定。[10](pp.3-6)伊塞尔（Iser）在其《阅读行为：审美反应理论》中曾提出，所有文学篇章都有“空白”或“缺口”，这些空白和缺口必须由读者的填补或“具体化”，才能对篇章进行解读。[10](pp.3-6)读者与篇章的交流是一个自我修正的动态过程，在建构“所指”时必须不断修改，随着阅读进程加以确定。

不难看出，女权主义翻译理论与读者反应理论有着千丝万缕的联系和重合。女权主义翻译理论重视女性译者对原作的反映，不拘泥于词汇意义、语法类别和修辞手段的对比等，而更加重视接受者正确理解和欣赏译语文本的程度，这与读者反应理论十分相似。女权主义翻译理论反对简单的一一对应的生硬翻译，赞同原作与译作两种语言之间的差异性，提倡对译文进行加工甚至是再创作。译者可以通过已经掌握的源语与目标语的语义对比知识和所了解的语言间语义差异，对原文的表层结构进行分析，理解深层结构并将其转换重组到译文中，架起原作与译作之间相互沟通的桥梁。这一点不仅符合奈达的观点，同时又与伊塞尔的观点甚为吻合，因为译者首先是读者，译者对原作“空白”或“缺口”的填补是必然发生的。女权主义翻译理论认为，原作所传达的内容根据读者和阅读角度的不同而不同，或者发生差异，原作只有在被译者、读者解读时才是真正意义上的作品。对原作品的阅读理解不仅源于语境和不同译者的世界知识，也是对原作语码的信息的展开过程。原作在阅读前并无实际存在，其意义只是处于潜在中，译者翻译的过程使得潜在的意义实际化。译者的角色不像传统观点所认为的那样是被动的、派生的，实际上，译者和作者一样也是创造意义的积极代理者，译者通过对原作的阅读，运用策略和规则对原作进行解码，这并不意味着女权主义翻译理论不尊重作者和原作，或者对原作中显性或隐性信息的曲解、改变和加减。女性主义翻译理论同时也借鉴姚斯的“接受理论”，认为翻译是根据原作品在它的“同代读者”（这里指女性译者）心中的印象和效果以及随时间空间变化造成的原作篇章的观点的变化，针对原作的空白和缺口进行填补，对不确定因素进行消除，最终实现运用翻译手段去述说女性世界观，去彰显女性译作的风格。读者反应论是女权主义翻译理论建构的又一佐证。

毫无疑问，新历史主义不同于旧历史主义的“新”的文学批评方法，是对形式主义、结构主义等强调文学本体论的批判思潮的一种反拨，强调对历史文本加以释义并进行政治解读。新历史主义（new historicism）的研究取向一是如何研究历史，二是如何研究文学。新历史主义认为，历史事件和任务是文本阐释的对象，历史本质是用语言书写的，对历史事件和人物的理解、评述在很大程度上取决于写历史著作的人的主观性，而该作者的主观性在很大程度上取决于其本人的政治和思想观念以及当时占统治地位的话语和文化背景。文本和语境有着密不可分的关系，文本表现的是权力关系的建构，话语的重要性在于它与权力的密切关系。为此，新历史主义强调，没有一个文本是纯粹的原创，任何文本的生成都会参照已有的文本，或者是参照写作时代发生的事件而完成的。文本这种互文性是不容否认的，文本的意义不是固定的、一成不变的，也不具有普遍的标准，文本随着时间和地点的变化而变化，它永远处于变化中，是动态的。[11](p.595) 文本蕴含政治和权力的因素，作家写作时，其思想观念必然受到各种权力机构及其话语的控制或影响，话语总是植根于社会机构，社会和政治的权力只有通过话语才能得到实施。比如，“男尊女卑”在母系社会并不存在，只有当男权控制了各种权力机构并产生男权话语时，才出现了“男尊女卑”。女权主义翻译理论借鉴新历史主义文学研究的观点，解构男性的菲勒斯中心文化，解构权力支撑下的男权话语，她们对“权威及权力中心”的否定，映射到翻译研究中，便是女权主义翻译理论所强调的翻译的政治视角，即翻译必不可避免地与社会群体的政治倾向和诉求挂钩，原语与译语之间的关系从来就不是超政治的，“译出”与“译入”从来就是“权力”与“反权力”的表现形式。在女权主义翻译理论看来，作者与译者一样都是创作者，原作品的观点需要参照写作时已有的文本和所发生的事件，译作的翻译也会参照现存的相关文本并且受到当时的政治、文化观念影响，所以在不同的接受语境下，不同的读者（包括首先作为读者的译者）、组织机构和群体对同一文本的解读必然是多种多样的。女权主义翻译就是要从女性视角审视传统文学翻译，并采用新历史主义观点揭示译本生成的权力关系以及翻译的女性隐喻性。女权主义翻译所关心的问题是译本生成的性别制约条件以及译本生成后对男权文化的颠覆作用。女权主义翻译理论否认原作是一个积极的创造过程，而翻译则是一个消极的意义传输过程的二元对立思想。女权主义翻译理论支持新历史主义文学研究观，认为两种语言之间、原作与译作之间、作者与译者之间，以及由此类推，男性与女性之间的对立不可能是绝对固定的，文本是随着时间和地点的变化而变化的。对此，女权主义翻译理论极力提倡叛逆性的创造翻译，最大限度地抛弃男性表达方式、变革性别语言来发出女性自己的声音、强调女性对翻译的驾驭以及对文本的操纵，以颠覆男性特权对女性翻译的控制，充分发挥女权主义翻译者的功能，抑制原作对女性的歧视和束缚。

综上所述，女权主义翻译的建构与解构主义、女权主义、新历史主义以及多元系统论等有着密切的联系，而这些文化都是对西方翻译领域有着重要影响的文化思潮，同时又引发翻译界对霍尔姆斯、勒菲费尔、苏珊·巴斯奈特等西方翻译大师的译学观点的反思。女权主义翻译理论的形成正是吸收了众多文化的精髓，借鉴西方翻译理论优点的结果。女权主义翻译理论把解构主义文本、写作理论、读者反应论、新历史主义和心理分析理论大胆地、创新性地应用于翻译研究，其中最为明显的就是解构主义、读者反应论、新历史主义的影响，正因如此，女权主义翻译理论的形成进一步推动了翻译研究的“文化转向”，明确了翻译不只是不同语言间的转化，同时也是跨文化的双向交际。女权主义翻译理论强调女性对翻译的驾驭和对文本的操纵，认为翻译中存在着语言与性别差异，虽然译者要尽可能地保持原文风格，但是译者的世界观在翻译过程中会自觉或不自觉地流露出来，并渗透到译文中，以此来延伸原文的含义，体现女性译者对原作的理解和诠释，使得原文和译文构成一个文本的连续体，从而凸显女性译者的多重身份，即女权主义读者、女权主义重写者、文化操纵者以及差异的倡导者，实现女权主义翻译所推崇的作者与译者身份等同的理念，拓展了翻译研究的领域，引发了翻译观念和翻译所思想上的革命，推动了翻译界的百家争鸣。

参考文献

[1] 葛校琴. 女性主义翻译之本质 [J]. 外语研究，2003 (6).

[2] Simon，Sherry，*Gender in Translation*，London & New York：Routledge，1996.

[3] 王凤霞. 文化翻译论和尤金·奈达“读者反应论”的比较 [J]. 新疆财经学院学报，2005 (2).

[4] Bassnett，Lefevere，*Translation*，*History & Culture*，London & New York：Pinter Publisher，1990.

[5] Flotow，Luisevon，*Translazion and Gender*，Manchester：St. Jerome Publishing，1997.

[6] 德里达. 论文字学 [M]. 汪堂家译. 上海：上海译文出版社，1999.

[7] Derrida，Jacques，*Of Grammatology*，*Translated by Gayatri Chakravorty Spivak*，Baltimore：John Hopkins University Press，1997.

[8] Eugene Nida，*Language*，*Culture*，*and Translating*，上海：上海外语教育出版社，1993.

[9] 刘辰诞. 篇章语言学 [M]. 上海：上海外语教育出版社，1999.

[10] 刘辰诞. 篇章语言学视角中的读者反应理论 [J]. 山东师大外国语学院学报，2001 (1).

[11] 张中载，王逢振，赵国新. 二十世纪西方文论选读 [M]. 北京：外语教学与研究出版社，2002.

看与被看：后现代媒介受众的认同空间

在受众研究领域，“大众受众”（mass audience）一词广为人知。然而，大众（mass）和受众（audience）却分属不同的话语范畴，一个是社会学的，一个是传播学的。就大众社会理论来说，大众是现代工业化社会的产物，也是大众传播发展的结果，反映了脱离家庭、血缘、土地等传统纽带，相互依赖却又彼此陌生的一种生存形态。大众具有规模大、易分散、爱匿名和无根性的特点，既不同于有一定组织性的社会群体（group），也不同于松散的群集（crowd），以及有政治自觉意识的公众（public），他们没有任何组织性，没有稳定的结构规则和领导者，也缺乏为实现自身目的而行动的意愿和手段。“大众”一词最初不是用于指“普通民众”（people in general），而是指“多数民众”（the mass of the people），它相对于贵族阶级而言。“大众”一词常常等同于粗俗、低劣、卑微、平庸、低下、粗野、普通、廉价。

按照英国著名传播学者麦奎尔（Danis McQuail）的说法，受众的概念起源于戏剧、竞技和街头杂耍的观念群，起源于不同文明或不同历史阶段所出现的所有不同形态的参与“演出”的成批观念。在麦奎尔看来，尽管历史发生了巨大变化，“前媒介”受众的某些基本特征仍然保留了下来，并影响到人们的理解和期待。受众其实是一种大众的集合，通过个人对愉悦、崇拜、学习、消遣、恐惧、怜悯或信仰的某种获益性期待而自愿做出选择行为，是在一种给定的时间范围内形成的。受众由于受到统治者可能的或实际的控制，因而是一种集合行为的制度化形式。印刷术问世之后，受众概念首次重大的历史补遗便是“读者大众”的形成和发展，实际上，个人阅读行为产生了对特定作者和风格类型（包括报纸）的崇尚和趋附。当社会在印刷时代开始经历社会的和政治的变革时，读者大众还促进了利益、教育、宗教和政治共识等方面的总体分化，帮助奠定了正在形成的公众概念。电影的发明和影院放映方式的出现，创造了第一个真正意义上的大众受众，数以百万计的人们一起分享相同的、经媒介传播的情感和体验，批量生产的拷贝传播，取代了个性化的、活生生的现场表演和互动。到了20世纪初、中期，广播电视的发明使受众身份第一次与技术手段的拥有联系在一起。跨越有形疆域的无形传播，大大扩展了传播的影响面和影响力，时空转换性更明显，共时分享的受众也更多。

一、能动的受众：游牧式主体和颠覆性阅读

美国当代媒介文化批评家约翰·菲斯克（John Fiske）认为，受众的构成方式是复杂的、多层次的，不同人员形成不同的分层，这些分层不是固定不变的，也不是完全被动的，而是有一定程度的流动性。菲斯克把大众（the people）、大众的（popular）、大众力量（the popular forces）三个概念视为一组变动的社会效忠从属关系，大众在一个高度复杂而精密的社会机构网络间穿梭时产生了“游牧式主体”（nomadic subjectivities）和“集体性的对抗主体”（collective oppositional），并根据当下的需要，重新调整自己的社会效忠从属关系，进入不同的大众构型（formation）。菲斯克借用这样的例子来解释他的“社会效忠从属关系”（social allegiances），即商人和同事同在运动场的私人包厢里看足球，如果他脱下正式的经商服装，在体育场的廉价露天看台，为他喜爱的当地球队摇旗呐喊，这时，他就参与了大众文化；相反，如果他身着制服，正襟危坐，那就不是在参与大众文化。一个人如果想要参与大众文化，他就必须能够召集其他的社会效忠从属关系，有时可能由那些住在隔壁的年轻人组成。其趣味与文化是社会性的，而不是个人化的；作为一名社会行为人，他可以对其召集形成的效忠从属关系施加某种控制，但他却无法控制那构造出这些效忠从属关系的社会秩序。当然，这种效忠从属关系并不是静止不变的，而是参照不同的维度，形成不同的组合。菲斯克认为，正是因为围绕各种差异轴，如阶级、性别、种族、年龄等，组成了一种复杂的基质，社会结构得以成形，其中每一个差异轴都有一个权力向度。如果没有权力差异，就没有社会差异。比起阶级之间的对抗，大众与权力集团之间的对立才是整个矛盾的主线，而文化区域正是围绕着这一矛盾得以分化的。大众文化更是环绕着这一矛盾（即大众力量与权力集团的对抗）而加以组织的。“游牧式主体”通过它与权力集团的对抗和抵制而得以识别。

菲斯克推崇“游牧式主体”拒绝充当“商品化受众”而带来颠覆性文本阅

读的观点，因为“游牧式主体”能够产生从主流到反对的一系列意义。受众在其与电视文本就意义进行协调的社会构型中可以发挥积极能动的作用。当然，受众并不是一群在经济、文化和政治上都处于产业巨头控制之下的“文化白痴”（cultural dopes），而是能够掌控文本，鉴别选择文本并从中获得快感的意义的生产者。在某些特定的语境下，受众并非以被动的方式介入文本。相反，他们把广播用作日常活动的辅助。例如，他们在开车或做家务时收听广播节目；在“观看”电视节目时也同时从事其他各种活动，如弹奏乐器、做家务等。报刊往往也不得不通过与其刊登的新闻或文章毫不相关的智力测验或拼字游戏等形式来鼓励受众主动参与。此外，受众还能够有目的地对媒介文本作出自己的选择，例如，频繁更换电视频道，使用各种转录设备有选择地收录电视节日等。

由此看来，解读电视文本是对现存主体位置与文本提出的位置进行协调的过程，而在这种协调中，力量的均衡取决于受众。不是受众的主体性服从于文本的意识形态力量，而是文本中发现的意义朝着读者的主体位置偏移。电视文本要想流行，就必须受到许多不同社会群体的解读和欣赏，它的意义才能以多种不同方式进行变化。很显然，电视文本的符号性和公开性都要由受众在对节目进行解读时加以变化或颠覆。也就是说，解读不是从文本中读取意义，而是在文本与处于社会中的受众之间的对话中生产意义。在考虑文本意义的时候应该根据文本在特定环境中与各种话语的碰撞，根据这种碰撞将如何重新构建文本的意义，以及如何重新构建它所遇到的各种话语。实际上，文本意义的构建，往往取决于受众解读文本的话语（知识、偏见、抵触等），受众与文本碰撞中的关键因素就是受众所能使用的话语范围。在菲斯克看来，文本和主体性都是话语结构，都具有类似的相互冲突或者相互矛盾的话语。正是由于这些矛盾才出现了文本的多义性（polysemy）和文本解读的多重性（multiplicity）。例如，电视剧《豪门恩怨》（*Dallas*）被大众解读为对资本主义或父权制的一种批判（这并不意味着所有的读者在每一次观看时都能发现大众的意义和快感）。然而，有些观众是从宰制者的立场对《豪门恩怨》进行解读的，并在将自身与资本主义、消费主义、性别中心、种族中心主义的价值观联系在一起的过程中获得快感。

受众正是利用流行文本的模糊性和多义性而生产出符合自己立场的意义，从而抵制主流意识形态的首选解读。菲斯克声称，仅仅是抵抗性阅读还远远不够，只有把这种阅读提升为一种阅读快感，受众才能摆脱文化工业的控制，成为大众文化文本的生产者、意义与快乐的制造者。菲斯克指出：

如果我们把大众视为社会变革的力量，那么，解读的多重性和随之而来的亚文化身份的多样性就至关重要。这又涉及娱乐与政治之间的关系。这两者是两个分离的文化领域。用阿尔都塞的话来说，它们是相对独立的，但又是由多种因素决定的。电视的抵制性解读（resistive reading）和快乐并不会直接转化成对立的政治行动或社会行动。相对自治的文化领域之间并不是以简单的因果关系相互关联的。没有直接的政治后果并不意味着没有广义上的政治功效。抵制性解读实践确定了受支配者在其表现过程中的权力和随之而来的快乐，向资本主义在意识形态上控制人们的权力提出了直接的挑战。人们理解自身以及理解自身所处社会关系的方式，是社会体系本身的一部分。诚然，任何一套社会关系都需要一套相应的意义来维持，而任何一套社会意义又都必须由某个社会群体或某些群体组织在社会关系内部生产，并符合其各自的利益。支配着社会关系的那些阶级也试图支配着支撑其潜在意义的生产，社会权力和符号权力是一枚硬币的两面。对意义和拥有创造意义权力的社会群体发起挑战，是确立亚文化身份（subcultural identities）和维系社会差异的重要部分。*

菲斯克是宣扬受众在意义生产中“自主权”的主要代表人物。他的理论体现了20世纪80年代兴起的肯定受众权力的思潮。当时的后现代主义和以受众为中心的媒体批评家都主张，受众不仅能够掌控文本意义的生产，同时也能从文本当中获得快感。菲斯克反对把受众视为在文本面前毫无抵抗力的“受害者”和“文化白痴”。相反，他提出了“生产者式文本”（the producerly text）的重要理论，淡化文本的作用，弘扬受众的主体性和创造性，强调受众能够抵抗媒体生产者潜在的商业化意图。菲斯克这种过分强调“受众权力”的观点却受到了莫雷（Morley）和韦恩（Wayne）等人的质疑。在他们看来，受众重新阐释意义的权力并不能与中心化的媒体机构所享有的话语权力相提并论。因为文本是由媒体机构首先构建出来之后再由观众进行阐释的，受众不可能抵制媒介文本所具有的潜在影响力。应当把受众视为意义生产中的合作者之一才是妥当的。虽然如此，我们仍然认为，菲斯克对受众建构性和能动性的倡导，以及他对受众颠覆性阅读的肯定，无疑将媒介文化的受众研究推进到一个新的层面。

---

* John Fiske, “The Popular Economy”, in John Storey (ed.), *Culture Theory and Popular Culture: a Reader*, London: Routledge, 1992, pp. 30-49.

二、受众的性别差异

性别差异无疑会造成媒介使用的差异，而某些形态的媒介使用则是由女性受众所引发的，特别是某些杂志（如时尚杂志）和某些形态的小说（如言情小说）等。性别化的受众经验是某种媒介内容、一般日常事务以及“父权社会”（patriarchal society）复杂结构下的产物。简妮丝·拉德薇（Janice Radway，1984）对痴迷于言情小说（the romance）的女性受众所做的研究是一项被广泛引用的典型案例。拉德薇以女性受众所提供的解释来说明言情小说之所以令人无法抗拒的原因。拉德薇发现，言情小说为女性受众提供了一个“避风港”，女性受众通过阅读言情小说来为自己建立一种私有“空间”与时间，以暂时逃避丈夫和家庭责任的滋扰。此外，言情小说为女性受众提供了理想的爱情版本，尽管它以梦幻的形式来表达，但也足以给她们带来情感上的愉悦和安慰。尽管女性主义批判言情小说有一种欺骗和反动的倾向，但拉德薇的研究却表明，女性受众可以在言情小说中找到自己的替代物和偶像崇拜，至少能够给予她们一些温馨的支持和认同。

广播和肥皂剧是另一种吸引大量女性受众的媒介类型。肥皂剧有多种多样的类型，但早期美国的肥皂剧多选择白天时间在广播中播出，目的是为了迎合家庭妇女听众。对肥皂剧的早期研究（20 世纪 50 年代）显示：肥皂剧之所以对家庭主妇和母亲这类女性受众有特殊的吸引力，不仅是因为其恰当的排期，还因为其内容设计涉及戏剧性、劝诫、伦理道德、幻想，以及对家庭主妇这一角色的象征性支持等。近年来有关肥皂剧的一些研究（20 世纪 80、90 年代）已经将肥皂剧的叙事方式（连续性、不确定性）与家庭主妇们的日常生活规律联系起来考虑，虽然它们有些零碎分散，但灵活变通。总的来说，电视肥皂剧更受女性受众的青睐，即使当她们意识到这种节目档次较低时仍是如此。对肥皂剧女性观众的民族志研究表明，肥皂剧因为对女性受众有着特殊的意义而广受欢迎，不仅成为她们的谈资，而且也被用来反映她们自己的日常生活。洪美恩（Ien Ang，1985）曾对迷恋电视连续剧《豪门恩怨》的女性观众进行研究，结果显示，观众一面欣赏虚构无聊的电视剧，一面批评其中的大部分内容，她们可以很随意地采取或消遣或嘲讽的态度来观看电视节目。当然，如果我们仅仅根据受众对所提及的某一内容或媒介的表面看法来框定受众，那有可能是非常错误的。实际上，受众的存在和愉悦的产生与他们对特定节目内容的选择，以及可能引发的对审美、道德、政治背景的批评是彼此分开的。

两性之间的关系和特定的性别角色对于人们使用诸如电视这类家庭媒体这样一种复杂的社会行为产生多大的影响？在这方面，莫雷（Morley，1986）的研究堪称经典。在关于家庭收视情况的民族志研究中，他强调指出，甚至在家庭这样一个微观受众的环境下，也有许多不成文的规则、默契和行为模式。最典型的情形是：晚间收视的控制权一般掌握在家庭中的男人手中。女性通常较少有计划地或不间断地观看电视。她们往往在看电视的同时还兼做其他事情。由于社会原因，她们会克制自己的兴趣，服从其他家庭成员的收视偏好；她们会在看电视时聊天；会因为独自看电视而感到愧疚。女性可能倾向于将电视看作是调节家庭紧张气氛、缓和争端的一种手段，是一种鼓励人们在观看中实现不同程度的个人自由或社会交往的方式。通常情况下，女性观看更多的是游戏节目、综艺节目、电视剧等；而男性则更多地观看动作片、暴力片、新闻节目和体育节目等。

在《电视文化》一书中，菲斯克用两章的篇幅通过对电视形成的性别化叙事形式和电视文本叙事策略的运用，重点分析了以“肥皂剧”为代表的“女性受众审美”（feminine aesthetic）。菲斯克把肥皂剧文本的开放性和多义性、女性的社会角色，以及她们的去中心女性主体性（decentered subjectivity）看作是女性受众审美的特点所在。菲斯克认为，这三者组成的并不是对抗性的女权主义文化，而是在男权之下肯定女性特点价值与快乐的女性文化。在争取一个能够产生并传播女性意义的领域的过程中，肥皂剧“持续地将男性置于受质疑的地位，使女性的价值观念合法化，那些依靠女性价值而生存的女性因此而有了自尊。简而言之，肥皂剧提供了一种对抗主流父权价值的女性文化的手段。尽管肥皂剧可能不会以直接、激进的方式对男权统治发起挑战，但它至少可以不断地削弱男权对女性的控制力量；就最好的意义而言，它不仅向无男性控制区发起直接的挑战，而且还提供了发起挑战所必需的女性自尊”。很显然，菲斯克的这种女性受众审美观带有浓重的后结构主义符号学色彩。通过对阳性和阴性之间形而上的或生物学意义上的二元划分来消除媒体性别差异中的文化结构，分析电视文本中男、女性别差异的符码系统。菲斯克更倾向于运用后结构主义的精神分析学，特别是法国心理分析学理论家雅克·拉康（Lacan）关于主体建构方式的镜像理论去解读男性电视叙事文本（以动作片为主）中女性主体的缺省（the absence of woman）。在菲斯克眼里，女性是男权社会中被贬低的群体，她们易受伤害、多愁善感、情感、承诺、体贴、细心。女性需要得到别人的承诺，物质上也往往处于需要的地位。虽然菲斯克把这些特点看作是男性特点和女性特点的文化概念，虽然他也承认上述的对比词语都带有男权意味，因为它们具有与生俱来的内涵：即“男性”特点是强有力的，是受到褒奖的；而“女性”特点则比较软弱，往往会受到贬低。男性和女性身份的定义在社会文化形态中被灌注成男性至上的概念。令人遗憾的是，菲斯克的这种女性受众研究与真正意义上的女权主义受众研究（如拉德薇对言情小说女性受众的分析，洪美恩对《豪门恩怨》中女性受众的分析，麦克罗碧对少女杂志女性受众代码的解析，穆尔维对电影中女性受众的分析等）相比，少了更多的批判力量和定量研究方法的说服力。

三、看与被看：媒介受众的认同空间

由于好莱坞影片的生产体制是由男性来主导的，好莱坞电影文本再现了性别差异和性别特征，这些影片预设了性别化的视角，同时也迎合了观众对于“性别”的理解。因此，观众的凝视是性别化的，同时把他们所观看的电影进行“性别化”。许多理论家在探讨“凝视”问题时都指出，通常人们把“男性化凝视”加以“自然化”，使之成为占主导地位的观看行为。从心理分析的角度来看，这种男性化的凝视又常常与“俄狄浦斯情结”密切相关——男性对女性存在着性欲望，而该女性又是以其母亲为原型来塑造的。因为，母亲是男性所凝视的第一个女性。据此，美国传播学者 E. 安·卡普兰（Kaplan. E. Ann）归纳出“男性化凝视”的三种类型：片中的人物会带着性欲望来“凝视”女性；摄影机会对准片中的女性，有时甚至会像片中的人物那样主观地“凝视”女性；电影院中的观众通过摄影机的镜头来“凝视”片中的人物。

安·卡普兰指出，这是“一个样子的时代，是一个看上去像（look like）的时代”。她以美国歌星麦当娜自己的传播为例，分析这种传播带来的麦当娜“显得像者”的传播。有意思的是麦当娜因为迷恋影星玛丽莲·梦露而在自己的MTV《物质女孩》中把对梦露的模仿推向了极致，由于她把自己的表演设计成梦露的影像，因此，梦露就成了镜像中的麦当娜。有意思的是，电影或电视作为一种文本，只给观众提供一种影像。于是，什么样的观众，就会有什么样的影像，而每一个受众，每一面“镜子”都是各不相同的，影像也各有差异。对于观众来说，尽管银幕上的影像世界只不过是一个幻象，是一种建构，是社会性的产物，是意识形态的体现，但电影或电视却能让观众产生一种幻觉，觉得自己控制了一个看似毫无来源的感知领域，观众自己才是这个感知领域的主体，这是电影带给观众最重要的一种快感。

沃莱姆（Richard Wollheim）在《看客所见》（*What the Spectator Sees*）一文中着重强调观看者的态度、快感、经验、意图等心理层面会影响"观看"的方式与效果。在他眼里，"观看"（seeing）有时并非一定能够令人"信以为真"（believing），而是一种"阐释"（interpreting）。一般说来，人类的"观看方式"大致可以分为"凝视"（the gaze）、"瞥见"（the glance）、"观察"（observation）、"监视"（surveillance）、"视觉上的快感"（visual pleasure）等各种类型。伯纳德·沙拉特（Bernard Sharratt）提出当代视觉文化中的四种观看模式，分别是透视（glimpse）、凝视（gaze）、浏览（scan）和瞥视（glance）。按照沙拉特的说法，透视为我们提供了一种片面的观点，或许是观众潜在的强有力的表征，或许是观众渴望的东西。凝视是一种延长了的观看形式。凝视则由三个"政体"（regimes）组成，第一个政体是表征，这与斯图尔特·霍尔的论述大体相似，即可以通过某事物的关键的或有代表性的形式来再现该事物，以传达向所有人开放的真实感。第二个政体是复制，复制是某物可以被完全再造，可以给出完整的图像。但是当有人给我们看复制品时，我们会有一种这是人造形式的意识，这种人造形式的清晰意识让受众时时保留一种疏离感。例如，我们在看电影时就经常会暗示自己，这是人编出来的，不是真实的。凝视的第三个政体是观看，它描述的是一个观看者观看、凝视一个真实而不是复制的风景的可能方式。

心理分析理论试图解释观众是如何凝视和理解影像的。按照弗洛伊德的理论，人类内心世界当中相互冲突的势力之间存在着一种互动性，这种互动与"视觉驱动力"此消彼长。当我们凝视某个对象的时候，我们可以从"观看"或"被看"当中获得快感，也就是说，可以主动或被动地获得快感。我们在这种相互对立的位置之间来回"游移"，在阳刚和阴柔的特质之间来回"游移"。观众的"凝视"向外作用于电影当中的影像，向内则作用于思维的运作。在看电影的过程中，观众实际上就是在"凝视"和反思其内心当中隐藏的冲动和"另外一个自我"。

雅克·拉康（Lacan，1993）指出，理解"凝视"这一概念的关键在于理解"镜像自我"的概念。儿童在一定的发展阶段，确实是通过照镜子来认识自身，从而形成"个体"的概念。之后，儿童在思维的过程中经常会运用这个"镜像自我"来形成自身的身份认同。但是，这个"镜像自我"与电影中的影像，不过是一种幻象和一种再现而已。无论是照镜子，还是看电影，人们都会在观看影像的过程中产生兴奋和快感。但其间却存在着一种令人困惑的间隔，也就是说，镜子或银幕上出现的是自我影像，而不是真正的自我。在电影中，这一间隔（即观众希望把银幕上的影像当作“真实”来理解）能给观众造成一个相互对立的心理定位——观众在凝视影像时，一方面把它们当作是“真实的”，但同时又知道它们并非“真实存在”。观众能够主动介入到影像的体验当中，却无法控制银幕上影像的流动，因而又是被动的。观众觉得自己可以控制影像的意义和人物内心世界的构建，却无力操控银幕上的世界。

在拉康眼中，“凝视”是一种双重体验：受众一方面在观看银幕上所展现的客观世界，另一方面又把这个银幕世界移植到其头脑中，转化为受众对其自身和外部世界的部分认知。换而言之，受众一方面是根据对自身的认识来理解影像，另一方面又根据影像来形成认识自身的方式。拉康的理论阐明了相互指涉的双向循环过程，即受众对影像的凝视是主动的，并且根据自身的身份/认同来构建影像的意义；与此同时，受众又根据对影像的理解而对自身的身份认同进行重新的评估。观看电影和理解其意义也是一个“缝合”的过程，人们通过思维把不同的镜头联结为一体，从中构建出某种意义。

运用心理分析探讨“凝视”和观众/银幕之间的关系，主要理论框架来自于克里斯蒂安·麦茨（Mets C.）。麦茨强调观众对观看的认同和对叙事的认同。他指出，由于观众将“眼睛的观看”和“摄影机的观看”合为一体，因而倾向于接受摄影机所构建出的意义。观众对摄影机的认同可以进一步扩展为对叙事的认同。影片中的人物就是认同的切入点。观众通过“交感类比”的心理过程，把自身的体验投射到这些人物身上，进入到他们的世界和他们的故事中去。观众理解电影文本的意义意味着他们能够控制文本。事实上，摄影机总是处于“客观第三者”的位置。当然，摄影机具有一定的主观性，它似乎是在引导观众的思维及其对电影文本的理解。这就意味着，观众必须意识到他们不一定对文本拥有完全的“控制力”。当观众通过观影行为构建意义的时候，实际上有三个不同的心理过程在起作用，即认同、偷窥和恋物。“偷窥”是在电影院观看电影的整个语境中的一部分。无论是电影角色还是身处黑暗中的其他观众都无法看到你，因此，你处在一个有利的位置，从而可以“偷看”银幕上的人和事。这样一来，你就成了一个偷窥者。“恋物”的过程可以用“性恋物癖”来类比，后者使女性身体的某些器官带有色情含意，并且转移了人们对那些无法看见的事物的关注（比如，弗洛伊德理论中提到的“阴茎缺失”）。电影中的影像和画面承载了观众的想象，代表了那些缺省的事物。由于电影的能指本身就是想象出来的。所以，只有电影才能将观众带入到一个缺席和在场的游戏中去。

穆尔维（Mulvey，1989）在麦茨和弗洛伊德理论的基础上，进一步提出了“偷窥癖”的概念，让人们更加关注观看所带来的快感。她认为，电影中的女性人物一方面是欲望的对象，另一方面也是影片情节框架内被动的客体。男性观众的“凝视”与片中男主角的欲望是一致的，同时与男主角对电影叙事的驱动作用也保持一致。相比之下，女性观众的“凝视”与电影中作为欲望对象而存在的女性人物是一致的，因而是一种被动角色的被动“凝视”。这也是一种“物化”的过程，或者说是把女性转变为欲望对象的过程。女性不再是一个具有自由意志、自身欲望以及能够说“不”的人。因此，女性的快感就成了男性的快感。女性观众要想获得快感就必须接受男性的视角。穆尔维指出，在窥视过程中，男性一方面在女性“阴茎缺失”的优越感中确定自己的主动地位，以视觉将女性限制在框架中，把其贬低为被动的客体；另一方面由于“阴茎缺失”的女性不时提醒男性阳物被阉割的威胁，造成男性的焦虑，强化了男性的窥视行为，并促使其结合虐待狂的心理来惩罚女性。而男性为了逃避女性“阴茎缺失”的事实，便赋予女性高跟鞋、皮带、利剑、机关枪等外在物件以替代女性的“阴茎缺失”，此即“拜物现象”，并因此而名正言顺地去“凝视”女子了。因此，我们不难发现，色情图片里总充满了拜物主义与各种阳具象征（比如照片中女性常拿着手枪、空瓶等），例如，世界影星波姬小丝的写真宣传画就是蟒蛇缠绕裸体。女性流行体制也产生了这种“可被偷窥”的“性感符码”，如高跟鞋、黑色网纹丝袜、若隐若现的透明丝衫等。男性凭借着视觉的权力优势，在色情/性别的论述中将女性客体化、非人格化。

西方人体绘画里每每充斥着这种所谓的“男/观看/主动”与“女/被看/展示”的关系。绘画里的女性总是在奉献自己的女色和身体去期盼男性的“凝视”，男画家笔下的女性裸体在相当程度上也投射了男性对于女性的喜好与理想。同样，在好莱坞相当多的电影中，女性形象一直是男性视觉快感的重要来源。那些成功的英雄人物身边总有一个得力并且热情相助的红颜知己，这些红颜知己使男性观众产生了一种向往，并在将自己设身为英雄时也会产生拥有红颜知己的快感和成就感。“007”电影系列就是其中的典型代表。

在穆尔维看来，偷窥是一种男性的快感，说明窥视者拥有对被窥视者的权力。这种偷窥的快感来自男性对女性身体的观看，所以，在好莱坞叙事的典型进程中，都是由男性的行动来推进故事情节的，其间往往会穿插一些男主人公注视或占有女性身体的镜头。男主角成为体现男性观众和摄影机的男性“凝视”对镜头前的事件的见证。注视和占有女性身体所产生的视觉快感，是前一段故事中男性行动获得成功后的一种回报。这就产生了一个男性解读主体，尽管电影的观众可能有男有女。在男权社会中，女性也可以成为男性化的主体，因而也能体验男性的快感。她们和男人一样，都能用男性化的眼光去注视女性的身体。在日常生活中，广告往往使用女性形象特别是女性身体作为展示载体，例如，在化妆品、洗发水、汽车、健身等广告中，一个很普遍的现象就是极力表现女性身体的独特魅力，使之变成男性观众或女性观众迷恋的对象。广告中的女性形象激起的是女性观众男子式的欲望，并为她建立一个男性化的解读立场，让她可以用男性的眼光来理解自己的身体。对女性形体的迷恋多半与照相机或摄影机镜头过度渲染“崇拜”女性形体有关，这是解除女性带来的阉割恐惧和恋母情结罪恶感的一种方式。照相机和摄影机对女性身体进行“凝视”分割——特写镜头往往对女性的眼睛、嘴唇、大腿、头发和女性身体的其他几乎任何一个部位进行崇拜。偷窥欲望得到满足所产生的快感与男权社会的要求十分协调。菲斯克认为，穆尔维基本上在男权、快感和两性自然差异这三者之间建立起一种无法打破的关系。她似乎把男权建立在人性基础上，认为男权力量与人类性欲的实质难以区分，并以此来解释电影带来的快感。

> 主流的快乐源自主流电影结构再现的婴儿性欲结构。主流电影让观众调整自己以适应主流意识形态的需要，并接受文本所产生的主流地位，以及随之而来的对男权和人类性欲要求的服从。*

菲斯克指出，穆尔维也许承认可能会产生一种激进的快感，但她对激进快感产生的原因并没有做出分析。这就使穆尔维这位女权主义者不得不摧毁观众现在所体验到的快感，而用一种新的快感来取代，以形成一种没有权力优势的新的观看方式。菲斯克承认穆尔维的快感理论应用于一般的视觉形象分析是具有一定解释功能的。在电视广告，尤其是化妆品广告中（期刊和各种招贴画广告也不例

---

* John Fiske, “Television pleasures”, in David Graddol et al (ed.), *Media Texts: Authors and Readers*, The Open University, 1994, pp. 239 - 255.

外），女性形象或女性身体越来越成为男性的观看对象，越来越成为产生偷窥权力和快感的来源。美丽、性感、优雅，这些女性身体的基本印象显然都是建立在男性窥视经验基础之上的。

在当下的商业化媒介社会，如果没有重大新闻发生，《纽约时报》的头版上会经常出现女性的裸体照；不少娱乐节目会在节目里增加一个毫不相干的泳装美女；电影、电视剧需要高价聘请年轻貌美的明星；即使是电视新闻也要聘用漂亮女主播。而在保加利亚、俄罗斯、加拿大等国家和地区，甚至采用"裸播"的形式来播新闻和天气，这些无疑都是将女性身体的"可看性"发挥到极致，从而制造出"身体奇观"的表征（representation）。

菲斯克以澳大利亚1984年年度最佳广告的摄像和美国歌星麦当娜的MTV造型来阐释说明"看"与"被看"的快感意义和权力关系。

可口可乐的广告是由一系列快速切换的摄影镜头组成的，表现为俊男靓女在沙滩上和大海里玩耍一只巨型充气可乐罐。广告的配乐则是可乐广告歌*Coke Is It*的轻柔流行乐曲。广告画面上欢乐无限——运动中的帅哥有健美的身体，刺激感官的海水溅到古铜色皮肤上的摄影特写，年轻人跳水、攀爬、跌倒，把可乐罐滑入海里，充满微笑与欢乐。摄像机和剪辑把可乐罐变成了年轻人身体的一部分。在镜头中，一位笑容可掬的女孩儿由滚动的可乐罐托出水面，镜头接着又切换到一只手，把一瓶可乐从碎冰里拽出来，动作的视觉节奏可谓完美无缺。另外一个镜头则表现为，一个男孩儿从巨大的可乐罐上跳入水中，然后切换到一个女孩喝可乐的特写镜头——跳水者入水的角度正好就是可乐瓶的角度，跳水者的身体入水动作变成了可乐从瓶中流入嘴中的动作和视觉刺激。在菲斯克眼里，这则广告中的海滩代表了社会中允许的一块自由之地，身体代表从意识形态和控制中解放出来的自由，快乐代表身体的快乐，年轻代表乐趣、身体和海滩，可乐代表年轻。这就是可乐的时尚语言，一种极度刺激感官的狂欢，是日常生活的颠倒。广告词"Coke is it"是一种拒绝被命名的物体，是一种存在，而不是一个意义，是一种没有所指的符号，是身体原则，而不是承载个体性和社会意义的身体。菲斯克认为，电视的这种大众性和时尚性从规模上来说更适合于家庭。电视对身体的关注变成了对表面的关注，播出的电视不能太过沉溺于吃、喝和性等肉体快乐，它允许玩弄身体的表面而否认自我或现实的内在。例如，《迈阿密风云》之类的电视剧把时尚变成了景观。电视景观既不是狂欢中表现的怪异景观，也不是电影的全景景观；它是街头等级的景观，其空间围绕着人的身体而展开。电视表现的景观并不像穆尔维所说的电影景观那样附带着权力，去对别人进行控制；相反，电视的景观是平等的，观看者可以参与到景观中来，观看者也能成为别人观看的对象。所以，被观看的对象并没有受到观看者的控制，而是把他/她变成了公开的符号，因此是启发性的、控制性的，在观看的快感中起着参与性的作用。"看"这个词的双重意义指的就是被看的"看"与看别人的"看"之间的相似之处。在电视的狂欢性风格中，"景象"的快感兼具这两种"看"的意义：它的观看是参与性的，它消除了"凝视"主体和客体之间的权力差别，为受支配者提供了获得权力的快感（empowering the pleasure for the subordinate）。

MTV 音乐电视是后现代视觉文化最有代表性的媒体。在 MTV 音乐电视 *Into the Groove*（《随着节奏摇摆》）中，麦当娜对自身形象的塑造进行剪辑。剪辑的标志有时表现为很多摄影师闪光灯的闪光，有时则是她用自己的照相机自拍快照时的闪光；有时她的动态形象则定格在一次成像的框子里。事实上，麦当娜将自己设计成一种怪异的形象——十字架、花边内裤、男人的吊裤带、透明的粉红色上衣合成而成的形象。事实上，麦当娜不仅是这个剪辑过程的产物，同时也是该过程的制造者。她把十字架从原有的宗教"所指"话语中剥离出来，作为自己的权力"能指"；她还展示了自己控制色情"语言"的能力（肉体、纤薄的内衣、黑皮革等），她以非色情的方式，利用色情语言为自己的快乐和身份而服务，并不是以此取悦男人的"窥视"。显然，麦当娜的音乐电视中呈现了她的面部、唇部、眼睛、脚和肚脐的大特写镜头。菲斯克把这些大特写镜头看作是切分并崇拜女性身体的摄影代码，它使女性身体的任意一个部分都变成了男性窥视欲望的"去人格"对象。麦当娜音乐电视突出并控制自己肚脐的色情意味；唇部和眼睛的大特写镜头也在其控制之下，她从一个角度看着摄像机，同时要求摄像机也从这个角度去拍摄她本人。这样一来，麦当娜就把自己变成了观赏对象，不给观看者以任何偷窥权力。她不让自己置于偷窥者的"凝视"之下，而是控制着这种"观看"的条件。她意识到自己外表的色情含义以及观看者的"在场"，并且能够控制自己的色情外表和观看者的窥视欲望，她不是依赖男性的"观看"才拥有意义的对象。相反，她是她自己的观赏对象。在这样的观赏中，偷窥者其实并不在场，正常的观看权力关系已被颠倒，正如狂欢一样，看与被看都以平等的身份共同参与观看以及意义生产的过程。最终作为"被看者"的麦当娜，其身份认同和意义生产都在这种观看的狂欢性中得以彰显。

参考文献

［1］McQuail D.，*Audience Analysis*，London：Saga Publication，1997.

［2］Fiske，John，*Television Culture*，New York：Routledge，1989.

［3］Fiske，John，*Television Culture*，New York：Routledge，1989.

［4］Radway，J.，*Reading the Romance*：*Women*，*Patriarchy*，*and Popular Literature*，Chapel Hill：University of North Carolina Press，1984. 转引自罗钢，刘象愚. 文化研究读本［M］. 北京：中国社会科学出版社，2000.

［5］Ien Ang，*Watching Dallas*：*Soap Opera and the Melodramatic Imagination*，London：Methuen，1985.

［6］David Morley，*Television*，*Audiences and Cultural Studies*，London & New York：Routledge，1992.

［7］劳娜·穆尔维. 视觉快感与叙事电影［A］. 转引自张红军. 电影与新方法［C］. 北京：中国广播出版社，1992.

［8］陈龙，陈一. 视觉文化导论［M］. 上海：三联书店，2006.

［9］E. 安·卡普兰. 女性与电影——摄影机前后的女性［M］. 曾伟祯等译. 台北：远流出版事业股份有限公司，1997.

［10］Lacan，J.，"The Mirror Stage as Formative of the Function of the I"，in A. Easthop（ed.），*Contemporary Film Theory*，Harlow：Longman，1993.

［11］Mets，C.，*Psychoanalysis and the Cinema—The Imaginary Signifier*，London：Macmillan，1982.

［12］Mulvey，L.，"Afterthoughts on 'Visual Pleasure and Narrative Cinema'"，inspired by King Vidor，*Duel in the Sun*，*Visual and other Pleasures*，Indianapolis：Indiana University Press，1989.

［13］John Fiske，*Television Culture*，New York：Routledge，1989.

［14］Susan Bordo，"Material Girl：The Effacements of Postmodern Culture"，in Cathy Schwichtenberg（ed.），*The Madonna Connection*，Boulder：Westview，1992.

约翰·菲斯克的媒介文本理论

约翰·菲斯克是美国大众文化研究和媒介研究领域重要的理论家和实践者。他的《解读电视》（*Reading Television*, 1987年与John Hartley合著）、《电视文化》（*Television Culture*, 1987）、《理解大众文化》（*Understanding Popular Culture*, 1989）、《解读大众》（*Reading the Popular*, 1989）等8部著作以及数百篇有关大众文化、大众传播、影视文化的研究论文经常被大量引用，在欧美学术界占有举足轻重的地位。菲斯克继承并发展了以伯明翰学派（Birmingham School of Cultural Studies）为代表的英国文化研究的学术路径，他的媒介文化研究延伸了英国文化研究学派的思路，实现了“从媒体对受众做了什么”到“受众对媒体做了什么”的转变，即从单向影响研究转变为多元接受研究，在一定程度上改变了文化研究的范型，开启了媒介文化研究的新路径。

文本理论是约翰·菲斯克媒介文化理论的重要构成。对菲斯克来说，媒介文本主要是指以电视文本为代表的大众文本。菲斯克的文本研究对传播过程中的“文本”、“读者”（或受众）、“阅读过程”格外重视，他既注重运用符号学方法去研究电视文本、电视受众和电视文化在意识形态中的霸权建构关系，又注意将欧洲的符号学研究传统与北美的过程学派方法加以比较，倾向于解读媒介文本的开放性、多义性、相对性和不确定性。例如，为什么有些文本能够成为“被大众选择”的文本而变成大众文化，另一些文本却被大众所抛弃？受众是如何解读媒介文本（如电视文本）的？受众在解读媒介文本过程中充当何种角色？受众在媒介文本解读过程中又是怎样创造意义、获得快感和确立社会身份的？

一、媒介文本的结构主义模式

菲斯克特别注重媒介文本的研究。符号学方法是其最得心应手的方法。他把符号学视为揭示接受者接受信息认识途径的有效方法。符号学派的研究重在阅读文本，因此更喜欢用“读者”代替“接收者”。读者正是以将他自己的经验、态度和情感、意志带入文本的方式帮助“创造”出文本的意义的。菲斯克对传播过程中的“文本”、“读者”（或受众）、“阅读过程”尤为重视。

广义而言，在媒介文化研究中，凡是那些有助于人们生产出关于自身、社会和信念的意义的客体都可以被视为文本。媒介文本是指那些带有明显的吸引受众意图的客体。在某些情况下（例如在电影院中），媒体文本往往转瞬即逝。即便当媒体文本处于一个永久性存在的情况下（例如一本杂志），这种瞬时性依然存在。事实上，媒体文本总是处于持续生产的状态中。例如，一本书的下一个版本，一部肥皂剧的下一剧集等。这样看来，媒体文本是由源源不断的材料所组成的，它所生产的意义也是源源不断的。

一般说来，意义的生产和产生影响的过程是媒体文本研究的两大中心议题。托尔森（Tolson）对文本的“受众”和理解文本的过程做了深入的阐述。他指出“意义是从意义体系当中衍生而来的。处于特定文化当中的每个成员都有机会接触到这一意义体系。文本自身能够构建这些意义”，与此同时，受众“也能够带着预先具有的知识和期待来介入文本（意义的生产）……现代媒体消费者就是一个能够接触不同类型文本的受众，能够把这些文本相互联系起来，互为参照”[1](pp. 52 - 69)。

结构主义模式则把文本视为生产者（受众界面当中的一种刺激因素），这一因素旨在获得某种回应，但也可能会有出乎意料的反应。罗兰·巴特（Roland Barthes）提出的“作者式文本”（writerly text）和“读者式文本”（readerly text）是这一结构主义模式的创见。读者式文本当中具有一些为读者所熟悉的特征（或规律），使得读者能够较为容易地理解。这种文本不具有挑战性。巴特指出，这类文本通常都会具有某种叙事特征（即“阐释符码”），它压制了读者选择其他意义的能力。这类文本往往都具有类型化的材料、鲜明的成规以及对读者理解文本的种种预设。相比之下，在作者式文本当中，成规和可预测性表现得不那么明显。它激励读者进行反思，从而做出替代性的阐释。就此说来，读者也成了能够生产文本意义的作者。在这种模式中，文本成为被读者据为己有的“战利品”。文本的意义就是读者“拿来”的对象。约翰·菲斯克就是这种受众中心模式的倡言人和实践者。如下图所示：

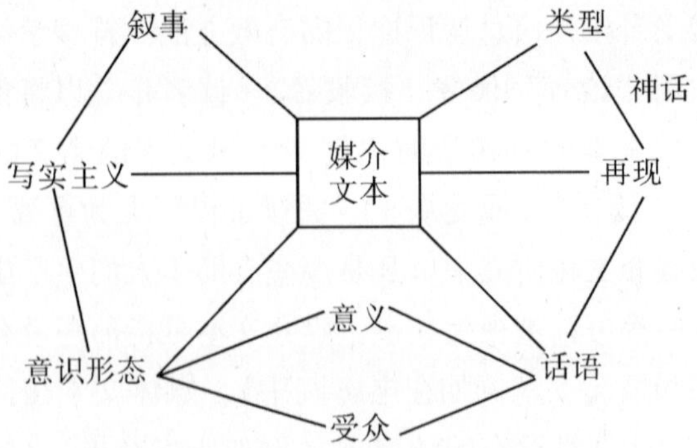

媒介文本关键概念之间的关系示意图

该图阐明了有关媒介文本的一些主要概念之间的关系。就意义生产而言，由于“文本”和“受众”这两个概念之间内在关系十分紧密，因此，我们可以把“受众”作为这一模式图的核心概念。由上图可以看出，媒介文本包含“叙事”的元素。通俗地说，媒介文本就是讲故事。所谓“叙述”，则包括讲故事的过程以及故事的意义。换言之，叙事及其意义是在塑造文本的过程当中产生的，并对受众产生某种影响。叙事也同时存在于受众的脑海中。这是因为受众能够用自己特有的方式来处理文本。人们往往会依据自身的体验去构建各种叙事。这在他们的媒体体验中更是如此，受众依据媒体素材中包含的线索构建出叙事，从中获得快感。一方面，受众完全被卷入故事当中，而把它构建为一种“真实”，同时，也赋予这种“真实”一定的意义，即相信文本以及受众从中构建出的其他意义都是合乎情理的；另一方面，“区隔”（difference）手段的运用又把受众置于文本之外，而让受众意识到，所谓的“叙事”是确实存在的，并且具有一定的操控性。对受众而言，“区隔”就是让他们在一定程度上产生一种距离感。在某些情况下，这种距离感是相当有用的。例如，在拍摄某些血腥的战争场面时，摄影师把镜头（实际上也是受众的视角）移到一个较为隐蔽的位置上，这样就使得暴力的场面始终处于可以容忍的范围之内。实际上，电视和电影制造出的最为重要的幻象表现为一个交互性的媒体，而不是一个可以窥探的自我封闭的、具有叙事性真实的空间。因此，叙事和叙述行为是许多媒体文本所具有的核心特征，也在很大程度上主导了媒体的生产。

菲斯克把电视视为一种大众文化媒介文本。对它的生产和发行起决定作用的是经济。经济要求电视具有广大的受众，而在西方工业化社会中，广大受众则是由许许多多的亚文化（或者亚受众）组成的，他们具有各种各样的社会关系，各种各样的社会文化体验，因而在理解和欣赏节目时，就会有各种各样的话语。电视为了自身的目的就要尽量照顾到方方面面，使一个节目拥有尽可能多的受众。电视力图在这些不同受众的共同领域里发挥作用，但同时也要留出余地，使受众在观看节目时能做出不同的解读。

媒介文本的意识形态分析主要得益于阿尔都塞意识形态理论的影响。菲斯克试图揭示某些观点和信仰是如何通过媒介再现而被合法化，被制造成真实的。这些做法同时也出现在事实媒介文本和虚构文本之中，例如，很多媒介文本都是围绕个人展开的，无论是新闻报道的重点还是虚构故事的主角，大凡如此。菲斯克特别注重新闻文本的意义生产和受众对文本意义的演绎，强调权力的自下而上的对抗意义。菲斯克认为，由于意义是在社会互动的过程中产生的，所以，意义的生产是一场建构和阐释的抗争。假定意识形态不是稳定的表征，而是权力抗争的领域，那么，统治的意识形态就将会持续不断地接受来自下层的挑战，去从事意义的建构。媒介研究的任务就在于探究“抗争”的过程，即文本建构者的意义建构与文本意义解读者的抗争和互动。菲斯克一方面强调新闻的推理和控制权力，另一方面又注重受众对这种权力的抵制和反抗的权力策略。在菲斯克看来，新闻是从事件中制造意义从而建立推理控制的一种尝试。这里有两种控制和抵制在起作用：一种是试图控制事件的意义，而事件是不受约束、不受控制的，它被一系列他择性意义所抵制，这是事件本身对尝试的抵制；另一种抵制是受众的抵制，他们也许会反对新闻的意义，并找出他们自己理解新闻的权利与权力。受众的权力策略是在对新闻文本的解读中表现出来的。面对强大的信息攻势和遭受的信息泛滥之苦，受众对这些取代了人们生活权力的泛滥信息加以抵制的唯一方式就在于，“只把这些形象作为能指，即新闻事件的表面来接收，而拒绝它的所指，即隐含于事件中的试图控制事件的意义”[2](pp. 45-63)。

阿尔都塞曾指出，由离散的、有自由思考能力的个人构成的个人主义和我们对世界的体验，是一种意识形态化的现象，而非自然现象。据此可以推断，媒介对个人行动关注的重点可以被看成是意识形态化的。文本分析可以揭示新闻报道、电视节目和故事影片如何围绕着这种个人主义的中心地位进行构建，而构建的由个人组成的社会将试图在特定的历史时刻掩盖正在运行的权力关系。阿尔都塞认为，意识形态国家机器（the ideological state apparatuses）给个人定位的主要方式之一是对其进行“唤询”（interpellation）或“召唤”（hailing）。媒介文本也同样“召唤”和“呼唤”受众，在这个过程中把受众的定位和他们所消费的东西联系起来。唤询的结果是个人把自己看成独立自主的个体。于是，个体认为自己是意识形态的“主体”，但与此同时，他们也误认了自身。由于错误的认知，个人成了意识形态的积极行动者（agents），并为那些旨在利用他们的意识形态提供力量和支持。意识形态协商着个体与他们实际生存状态之间的关系。只不过个体与意识形态采用的主体立场之间是想象关系。比如说，广告就不断地给个体消费者提供一个清晰的意识形态化的定义，让他们知道自己是谁，应该或者能够成为什么样的人。广告通过视觉形象让个体看到他们自己，（或者是潜在的自我），让他们认为自己是能够作出消费决定的独立个体。个体受到了广告的“召唤”，并被引导进行观看，把广告看成是对自己兴趣和欲望的再现。个体与广告提供的意识形态主体定位之间的辨认是一种错误的认知。消费个体只是得到了统治阶级在自身利益范围内给予的一个选择。正是通过研究与消费资本主义紧密相关的特定利益、信仰和欲望的自然化过程，阿尔都塞的理论才让人们认识到，广告在推销消费品的同时，也在推销着主导意识形态。

菲斯克指出，面对当代如此庞大的电视娱乐工业，意识形态分析似乎无法解释电视文本为什么如此流行。看电视的人这么多，看电视的时间这么长，而且还似乎看得津津有味。电视的娱乐作用几乎成为无可替代的项目之一。菲斯克认为，“某个文本之所以流行，其受众必然能够将该文本应用于他们的社会经验之中，因此，文本意义必须是开放的”[3](p.15)。菲斯克试图就文本和受众之间的关系在理论上进行最精确的说明。他强调，读者的世界观在很大程度上建立在他们对话语的体验的基础上，话语有助于他们理解他们的社会体验。话语是思考一个社会群体——包括其意义是由文化组织起来的那些领域，例如政治、宗教、科学等——共同面临的特定主题的方式。文化提供了理解社会体验的方式，话语对于这个过程至关重要。受众的意识受其特殊社会状况下可利用之话语的影响。在菲斯克看来，大众文化产生于共识程度很高，以至于这种共识被视为理所当然的话语领域之中。如果一个媒介文本的话语符合人们在特定时间里去阐释他们社会体验的方式，那么，这个文本就会流行起来。“媒介文本的叙事在它们自身封闭的世界中证明了自身作为解释、理解机制话语的适宜性。”[3](pp.165-198) 换句话说，如果一个文本与受众产生共鸣，它就会流行开来。一个文本要想流行开来，其寓意必须适合受众理解他们的社会体验所使用的话语。媒介文本应该向受众保证，受众的世界观（话语）是有意义的。受众消费媒介文化所获得的快感（pleasure）

是受众从确信他们对世界的阐释与其他人对世界的阐释相一致中所获得的快感。

菲斯克把话语看成是一种权力关系（power relations）。

话语是一种倡导或反对主流意识形态的社会行为，常被说成是“话语实践”，对话语或“话语实践”（discourse practice）的任何解释都必须包括它的主题域（topic area）、社会本源（social origin）以及意识形态功能（ideological work）。因此，我们在考虑问题的时候，不应当使用什么经济话语或者性别话语，而要使用资本主义（或社会主义）经济话语或男权（或女权）性别话语，只要这样的话语是由社会产生的一套常规所构建，而这套常规又被媒体业与消费者默认与接受，它们就常常会变成固定的格式（尤其是在媒体上）。在这个意义上，我们可以说有新闻话语和广告话语，这些话语仍然表现出我们所说的三个解读特征——主题域、社会地点以及对某个特定社会群体利益的促进。[4]

按照菲斯克的理解，话语不是某个说话人或作者创造的，而是从社会中产生的。话语不仅在生产与解读文本的过程中起作用，而且还有助于对社会体验的理解。因为，社会体验很像文本，其意义取决于与之有关的话语。诚然两个处于不同社会地位的人群对同一文本可能会产生不同的理解，同样，他们对同一社会体验也可能会有不同的理解。“文本的意义不是作者有意或想要放进去的，而是受众在特定的时间段和空间段使用文本时所发现的。因此，对于在不同文化阶段的不同受众，文本的意义则是大不相同的。”[3](pp. 165 - 198)

二、作者式文本与生产者式文本

1987 年，菲斯克出版了重要学术专著《电视文化》（*Television Culture*）。在这部著作中，菲斯克在罗兰·巴特在 *S/Z* 中提出的将文本分为“作者式文本”和“读者式文本”两个概念的区分基础上，提出了电视文本是开放的，是“生产者性文本”（the producerly text）的概念。

在巴特的定义中，“读者式文本”是一种易于阅读和理解的相对封闭的文本，它没有意义设置上的障碍，不需要读者有多么高的学识水平和文本参与能力，因而吸引的是一个本质上消极的、接受式的、被规训了的读者，这样的读者倾向于将文本的“所指”作为既成的意义来接受；与此相对峙的“作者式文本”则由于文本结构中充满了各种陌生化处理和意义的模糊性、多重性，而凸显出文本本身的“被建构性”，以邀请本质上积极的、富于创造性的接受者参与意义的建构。两相比较，“读者式文本”更浅显明白，且更流行，而“作者式文本”则更难把握、更具先锋性，因此只对少数人有吸引力。罗兰·巴特显然是把这种从“能指”到“所指”的道路清晰易懂的，能够让人很舒适地阅读的文本称为“可读文本”。而只有那些令人费解和迷惑疑虑的，需要下工夫很吃力地阅读，可以被“重新写作”的文本，才是真正具有价值的，这类文本称为“可写文本”，它能够使读者不再成为消费者，而是成为文本的生产者。

巴特对文本的区分给了菲斯克极大的启发。菲斯克在《理解大众文化》一书中十分推崇生产者式文本：

“生产者式文本”……并未要求读者从文本中创造意义，也不以它和其他文本或日常生活的惊人差异来困扰读者。它并不将文本本身的建构法则强加于读者身上，以至于读者只能依照该文本才能进行解读，而不能有自己的选择。“生产者式文本”像“读者式文本”一样容易理解……但是，“生产者式文本”也具有“作者式文本”的开放性。区别在于，“生产者式文本”并不要求这种“作者式”的主动行为，也不设定规则来控制它。毋宁说，“生产者式文本”为大众生产提供可能，且暴露了不论是多不情愿，它原本偏向的意义所具有的种种脆弱性、限制性和弱点；它自身就已经包含了与它的偏好相悖的声音，尽管它试图压抑它们；它具有松散的、自身无法控制的结局。它包含的意义超出了它的规训力量，它内部存在的一些裂隙大到足以从中创造出新的文本：它的的确确超出了自身的控制。[5](p.128)

在菲斯克看来，生产者式文本像读者式文本一样容易理解，但它同时又具有作者式文本的开放性，使读者能够在文本的间隙中创造出新的不守规训的意义，从而参与文本意义的建构。大众文本以毫无阅读障碍的平面结构，接纳了几乎所有的大众，任大众在其中纵情狂欢，任意组装和拆解。大众文本不过是大众“权且利用”（making do）的一种“文化资源”，大众利用该资源进行自我文化的建设，凭借大众文本的场所，去“建构我们的空间，并用他们的语言言传我们的意义”[5](p.44)，这就是生产者式文本，这就是大众的媒介文化。

三、互文性和相关性：媒介文本的特征

为了进一步论证大众文本的这种生产性、开放性，菲斯克还设计出了一个梯形状的文本构成形式，他将大众文本称为“三级文本”。菲斯克举例如下：

麦当娜本身绝不是一个自足的文本，她是意义的煽动者，她的文化效果只能在她众多的、经常相互冲突的流通中加以研究。大众文化以互文的方式，流通于我称之为初级文本（原初的文化商品，如麦当娜本人或一条牛仔裤）、与初级文本直接相关的次级文本（如广告、媒体故事和评论）和持续存在于日常生活过程中的第三级文本（如对话、穿牛仔裤的方式、居住在公寓中的方式、逛街观赏橱窗或在高中舞会上采用麦当娜的舞姿）之间。不论是初级、次级或是第三级的文本，所有麦当娜的文本都是不充分和不完整的。麦当娜是她的意义与快感的互文式流通；她既不是一个文本也不是一个个人，而是一组发生的意义。[5](pp. 150–151)

可见，菲斯克所论及的大众文本并不是某一个单一的文本自足体，而是一个由三级文本构成的阶梯式的文本集合，集合中的各文本之间具有某种互文性，意义是在互文性中被生产出来的，并得以流通开来，结果便造就了大众的媒介文化。

在《电视文化》一书中，菲斯克运用整章篇幅介绍了电视的互文性。他把互文性定义为媒介文本可以产生文化意义的主要成因。正是由于电视文本与其他文本之间的相似和相异之处，电视文本才能够为受众生产出意义和快感来。在菲斯克看来，水平面互文性（horizontal intertextuality）是通过类型（genre）、角色（character）和内容（content）等因素而运作的。菲斯克以类型和角色因素为例，说明一个文本与其他文本之间的关联。例如，受众对恐怖片的理解就与他们平时所了解到的类型知识有关。同样地，蝙蝠侠这个角色不仅出现在电影、电视与漫画中，还出现在各式各样的其他媒体如电脑游戏里。因此，他们能够超越各种文本类型而被受众创造出意义来。在蝙蝠侠的例子里，该角色的每一次出现都会对其他文本的意义产生某种潜在的影响。

菲斯克把雷蒙·威廉斯（Raymond Williams）有关“电视流”（television flow）* 的论点通用到自己的水平面互文性文本中，试图表明内容的互文性是如何轻而易举越过类型边界的。构成电视节目影像与声音的意义并非是孤立地被创造出来的，而是在与整个其他媒介文本的相互关系中产生出来的。

垂直面互文性（vertical intertextuality）指的是在原始文本（primary text）如电视节目或连续剧等和其他不同文本之间的相互指涉关系。

菲斯克将互文性的概念放到经济情境的脉络中来考察。按照他的说法，当一个文本很明确地是在促销另一个文本时，垂直面互文性便清楚地展现了出来。例如，随着一部新剧情片的上映而出现的宣传素材，在这个案例中，二级文本（secondary texts），如广告、海报、期刊上的影评等都是用来推动与促销原始文本的偏好意义（preferred meaning）的流通。受众对电视节目的批评或新闻评论、歌迷杂志、闲谈报刊都是另一些重要的互文性例子。二级文本无疑会影响到电视观众对意义的深刻理解。根据托尼·贝内特（Tony Bennett）的看法，批评是对文本意义的一系列意识形态的寻求。所以，研究哪些出版物和哪些受众会对哪些解释有“偏好”，可以帮助我们理解文本的某些意义，而不是其他的意义到底是怎样被建构出来的，以及为什么会被建构。例如，作为原始文本的邦德（James Bond）就是一种互文性现象。[6](pp. 195－225) 邦德形象在不同的时期受到观众不同程度的喜爱，他所呈现出来的不同意义自然会受到二级文本等促销材料的影响。例如，在20世纪50年代后期和60年代初期，邦德被看成是冷战的勇士，因为广告和书籍的封面突出了手枪和间谍武器。但是，10年后的邦德却成了新性感形象的化身，因为这个时期，无论是电影还是小说，广告的重点都放在邦女郎（Bond girl）身上，而叙述的重点谜团也都变成了邦德究竟能否征服邦德女郎和如何征服邦德女郎，而不是去征服或打败敌人。显然，这个时期的邦德把单身汉

---

* 雷蒙·威廉斯用该概念来分析英国的 BBC 1、BBC 2、IBA 和美国旧金山的 KQED 和 Channel 7 共五个电视频道节目的编排过程，从而揭示了各类节目运作方式的实质。“电视流”由高到低分为三个层次，第一种流程的分析对象是某一个特定晚间的节目组合；第二种流程主要是分析各个电视频道节目表之间的前后脉承关系以及各类节目的数量和种类所形成的相对统一“序列整体”；第三种流程是一种近距离（close-range）的节目内容分析，通过对节目中连贯相承的各种语言和影像的分析，通过对电视台播放节目的实质内容分析，可以清楚地看到电视流程的真正性质。参阅 Raymond Williams, *Television: Technology and Cultural Form*, London: Fontana/Collins, 1974, pp. 96－117.

从理想婚姻中解放出来了；而邦女郎也把新妇女从婚姻的性束缚中解放了出来。

水平面互文性和垂直面互文性可以用来分析电视的多义性。电视多义性不仅是指“文本建构时必然的庞杂性”，同时也指“不同社会地位的受众必然引发出的不同解释”[7]。菲斯克的研究发现，意识形态的研究固然揭示了媒体的文化社会涵义，但它那种以文本分析为主的策略却忽略了受众可能对“意义”所做出的不同解读。菲斯克认为，只要电视文本开放到能够容纳广泛的协商式阅读的程度，各种各样的社会群体通过这种阅读都能找到自己与支配性意识形态有意义的联结关系，那么，它就可以流行起来。这样一来，任何电视文本在某种程度上都应该是多义的了。然而，多义绝非是自由自在的，而是会受到限制的。因为它的存在总是在抵制主流意识形态，而主流意识形态会对选择性的或抵制性的意义有所阻碍，并依自己的利益将偏好式的意义同质化（homogenization）。菲斯克把巴赫金的众声喧哗（heteroglossia）看作解释该过程的一种尝试。巴赫金分析了众声喧哗或多声部文本与独白性文本之间的差异性，前者包含着许多低等群体的声音，后者只携带着支配性群体的声音。巴赫金用纺线车的比喻来表明这种差异。相对来说，中心处是支配和控制性的同质化中心之所在，四周则是多极的、异质性的臣属之所在，它们构成了潜在的抵抗点。趋向中心的向心力是通过同质化而运作的一种支配和同构性力量，而趋向于四周的离心力则是通过异质化而运作的一种抵制和差异性力量，这两种力量总是针锋相对，电视文本就处于这两者之间不稳固的紧张关系之中。巴赫金非常谨慎地在权力关系的语境范围内来考察众声喧哗。每一个社会群体与语言社团（linguistic community）的关联都不尽相同，每一个社会群体为了团体的目的都坚持不懈地争取把话语和意义吸纳到自己的亚文化中来，以重新确立他们的文化身份和话语声音。于是，在语言的权力分配上就出现了两股截然不同的势力群体。那些拥有社会权力的团体试图扩张他们的语言控制权，而那些居于从属地位的团体则力图运用自己的语言去抵抗、妥协或规避权力集团。菲斯克把电视文本视为一套潜藏的意义，而这些意义被不同社会环境中的不同读者所激活，由于电视文本是资本主义机构所生产的，它必定承担着那种意识形态。任何一种源自这种机构的亚文化的意义或任何一种抵抗的意义都不是“独立的”，而是和这种主流意识形态密切相关。多义的电视文本中包含了意义的生产与再生产，积极主动的受众应该而且能够从中解读出不同的意义来。互文性能够帮助把受众的某些立场和解读优先置于其余的立场和解读之上，引导受众用一种特殊的方式去解读文本。

菲斯克的媒介文本互文性理论在后现代主义理论中得到了进一步的扩展和运用。只不过是后现代主义理论脱离并扩展了他的论述，从理论上说明文本能够对其他文本不间断地参照，反映了20世纪晚期更为广阔的社会变化和文化变化。在这种背景下，互文性就有可能质疑之前的符号学分析及其对意义的预设。安吉拉·麦克罗碧（Angela McRobbie，1994）指出，“后现代主义认为形象之间互相关联并且能跨越彼此。它转移了符号学分析家单一和仔细凝视的视线，认为可以用多元、破碎且时时中断的注视取代”[8](p.13)。这种观点认为后现代主义反映了当代西方社会的可感知的支离破碎。后现代媒介中的形象可以看成具有互文性，或者像麦克罗碧所说的：“它们互相关联但又彼此跨越，从内部出发去反射自身。”[8](p.13)让·鲍德里亚（Jean Baudrillard）之所以把这个过程称为“内爆”(implosion)，是因为后现代的形象反观自身以及相似的文本，抛弃了与外部世界的联系，这个外部世界是虚幻的。弗雷德里克·杰姆逊（Fredric Jameson，1985）认为，文本指涉其他文本的整个过程实际上是创造了一种“拼凑式的杂烩”。“拼凑式的杂烩”是一种“风格化的掩饰”，经常和滑稽的模仿混淆不清，但实际上缺乏后者的讥讽式批评。在拼凑式的杂烩世界里，“风格创新已经不再可能”，“所有剩下的只是模仿死去的风格，在一个想象的博物馆里，透过面具，以各种风格的声音去言说”[9](pp.114-115)。可以说，后现代的许多广告除了要销售产品以外，也就是试图以一种互文性的方式进行娱乐，之后就没有更深的意义了。这种娱乐方式通过一种空洞而表面的方式运用形象和概念。它们明显提及了其他的流行文本，但却不试图“评论”文本或制造文本的社会。广告的唯一目的就是瞄准产品的消费者，从而为产品的公司增加利润。广告的互文性也可以为观众提供巨大的消费快感和娱乐快感，因为广告能够让观众欢庆并分享他们的文化知识。广告的互文性不仅牵涉到一位观众从媒介文化中吸取到的对相关参照物的认知，还涉及了某些所谓的“高雅”文化。有些广告运用了来自美术、歌剧和古典戏剧中的形象，表现方式既可以是古典音乐片断的使用，又可以是诸如对蒙娜丽莎这样的艺术作品的参照，或者对莎士比亚戏剧人物的借用。当然，无论呈现在众多广告中的互文性的文化来源是什么，它都毫无疑问地给观众提供了一系列的快感，受众通过多种方式的参与制造了文本的意义。因此，我们可以认为，众多后现代广告中的互文参照潜在地给消费者“授权”（empower），当他们在一个社会背景中（例如工作地点）讨论前一天看到的晚间电视时，能够互相交流他们对其他文化参照物的认知。观众有能力进行互文解读是理解后现代广告的前提，这从另一个侧面印证了后现代观众能够娴熟地在互文性水平维度的层面与主导意识形态相周旋。[10](pp. 83–84)

菲斯克把相关性看成是媒介文本的另外一个主要特征。在他看来，大众辨识力所关注的是文本的功能性，而不是文本的特质，它所关注的是文本在日常生活中的使用潜力。这一筛选过程有三个主要标准，即相关性、符号生产力、消费模式的灵活性。在大众文本的辨识力中，与日常生活保持一种相关性是最为核心的。与中产阶级审美标准不同的是，相关性的标准“着眼于读者的社会情境。寄寓在文本中的相关性标准只是一种潜力，而不是一种特质。相关性是由每一个特殊的解读时刻所决定和激发的特质”，菲斯克认为，“与审美标准不同，相关性受到时间与空间的制约”。所以，媒介批评的评价工作应该是社会的或政治的，而不是文本的，因为，“按照图像媒介的不同组织方式，完全相同的视觉图像可能表示着某些有着细微不同的东西，或者传达不同的含义”，批评者应该关心“文本做了什么”或者“被用来做什么”，而不是“文本到底是什么”。将相关性作为大众文本的评判标准，也是大众文化与中产阶级审美标准和审美辨识力的主要区别所在。因为中产阶级的审美辨识力“被有效地制度化”，它“否认解读的多样性，否认文本功能的多样性，也否认同一个文本在社会秩序的不同效忠从属关系中可以实施不同的功能”，它“否认大众是变化的”，“大众处在社会结构中的位置也是变化的，因而，社会差异必然生产出文化差异”。所谓的美学只不过是一套规训系统而已，菲斯克把美学看成是赤裸裸的文化霸权，而大众辨识力正是对这种霸权的一种拒绝。因为相关性是被受众发现或生产出来的，相关性是文化经济中一些特定的生产时刻和生产过程，使得文本不再仅仅是金融经济中的商品。[3](p. 156) 相关性因受众的积极参与和主动介入而非中产阶级的“距离”式审美和静观，产生出一种“意识形态的暂时丧失”，产生一种逃避宰制力量的快感。菲斯克强调，这种就像“选择有用东西做成菜肴”的“符号生产力”行为，其大众主体就像一个在意义超市中挑拣商品的“文本偷猎者”一样，其消费模式就像家庭中男人、主妇、小孩等角色观看电视的节目内容、欣赏方式的巨大差异一样，他们从原初的文化资源中挖掘出了关联自身个性并富有创造性，吻合相关性的意义、快感与权力。

四、媒介文本的符号权力和社会权力

在与澳大利亚学者哈特莱合著的《解读电视》一书中，菲斯克指出，每个人都曾经从自己所处的社会里学得一套既定文化风俗的符码。这套符码不但是人们用以解释电视信息的共同准则，也同样限制规范了制作这些信息的人。因此，电视的运作之道如同社会礼俗一般，泯没了个别成员的差异，以求达到与全体沟通的效果。菲斯克借用了“吟咏功能”（bardic function）一词来形容电视在文化中扮演的这种角色。

菲斯克和哈特莱认为，中世纪的吟游诗人和电视这种现代化的大众传媒之间存在着诸多相似之处，主要表现为：第一，与吟游诗人一样，电视媒介传播信息的主导权也不单纯是由电视媒介专业传播者来掌握。第二，电视与吟游诗人之间的另一个共通点在于，两者都占据着文化的中心。电视是现代化社会当中一个高度集中化的手段，这不仅仅是商业独霸或是政府管制的结果，同时也反映出一个文化寻求中心点的需要。第三，吟游诗人和电视所扮演的是一种积极动态的角色。他们努力把听众和故事内容的背景牵引到某个信息的中心地位。第四，吟咏和电视都是口语的，遵循的是一种口语逻辑，它是借着话语与画面影像的交融而产生意义的。第五，吟咏的内容与“神话传说”有着很大的关系，而电视也具备了这一特点。巴特认为神话运作的主要方式是将历史自然化，并将神话呈现为非历史化或社会的产物，隐匿了相关的政治和社会层面的意义。[13](pp. 63-67)

正因为电视和“吟游诗人”在众多方面具有相似之处，所以菲斯克和哈特莱提出了“吟游功能”的概念，借以说明电视在社会生活当中所具有的文化功能，主要包括七个方面：第一，电视可以明确地刻画出人们对于真实本质的共识界限；第二，电视可以借由刻画这些体系的运作方式，将个体整合于主控的价值体系中；第三，电视庆祝、说明、解释合理文化中的个别代表；第四，电视借由主动地参与现实和不可预测的世界，不断肯定实际生活中的种种神话和意识形态，并确证它的实用价值；第五，如果由于外部世界的变迁，或来自于文化本身趋向于一种新意识形态的压力，电视则会揭露这些新的文化意蕴的不足与不是之处；第六，电视说服阅听人，即由文化保障每一个个人的身份和地位；第七，电视借由以上方式去传递族群成员的文化意识（如安全感和认同感）。

很显然，菲斯克对电视文本功能的解释与前人的解释有了很大的区别。按照传统的观念，相对于电视文本来说，受众是被动的，电视播放什么，受众就接受什么。从文本阅读的相关理论来看，电视文本构成的复杂性，电视的多义性和互文性使得电视文本的限制力量大大缩减了，这应当是造成主动受众的一个重要原因。菲斯克认为，受众在两种主要的限制中可以随心所欲地理解电视节目和一般意义上的大众文化。第一种限制是文本本身；第二种限制是一组社会力量，这些力量影响着受众成员，并形成了一套左右受众对电视节目解释的态度、观点和信仰。电视受众是在被限定的范围内由晚期资本主义社会建构起来的主体。受众根据自己从观看电视的体验中所获得的意义和快感而形成一个社会联合体，占据不同的社会空间。受众理解电视剧的过程其实就是一个不断从中激活意义的过程。只有当意义成为电视受众赖以理解的其现实生存中的文化资源时，电视文本才能变成大众快乐的源泉。因此，对于电视来说，电视传送的不是节目，而是一种符号感受。感受的特点是公开性和多义性。电视既不是一套万事不求人的意义工具，也不是一箱现成的意义待价而沽。尽管电视是在文化限度内起作用，但它也为逃避、调整或挑战这些局限与控制提供了自由和力量。所有的文本都是多义的，而多义性对电视文本来说又是绝对必要的。[12](p. 59) 菲斯克的这种观点或许有点偏激，但强调主动受众和受众主体仍不失为其媒介文化研究的重点旨趣。

诚然，由于媒介文化具有无可争辩的多样性，任何一种宏大的理论都可能无法解释媒介实践的各个方面。就此意义而言，菲斯克的媒介文化理论及其研究范式，无疑更具有方法论价值而不是其具体研究结论的价值。菲斯克强调媒介文本的多义性、开放性及受众主体性的媒介体验，并将大众媒介视为民众与主流霸权之间从事文化对抗的一个重要场域，肯定了从属阶级在创造意义和快感过程中所拥有的符号权力，建构了一套以媒介文本为载体，以媒介受众为核心，以媒介体验为旨趣的媒介文化理论。他的这种媒介文化理论在方法论和研究立场上将会带给我们有益的启示和借鉴。

参考文献

[1] Tolson, A., *Mediations: Texts and Discourse in Media Studies*, London: Arnold, 1996.

[2] John Fiske, "Popularity and the Politics of Information", in Sparks, C. and Dahlgren, P. (eds.), *Journalism and Popular Culture*, London: SAGA Publication, 1992.

[3] John Fiske, "Popularity and Ideology: A Structionist Reading of Dr. Who", I. Rowland, D. Willard et al (eds.), *Interpreting Television: Current Research Perspectives*, Beverly Hills: Sage Publication, Inc., 1984.

[4] 约翰·菲斯克. 电视文化 [M]. 祁阿红，张鲲译. 北京：商务印书馆，2005.

[5] 约翰·菲斯克. 理解大众文化 [M]. 王晓珏，宋伟杰译. 北京：中央编译出版社，2001.

[6] Tony Benett, "The Bond Phenomenon: Theorizing a Popular Hero", *Southern Review* 16, No. 2, 1983.

[7] John Fiske, Television: Polysemy and Popularity, *Critical Studies in Mass Communication*, Vol. 3. 4, 1986.

[8] Angela McRobbie, *Postmodernism and Popular Culture*, London: Routledge, 1994.

[9] Fredric Jameson, "Postmodernism and consumer society", in Hal Foster (ed.), *Postmodern Culture*, London: Plato Press, 1985.

[10] Lisa Taylor and Andrew Wills, *Media Studies: Texts, Institutions and Audiences*, Oxford: Blackwell Publishing Ltd., 1999.

[11] John Fiske and John Hartley, *Reading Television*, London: Methuen & Routledge, 1978.

[12] John Fiske, "Moments of Television: neither the Text nor the Audience", in Ellen Seiter, Hans Borchers, Gabriele Kreutzner and Eva Maria Warth (eds.), *Remote Control: Television, Audience and Cultural Power*, London: Routledge, 1989.

作为意义和快感生产者的电视观众

毋庸置疑，当代社会的日常生活已经越来越被源源不断的电视图像和媒介信息所包围。作为现代工业时代产物的电视集影、像、声、响于一体，大大改变了人们对社会的认知结构、人际关系以及人和自然的关系。电视不仅左右了人们获取新闻与娱乐的方式，而且冲击了人们的家庭、文化和社会生活。正因如此，美国媒介研究学者瑞尔（Real）才把电视称为“超级媒体”。他认为当代的电视媒体已不仅仅扮演着“媒体”的作用，电视无所不在地渗入到当代人们的生活空间和文化空间，使得电视媒体所带来的大众文化令人目不暇接，爱怨交加，只要看一看媒体明星麦当娜和布兰妮的演唱会是如何地让那些“追星族”如痴如狂，只要看一看每天晚上有多少人端坐在电视机前津津乐道地看连续剧就不难理解了。菲斯克通过对电视的两种经济流程的分析，发掘了电视观众创造意义和快感的价值，彰显了大众文化潜在的进步力量。

一、电视的“金融经济”和“文化经济”

约翰·菲斯克是当今西方有影响力的传媒学者和大众文化理论家。他深受英国伯明翰文化研究传统和法国结构主义的影响，同时又能广泛吸收后结构主义和后现代主义的各种理论，另辟蹊径，开创了电视研究的新途径和新方法。他在1978年和1987年出版的《解读电视》（*Reading Television*）、《电视文化》（*Television Culture*）两本专著中着重地阐释了他的电视文化理论、电视观众理论和电视经济理论。

根据马克思主义政治经济学的商品交换价值和使用价值理论，菲斯克提出了电视的两种经济理论，即“金融经济”（financial economy）和“文化经济”（cutural economy）的理论。菲斯克认为，在资本主义社会里，电视节目作为一种文化商品，“流通于两种同时存在但并不相同的经济”系统之中。其中，金融经济注重的是电视的交换价值，流通的是金钱；文化经济注重的是电视的使用价值，流通的是“意义、快感和社会认同”[1](p.311)。在《理解大众文化》一书中，菲斯克把这两种相互独立、相互作用的经济系统简化为以下模式[2](p.26)：

	金融经济	文化经济	
	Ⅰ	Ⅱ	
生产者：	演播室	节目	观众
	↓	↓	↓
商品：	节目	观众	意义/快感
	↓	↓	↓
消费者：	销售商	广告商	观众自己

菲斯克对这一模式做了这样的解释，电视台演播室作为生产者把某个节目当成一种商品卖给经销商，如广播公司或有线电视网，以谋求利润。对所有商品而言，这都是一种简单的金融交换。然而，电视节目又是一种文化商品，它的交换价值与微波炉或牛仔裤之类的物质商品有所不同。电视节目的经济功能，并未在它售出之后即告完成。电视节目在被消费的时候又转变成了一个生产者。它生产出来的是一批观众，然后，这批观众又被卖给了广告商。电视台将电视观众作为“商品”卖给了广告商，广告商则成了消费者。对许多人来说，文化工业最重要的产品就是出售给广告商的“商品化的受众”。在某种程度上，电视台播放节目成了一种“生产者”的行为。电视台的“产品”其实早已不再是节目，而是广告的播放时间了。表面上看来，广告商是在购买电视广告的播放时间，但事实上他们所购买的却是“观众”。广告商希望从观众观看广告的过程中来谋求利润。因为观众越多，价码越高，利润也就越大。所以，就金融经济而言，电视产业的当务之急在于“生产”出商品化的观众，在于“生产”出观众的利润。如果电视节目播出之后没有观众收看，或者电视节目吸引不了观众的眼球，那么，它作为文化产品的功能就没有完成。

从电视商品被出售之时起，金融经济的流通即告完成。也就是说，商品已完成了它在经济发行中的角色，紧随而至的便是文化经济了。在文化经济中，流通过程并不是简单的货币周转，而是意义和快感的一种传播。于是，此处的观众就从一种商品转变成了现在的生产者，亦即意义、快感和社会身份（social identity）。在这种文化经济中，原来的商品（无论是电视节目还是牛仔裤之类的物质商品）变成了一个文本，变成了具有潜在意义和快感的一种话语结构。在菲斯克看来，这一话语结构形成了大众文化的重要资源。因为，在这种文化经济里，没有消费者，只有意义的流通者，而且意义又是整个过程的唯一要素，它既不能被商品化，也无法被消费。用菲斯克的话来说就是："只有在我们称之为文化的那一持续的过程当中，意义才能被生产、再生产和流通。"[3](p.27)

由于文化产品与其他产品的区别在于它的初始生产成本相对较高而再生产成本非常低，所以传播能比生产带给投资者更可靠的回报。菲斯克认为，文化产品仅用金融术语来描述是不够的，金融经济的运作方式无法充分说明所有的文化因素，因为文化经济里交换和流通的不是财富，而是意义、快感和社会身份。菲斯克指出：

> 以金融经济为主要基础的商品也同样运作于文化经济，消费者在相近的商品中加以选择，通常不是看使用价值上的竞争力——尽管消费指导团体一再劝说他们这样做，而是看文化价值：在许多商品中选择特定的一种，对消费者来说，选的是意义、快感和社会身份。随着资本主义经济从生产转向销售，物质商品的文化价值在重要性上也大幅度地正比例增长——只要看看时装产业或汽车工业就不难理解。虽然如此，这类商品却仍然流通在主要的金融经济之中，它们的基础仍然是建立在使用价值之上的。[4](pp.311-312)

既然如此，在电视文化商品面前，观众究竟是"消费者"还是"生产者"？早在菲斯克两种经济理论面世之前，澳大利亚媒介文化学者哈特莱（John Hartley）就曾指出，观众在欣赏电视节目时同时扮演着消费者和生产者的双重角色。意义的消费与物质产品的消费不同，意义的消费不是一次性的。在媒介再生产的流通过程中，意义的生产和再生产并不完全来自于电视台和制片人。[5](p.25,p.31)哈特莱认为，由于传统的媒介研究只是把看电视当作一种消费行为，把观众看成是消费者，所以他们把意义的生产过程视为电视节目播出时既已完毕的过程，这样一来，电视台和制片人就把持了意义的生产权，观众因而失去了意义的生产权和自主的选择权。好比上餐馆消费一样，电视台和制片人做好"大餐"献给观众，观众只管消费就可以了。但实际上，媒体所有者的焦点和兴趣所在并不能带来直接的媒体所有权，市场的力量导致了观众不同的声音和口味。[6](p.216) 虽然荧屏对观众来说，其效果是不言而喻的，但这只能表明观众观看了某个节目，却不能回答该节目对观众到底意味着什么，更难以解释观众为什么会选择观看（即消费）这个节目。因此，电视观众如何生产和消费意义就成了理解文化和传媒的核心问题了。

二、电视观众：意义和快感的生产者

作为电视文化商品的消费者和意义的生产者，电视观众和电视节目这个文化产品之间存在着一个“所有权”的问题。文化研究学者多萝西·赫伯森（Dorothy Hobson）曾就英国 20 世纪 80 年代电视连续剧《十字路口》（*Crossroads*）在当时所引起的争论做了有趣的研究。她明确地探讨了制片人和观众的关系，以及观众对节目所把持的“所有权”问题。《十字路口》是一部通俗肥皂剧。该剧因为“质量欠佳”而受到某些“专家”的批评和指责，电视制片人打算将扮演该剧女主角梅姬（Meg Richardson）的女演员撤下，并有意让梅姬中途意外“死亡”。不仅如此，制片人还把该剧转换到了另外一家电视台去播放。让制片人始料不及的是，这种做法引起了观众的愤愤不平。观众纷纷写信，要求制片人不要从中干涉，怒斥这是制片商与电视台之间的一种同流合污。有的观众甚至质问道：这部电视剧到底是为谁制作的？是电视剧本身有毛病，还是电视台的老板有毛病？

这场纷争引出了如下问题，即谁才能够拥有《十字路口》节目？《十字路口》究竟是谁的电视剧？制片人有权力擅自改动电视剧吗？观众对节目和剧情能有多大的发言权？多萝西·赫伯森认为：

> 电视节目是由作者、制片人和演员创作的，但节目只存在于它被观众观看或“消费”的交流过程之中。制片人和观众对节目内容的看法也许不同，但一个节目的“所有权”通常不会在制片人、播出台和观众之间发生冲突。《十字路口》正是在这个阶段产生了争论，争论的焦点是电视台和观众间的“所有权”问题。像《十字路口》这样长期播放的连续剧，观众觉得节目属于他们。所以，电视台进行节目交换，而观众却不同意，结果，引起了公愤是很自然的事情。[3](p.25, p.31)

显然，是观众把《十字路口》当成了“自己”的电视剧，所以，“过错”自然不在观众方面，而在电视台的促销策略上。多萝西·赫伯森进而分析：

> 电视台在跟它们的观众玩矛盾的游戏。电视台通过使用语言，告诉观众这是“你们的电视台”、“你们的节目”、“独立电视台是你们晚上的娱乐”等，故意造成所有权的错觉。它们能责备观众因此确信不疑自己同电视台和节目关系密切吗？观众坚持谈论“我们的梅姬”、“我们的《十字路口》”、“我们的肥皂剧”和“我们的节目”，并且对电视台老板说：“别来告诉我们应当喜欢什么。”正是在这类言论之中，暗示出大众娱乐节目的一种集体所有权，这是许多其他节目看不到的。[3](p.25,p.31)

不难看出，多萝西·赫伯森的态度是很明确的，她得出的结论是：电视剧一旦播放，“所有权”即为制片人和观众共有，制片人无权单方面改动或停播。

受哈特莱和多萝西·赫伯森的启发，菲斯克以《希尔街布鲁士》（*Hill Street Blues*）为例，分析金融经济和文化经济之间连续不断的相互作用，并从另一个角度去探讨意义的生产与消费。《希尔街布鲁士》这个节目是由美国米高梅（MGM）公司制作的电视连续剧。米高梅先把它出售给了美国的全国广播公司（NBC），NBC 公司再把观众卖给了该节目的赞助商德国奔驰公司。这一切都发生在金融经济之中。在文化经济中，这部连续剧从商品（卖给 NBC）转变为生产者（为其观众制造意义）。以同样的方式，观众从商品（卖给奔驰公司）转变为生产者（获得意义与观看快感）。在菲斯克看来，从金融经济向文化经济的转换意味着观众在角色上的转换，即观众从商品转为生产者，成为意义和快感的生产者。在文化经济中，观众作为生产者的权力（power）是相当大的，部分原因在于，那些直接表明他们在金融经济中处于附属角色的标志都消失了。由于销售和消费环节中不存在现金交换，支付的价钱与消费的数量之间也没有直接的联系，人们想消费多少就消费多少，想消费什么就消费什么，不受能否支付的限制，所以，他们可以从商品的约束中解脱出来。更为重要的是，观众的权力源于这样一个事实：

> 意义在文化经济中的流通方式与财产在金融经济中的流通方式有所不同。它们更难占有（也不让其他人来占有），更难控制。意义和快感的生产不同于文化

产品或其他产品的生产，因为在文化经济中，消费者的角色并不是作为经济交易链条的终结者（the end point of a linear economic transaction）而存在的，意义和快感在生产者与消费者之间流通着而没有任何实质性的差异。[1](p. 313)

一般而言，看电视在工业社会中不是一种生产行为，观众也并不认为自己就是生产者，相反，看电视被认为是“工作”的“不在场”。然而，由于文化经济与金融经济不同，商品从生产到消费并非直线进行，意义和快感在流通中根本就没有生产和消费的区别，因此，观众是身兼二职的，既是消费者，也是生产者。工作和休闲的界限变得模糊不清，比方说休闲时看电视实际上也是在“工作”，也是在创造象征意义。实际上，电视的意义是由观众主动建构的，而不是一种被动的接受或误认。文化经济和金融经济之间的区别足够保证文化经济具有相当的自主权，同时又没有宽松到不能跨越的程度。节目制作者和发行人只能够对观众施加一些有限的影响，对观众可获得的意义和快感也只能够施加一些有限的影响。然而，当生产者无法预测什么产品卖得出去时，消费者的权力就显示出来了。根据菲斯克的统计，“13 张唱片中就有 12 张无利可图，电视连续剧成打成打地受到腰斩，价格不菲的电影制作很快就跌入财政赤字，《打捞泰坦尼克号》这部电影差点让 Lew Grade 电影公司沉没（sank）海底”[1](p. 313)。为了弥补损失，文化工业制造了商品的“黄金保留节目”，希望以此来吸引观众。不幸的是，即便文化工业使尽浑身解数去吸引观众，但观众依然是悠闲自得地流连于法国社会学家米歇尔·德塞图（Michel De Certeau）所谓的“符号游击战”（semiotic guerrilla warfare）中，并常常出于他们自己的目的来利用或解读文化工业制造出来的文化商品。对此，菲斯克举例分析，认为澳大利亚土著观众把美国电影《第一滴血》（*Rambo*）中的男主角兰博看成是反抗和抵制的象征，把他推崇为一个民族抵抗的英雄人物，这与他们自己的政治和文化斗争有关。澳大利亚观众在观看美国电视剧《迈阿密罪恶》（*Miami Vice*）时所获得的意义、快感和社会身份也大致如此。菲斯克认为，在文化领域，电视剧《迈阿密罪恶》比那些着手记录和宣扬澳大利亚历史上一次著名运动的小型系列片更带有澳大利亚色彩。因为《迈阿密罪恶》是后期资本主义社会、消费主义社会和以享乐为中心的社会（pleasure-centered）的一种文化形式。在这样的社会里，毒品、性、太阳、感官享受、休闲、音乐和时尚等都成了时代的准则。影片所描述的社会宛如一个种族鸡尾酒会（a racial cocktail）。在该酒会上，白种人的盎格鲁·撒克逊主角仅仅拥有其主导叙述的位置。与任何一部澳大利亚电视产业所喜爱的微型系列片相比，《迈阿密罪恶》所描述的世界可以为许多当代澳大利亚人提供更直接、更相关的意义和快感。他们从中看到了白人、男性的英国移民拓荒和建造家园的过程，以此构建他们自己的个性和民族性格。

三、双重经济的符号战场

如前所述，菲斯克非常强调电视消费者也即观众的权力。在大众社会，虽然作为文化基础的物质和意义体系几乎不可避免地都是由文化产业生产出来的，然而，把这些物质转换为文化，也就是说转换为身份和社会关系的意义，以及把这些物质与快感进行互换，这个过程只能由消费者或节目使用者，而不是生产者来完成。正如《十字路口》电视节目的观众那样，他们情绪高涨，把这个节目看成是他们自己的文化资本，并从中生产出意义和快感来，表达他们的关怀和社会身份。菲斯克指出，在工业化社会中，电视的产业生产模式必然导致制作者与观众在文化、社会和意识形态上的分离。在金融经济中，这一差距显然对产业有利，因为它当然不希望看到一系列流行的、低成本的社区电视台发展起来，因此，它通过更彻底地提高成本的生产价值来拉大差距。但在文化经济中，差距则不利于产业，所以，它就努力地消除差距，强调其与观众在文化上的亲近。然而，在产业化文化中，制造者/发行人作为一方，各种类型的民众作为另一方，两者经常有利益上的冲突。金融经济和文化经济在其中处于对立的两个方面。具体来说就是：

金融经济试图把电视用作一元化（homogenization）的媒介代理：对它来说，电视是中心化的，功能单一的，处于金融经济的生产与传播中心。而在文化经济中，电视则完全不同了，它是解中心（decentered）的，它是功能多样的。电视处于观众的收看方式和收看时间的多元性之中。电视是多重性的阅读实践，是获得快感的民主渠道，我们只能依据其碎片去理解。电视促进和激发一套与自身权力相对抗的抵抗体系（a network of resistances），这种权力试图对意义和快感的不稳定性和多元性实行一元化和霸权性的控制。[1](p. 326)

很显然，电视在金融经济中的成功常常取决于它如何满足和促进观众多样的而又对立的利益，就此意义而言，正是文化经济的意义和快感决定着资本经济利润的大小程度，文化经济用一种与资本权力相对抗的辩证力量推动着金融经济。作为一种大众媒介的流行艺术，电视必须在其自身中包含资本与民众这两股对立而又相连的力量才能在金融经济和文化经济中有效地流通。电视绝非统治阶级的媒体代理人，而是统治阶级不得不认识到其自身权力摇摇欲坠的主要场所，统治阶级甚至不得不冒着自身地位受到威胁的潜在危险去鼓励文化的差异性。在菲斯克看来，电视所产生的对抗性阅读（与霍尔的对立性阅读不同）和快感并不直接转换成对立的政治行动和社会行动。相对自治的文化领域并非依据简单的因果条件而相互有所关联。对抗性的阅读行为肯定了从属阶级在创造意义和快感的过程中所拥有的权力，并对资本主义生产意识形态主体的权力直接提出了挑战。因为控制社会关系的各个阶级也试图对产生意义的社会关系的基础进行控制。社会权力和符号权力（semiotic power）实际上是同一枚硬币的两面。

毫无疑问，挑战性意义和有权生产这些意义的社会群体对肯定亚文化身份及其所维持的社会差异都有着十分关键的作用。菲斯克之所以把电视的娱乐领域看成是快感、意义和社会身份的一个方面，是因为他觉得电视节目“娱乐”的构成因素是“打破既定的规则”，呈现出一片新的天地，为观众提供各种各样的代言，电视观众自行从文本中寻找不同的意义，获得观赏快感。观众在娱乐性的电视节目中，如庆典、综艺节目、知识竞赛节目、猜字游戏、舞台情景剧等节目中或讽刺、或调侃、或虚拟、或戏仿，掌握着现实生活中他们所没有的“文化权力”。他们被赋予了一种“能力”（empower）去尽情发泄自己的怨恨、忧郁和欢乐，表达自己的愿望、理想和诉求，成为电视节目的“主动参与者”，享受到“语义符号的民主”。这种大众参与式的“观看”和快感体验使“平民”阶层的日常生活技艺有机会在全国范围内的电视“屏幕”前亮相，这对于无权无势的芸芸众生来说，不但带有一种高度的观众参与感，同时也有一种神秘的权力感。在菲斯克看来，如果电视的娱乐领域不能保持和促进从属阶级要求差异的权力，那么，政治领域中改革的动机就会严重削弱。虽然保持亚文化的多样性本身不会产生任何直接的政治结果，但在更普遍的影响层面上，它的权力则是至关重要的。

通常情况下，在西方社会中，那些从属阶层通常会以符号形式和社会形式两种形式对统治阶级进行抵抗。第一种形式主要与意义、快感和社会属性有关；第二种形式主要与社会经济制度的变革有关。菲斯克认为“这两者是密切相关的，尽管两者又相对独立”[1](p.316)。大众文化主要是在符号势力的范围内运作的。它涉及“调和与差别的斗争，赞同与冲突的斗争”。就此意义而言，大众文化是一个符号的战场，在这个符号战场中，冲突是在融合力量与抵抗力量之间展开的。当然，在外部强加的意义、快感和社会身份与象征性抵抗行动所产生的意义、快感和社会身份之间也发生冲突，而这种冲突的关系则表现为“同质的统治力量总是遭遇异质力量的抵抗”[2](p.8)。在菲斯克的符号战场上，两种经济处于斗争的对立面，金融经济处于融合和同质化力量的一方，文化经济则处于抵抗与差异力量的一方。符号抵抗具有削弱资本主义意识形态统治企图的作用：当主流意义受到从属意义的挑战时，统治阶级的知识和道德领导地位也就受到了挑战。菲斯克理直气壮、清楚无误地表明了自己的立场，即应该把大众文化看作是斗争的战场，看作是在对抗和规避统治阶级的权力过程中存在的。在这个斗争的战场上，大众不断构想出“日常抵抗的相应战术”[2](p.22)，在接受统治力量的权力时，大众应该更加注重他们作为大众的战术。在菲斯克看来，“大众正是凭借这样的战术，对付、规避或抵抗着那些统治性的力量”[2](pp.20-21)。正因如此，我们才应该多探究大众的活力与创造力，因为正是这种活力和创造力才使得统治者总感觉到“收编”大众的持久性和必要性。不仅如此，我们还应该试图了解和掌握日常生活中的抵抗与规避，从而消解主流意识形态长期以来坚持不懈保留和维系着的价值观念。

显而易见，菲斯克通过分析电视的两种经济看到了大众文化潜在的而且实际上通常是进步的（虽然不是激进的）力量。他从民众的活力和生命力中发现了社会变化的可能性以及推动这种变革的动机等迹象。他把大众文化看成是一种渐进的、积累性的对抗力量，在合适的社会条件下，它能赋予大众力量，使他们有能力去抵制主流意识形态，创造意义、快感和身份，并以此在微观政治的层面上去扩展他们的社会文化空间，从而影响权力在微观层面上的再分配。菲斯克这种过于乐观的大众文化理论受到了很多西方学者的批评和质疑。批评者认为，菲斯克的理论有着浓厚的主观设定和主观臆断，不断牺牲经济和技术的决定力量，把文化研究简化为冲突对抗的消费解释模式，成为一种纯粹的符号解释学版本，暗示了文化研究批判能力的萎缩，成为文化研究思潮中的“新修正主义”（the new revisionism）的代表，代表着一个“从更具批判力的立场退却的阶段”[5](pp.72-75)。有的学者认为，菲斯克这种不加批判的文化民粹主义转向，带来了文化研究中的范式危机（a paradigm crisis），使得文化研究陷入一种困境，最终被“卡在正统学术话语的权威观点和民粹主义政治情感之间”[5](p.12)。文化研究学者约翰·多克（John Docker）指责菲斯克的理论中“很不幸地具有一种危险的立场，即把更加同情大众文化变得典籍化、变得公式化，渐渐成为正统观念”[6](pp.171-180)。菲斯克很明显地是在用“神学或教育学的语调”为人们设计了一个过于快乐的世界。在这个快乐的世界里，“人们以一种轻松的、游牧的方式游移于各种主观属性和身份之间，享受了反抗和对抗的种种乐趣”[6](pp. 171 - 180)。而事实上，就像米根·莫里斯对菲斯克的作品感到奇怪那样：在这个快乐世界里，剥夺、丧失、痛苦、折磨、愤怒、恐惧、失败、死亡都到哪里去了？[6](pp. 171 - 180)因此，当你阅读菲斯克的大众文化理论时，对于他所“坚持的快感居于文化中核心地位的立场，你很难不感到惶恐不安”[6](pp. 171 - 180)。约翰·多克把菲斯克等人称为“快乐的后现代主义理论家”[6](pp. 171 - 180)。虽然如此遭受质疑和诟病，但菲斯克的电视经济理论和大众文化理论所折射出来的“平民主义”精神还是给我们带来了新的启发和思考。实际上，菲斯克的电视文化研究应该更具有方法论价值，而不是其具体研究结论的价值，[7]他对电视媒介所催生的大众文化的解读，对电视观众创造意义和快感的关注，对电视在日常生活中的功能性的考察，改变了人们的知识视野、价值观念和思维模式。通过这个改变，人们可以找到一种途径和方法，从而把理论的触角逐渐扩大到人文学科，使得一向处于边缘地带和灰色地带的大众文化终于有了自己的合法“身份”并走进了大学的课堂。通过这个改变，学者们也纷纷把研究视角转向了对普通大众和弱势者的人文关怀。如此看来，菲斯克的电视文化理论的学术价值和学术地位应该是不言而喻的。[8]

参考文献

[1] John Fiske, *Television Culture*, London: Routledge, 1987.

[2] John Fiske, *Understanding Popular Culture*, London: Unwin Hyman, 1989.

[3] John Hartley et al, *Making Sense of the Media*, London: Commedia, 1985.

[4] Chris Barker, *Cultural Studies: Theory and Practice*, London: SAGE Publications Ltd., 2000.

[5] Jim McGuigan, *Cultural Populism*, London: Routledge, 1992.

[6] John Docker, *Postmodernism and Popular Culture: A Cultural History*, Cambridge: Cambridge University Press, 1994.

[7] 陆道夫. 约翰·菲斯克大众文化研究理论研究述评 [J]. 学术研究, 2003 (1).

[8] 陆道夫. 英美两国文化研究论争焦点评析 [J]. 外国文学研究, 2001 (2).

第二部分　英语论文

Feminism and Popular Culture*

This paper will consider the ways in which feminist critics have intervened in, and reworked, the study of "popular culture". The institutionalisation of "cultural studies" over the last twenty years has opened up a new space for the consideration of cultural hierarchies and for the analysis of the social construction of subjectivity, both areas of recurring theoretical and practical concern for feminist critics. The challenge to the literary canon represented by the introduction of film and media studies has echoed feminist reworkings of literary history to include works by women authors: both developments tending to foreground the selectivity of the canon and to stretch the curriculum to a point which usefully demonstrates the impossibility of comprehensiveness. Both have also served to undermine the obviousness of concepts of "the literary", choosing instead to engage with a range of cultural texts and practices in order to uncover the complexity of class or gender formation.

Despite these shared concerns and methodologies, however, the intersection of "feminism" and "popular culture" has never been anything other than troubled. To some extent, this is hardly surprising, since the two terms are not parallel: one designates political space, the other an object of study. Yet "popular culture" has always implicitly been more than another area of study. The term carries within it a series of debates about political legitimacy, class identity, and cultural value, which

---

* 本文选自 *Critical Quarterly*, 1991 年第 33 卷。另见 John Storey (ed.), *Cultural Theory and Popular Culture: A Reader*, Vol. 2, New York: Prentice Hall, 1998.

inform the theoretical framework and the methodological procedures of cultural studies. My contention is that it is the very inescapability of these associations that is the problem for "feminism". "Popular culture" as an institutional space, and as a political concept, embodies definitions of class identity, historical changes and political struggle which are often blind to the questions of feminism.

In order to understand the terms in which feminist critics have been able to engage with the "popular", it is necessary first of all to reflect on the constitution of "cultural studies" as a discipline: to see the political and educational priorities and assumptions that determined its formation. To some extent this history is by now familiar: cultural studies has been a very self-conscious discipline, which has reflected on the legitimacy of its paternity (Williams and Hoggart, Marx and Gramsci, Lacan and Barthes) with a surprising degree of regularity. The implications of such histories for feminist cultural critics have, however, been less fully explored.[1](pp. 1-34)

In beginning to think about "feminism and popular culture", then, we have to start with the history of cultural studies as a discipline. What are the sources of the critical languages of cultural studies, and what aspects of cultural production or consumption do these languages privilege, or exclude?

There are in fact two relatively distinct ideological and institutional sources for British cultural studies. The first, and probably the most formative, lies in the historical and ethnographic rescuing of working-class culture, found in the early work of Richard Hoggart, Raymond Williams, or E. P. Thompson. The second emerged through the rescuing of film, television and popular fiction from the realm of "mass culture" by the mobilisation of French psychoanalytic and textual theory. The first of these has proved relatively resistant to feminist criticism, the second perhaps disconcertingly open.

Raymond Williams's *Culture and Society* was published in 1958. In it Williams set out to trace the developing meanings of "culture" within British social thought and literary criticism. He argued that "culture" functioned throughout the nineteenth century as a term which could focus the developing critique of the industrialization of British society. Thus, social theorists, from different political positions, used the concept of "culture" as a space in which they could locate values such as "organicism", "authenticity" and "humanism". Williams takes issue throughout *Culture and Society* with the increasing specialisation of the notion of culture, its narrowing down to the point of becoming a shorthand term for a small number of literary and artistic texts. He insists that if culture is the space of meaning, creativity and humanism, it is also in an important sense "ordinary", and argues for an understanding of "culture" not as a series of texts, but rather as "the way of life as a whole" of any particular social or national group.

The overwhelming importance of this text was its politicization of the meanings surrounding "culture", its insistence that cultural hierarchies both embodied and transformed social and historical struggles. The form in which this argument was developed, however, cut across its transformative capacity in important ways. Williams's argument was with, and also to some extent within, the literary canon; his techniques of reading were still recognizably Leavisite. These two facts constrained the texts that were studied in *Culture and Society*, producing an alternative reading of an already constituted textual history, rather than challenging the exclusions or priorities of such a history.

The dependence of this history on a version of the literary canon and on techniques of literary analysis raises particular problems for feminist critics. Such problems relate not simply to the selectivity of the canon, but much more broadly to the naturalisation of gender identities, or of the social institution of the family, which emerges from historians' encounters with this version of nineteenth-century history. Julia Swindells and Lisa Jardine have analysed the centrality of the "literary" to Left thought in the sixties, insisting that:

> *The argument tends inexorably towards the "literary", towards a particular version of class-consciousness (the authorized account), at the very moment at which it is clearest that key assumptions there are profoundly damaging to any attempt to narrate women in relation to the Labour movement.* [2](p. 37)

The extent to which literary images and narratives have shaped the production of cultural histories is perhaps even clearer when we examine Hoggart's *The Uses of Literacy*. In this text, Hoggart begins by trying to uncover the meanings and values inherent in many of the rituals and practices of working-class life: an ethnographic focus, shaped by the notion of "participant observation" that is to inform many studies produced by the Birmingham Centre for Contemporary Cultural Studies. Hoggart looks back to working-class communities of the 1920s and 1930s and, instead of a manipulated mass or an ignorant mob, he finds a complex pattern of cultural commitments and beliefs.

Hoggart's methodology is derived both from sociology and from literary studies, and combines a careful description of behaviour, housing, and dress with an assessment of the moral and social values they embody. He describes the spatial organization of the working-class community, particularly its domestic interiors, the sense of identity and resistance implicit in the contrast between "them" and "us", and the cultural meaning of the popular press, of club singing, or of leisure excursions. He thus sets the agenda of family, political resistance, and class-specific use of leisure time which is to dominate subsequent analyses of popular culture.

This version of the people's culture does, however, have its limitations and blind spots. Hoggart identifies this thirties' social formation, particularly its organization of the domestic, with an essentially unchanging tradition. He suggests a complete enclosure and intactness which seem to have little relation to the cultural hierarchies and the economic and political conflicts of this period. Also, more worryingly, his huge emotional investment in the stability of the working-class home seems to naturalize his intensely novelistic descriptions of domestic life. When he writes:

The iron thumps on the table, the dog scratches and yawns or the cat miaow to be let out; the son, drying himself on the family towel near the fire, whistles, or rustles the communal letter from his brother in the army which has been lying on the mantelpiece behind the photo of his sister's wedding...[3](p. 22)

We are invited to identify with the sense of ease and community, but not to ask who is wielding the iron.

Having set up the 1920s and 1930s as a golden age of popular culture, Hoggart proceeds to to analyse the dangers he sees as implicit in the culture of the late 1950s, which he describes as "the newer mass art". This culture he sees as debased, parasitic and dangerous, a threat to critical thought and class identity. He thus creates a paradigm common to many theorists of popular culture: having set up a golden age of continuity, rootedness, authenticity, and tradition, based round the family, he can see his contemporary world only in terms of rootlessness, decline, and superficiality.

This drift towards a sense of powerlessness was challenged by the argument of E. P. Thompson's *The Making of the English Working Class*, another "formative" text for cultural studies. Thompson set out to dispute versions of history which saw the working class as helpless victims of historical change, and argued instead that the working class was present at its own history. In examining religious beliefs, radical publishing, and the clubs and societies which supported the radical cause, Thompson aimed to demonstrate that working-class people participated in history, struggling to shape it, rather than being subjected to it.

Thompson's book led to an explosion of studies of popular culture by social historians, who hoped to rediscover through the organization of leisure time and the daily forms and practices of working-class life a different version of nineteenth-century society, and a different model of political struggle and of social change.[4] Popular culture was seen as the place where resistance to the Industrial Revolution might have been articulated, and where alternative values and beliefs might have been formed.

Historians committed to the rescuing of popular history, to the rediscovery and analysis of popular culture, thus brought to their study a clear agenda. They privileged those cultural forms which seemed to be an expression of resistance and class identity. Such forms were often both public and communal: sport, religion, or ritualised forms of political protest. They were also frequently either seasonal or regional. As such, they could be understood as points of resistance to the imposition of the work discipline necessary to capital-intensive, centralised, industrial production.

This political agenda constrained the cultural forms that seemed worthy of study, and effectively marginalized many of the cultural forms and practices of nineteenth-century women. We know, of course, that women were present and active in campaigns for literacy, in selling the radical press, in editing and contributing to radical journals. Yet an article like David Vincent's *Reading in the Working-*

Class Home[5], despite its location in the domestic sphere, can produce women only as distraction. The working-class reader, we are told, "needed time from the demands of his family", and was consequently reliant on the public, and often the all-male, resources of the Mechanics' Institute. So, in terms of self-improvement, the model is of politically conscious man, struggling to free himself from distracting women.

In relation to popular fiction and the growth of the periodical press, women are even more awkwardly placed by the priorities of cultural historians. Both Chartists and trade unionists in the nineteenth century viewed popular fiction with suspicion, and treated it as depoliticising, debased and trivial. They saw it as "sensual gratification" as impure, as addictive. This suspicion and marginalisation is reproduced in the work of recent cultural critics, who talk of nineteenth-century periodicals as containing political writing "for working men of the metropolis", but also "an ample provision of fiction and anecdote for the mental regalement of their wives and the rising generation".[6](p.30)

In relation to popular culture, what we have inherited, then, is not just the cultural hierarchies of the nineteenth century, but distinctive ways of theorizing them, which select cultural forms that exclude or marginalize women, and describe them as representative of the "typical working-class condition". Such spaces of resistance and class identity are then set against the weakening of popular taste implicit in the sensual, "namby-pamby" distraction of popular fiction or song.

This set of emphases was certainly to structure the work of the Birmingham Centre for Contemporary Cultural Studies, whose analyses of popular culture as a site of resistance were to shape the institutional and pedagogical understandings of "popular culture" in the 1970s. A text like *Resistance Through Rituals* (1976) embodies many of the most important theoretical models and methodologies developed at the Centre. Its ethnographic studies of Teds, mods, skinheads, or Rastas were undertaken in the context of an analysis of class and hegemony derived from the work of Gramsci. In each case, the interest was in seeing the ways in which subcultural groups negotiated a space in relation to the dominant culture, which allowed for the articulation of oppositional class identities. Thus the skinhead and mob may be viewed as an attempt to retrieve the disappearing sense of community with its emphasis on mutual assistance in moments of need.[7](p.11) The choice of significant subcultures, those that were both visible and disruptive, however, led to the effective exclusion of the cultural practices and political identities of working-class girls. This point was raised within the text by Angela McRobbie and Jenny Garber, but they were unable to move, within the available theoretical framework, beyond the articulation of absence, and a general assertion that the inclusion of girls would necessarily inflect the whole analysis.[8]

This sense of exclusion, for both the cultural practices of working-class girls and the research priorities of feminist critics, led to the production of another text by Centre in 1978, *Women Take Issue*. In this volume, women working at the Centre tried to find ways of challenging the gender blindness of previous studies. Their starting point was the belief that working-class girls "are both saved by and locked within the culture of femininity".[9](pp.96-108) This led them to a consideration of psychoanalytic theories of the construction of a gendered subjectivity, and to an analysis of the importance of "femininity" as an organising category within political identities. Thus they looked at the isolated economic and cultural role of the housewife, at relations of reproduction, and at the ideology of romance fiction.

Women Take Issue represented a crucial step in the consideration of gender in relation to class and to cultural production and consumption. However, it also represented an important shift of methodological and theoretical terrain. Ideas of resistance, of class identity, gave way to a focus on reproduction, on consumption, and on the problematic of "femininity". The move is understandable: women were absent from models of collective and public cultural expression. Yet it also leaves the prevailing models intact. After all, other texts produced by the Centre did not foreground "masculinity", they simply assumed it. In finding a space where women could be both visible and theorised, the space of consumption and of "femininity", there was a risk of simply reinforcing the gendered exclusivity of dominant models of class identity and of resistance.

Such a move towards the politics of consumption is also clear in the work of Tania Modleski, whose *Loving with a Vengeance* (1982) represented a sustained analysis of the subjective and social meanings of "mass-produced fantasies for women". Modleski analysed three cultural forms—romance fiction, Gothic novels, and television soap opera, arguing that each was both overwhelmingly consumed by women, and notably absent from theorisations of popular culture.

Modleski's work does not emerge from the context of Marxist historiography which shaped the approach of the Birmingham Centre for Contemporary Cultural Studies. Rather, her argument is part of the widespread rejection of cultural pessimism—the critique of the concept associated with the Frankfurt School—of mass culture as manipulative and debased, which transformed cultural studies in the U. S. in the 1980s. Thus, in looking at soap opera or romance fiction, she refuses to see such texts as either escapism or ideological manipulation. Instead, she argues that "their enormous and continuing popularity suggests that they speak to very real problems and tensions in women's lives". [10](p. 14)

Modleski examines both the form and the content of popular culture as consumed by women. Thus, in relation to soap opera, she identifies repetition, deferral and incompleteness as characteristic of the genre, and sees such strategies not as failure, but as a positive departure from the seamless closure that characterises most popular fictions. Further, she argues that such deferral and incompleteness speak in particular ways to women, since they mirror the experience of unfocused repetition characteristic of domestic labour:

The formal properties of daytime television thus accord closely with the rhythms of women's work in the home. Individual soap operas as well as the flow of various programmes and commercials tend to make repetition, interruption, and distraction pleasurable. (*p.* 102)

Soap opera is also important, according to Modleski, because it allows for the representation of strong and transgressive women. The fact that these women are always punished, and always contained within the home, does not, she insists, detract from the importance of their articulation of anger, ambition, and contempt for those who try to control them. The same sort of argument has been made about the older, relatively independent, and sexually active working-class women found in *Coronation Street*. [11]

Modleski's argument changes somewhat in her analysis of romance fiction. Again, she refuses to see it as ideological manipulation. Instead, she argues that, for women, reading romance fiction is a way of exploring the contradictions in their own lives between cultural representations of femininity and the family, and their own experiences of domestic labour in the home. The very impossibility of becoming a romantic heroine, experienced in each reading of a romantic novel, is, Modleski's argues, a way of negotiating identity as a tension between aspiration and reality.

This rediscovery of romance fiction as a place of contradictory, and of political, meanings is echoed in the work of Alison Light. Light argues, in relation to *Rebecca*, that the genre does offer the possibility of resistance, and suggests that although it is difficult to see the experience of reading romance fiction as progressive, it can perhaps at least be understood as transgressive.[12] Light's argument here is particularly interesting because it seems to represent some sort of synthesis of the two trends within cultural studies: focusing on consumption, but also engaging with political possibilities of resistance.

Thus it seems that, for feminist critics, all roads within cultural studies lead to consumption, pleasure and femininity, with only brief detours via hegemony, production, and class. Modleski is certainly aware of this tendency, and seems at first reject the inevitability of such dichotomies: "countless critics... persist in equating femininity, consumption and reading on the one hand and masculinity, production and writing on the other."[13](pp. 37-52) She challenges this theoretical division, and the consequent privileging of metaphors of "production" in cultural analysis. However, despite a call for the reconstruction of such oppositions, Modleski is finally constrained by them. Her methodological and her theoretical commitment is to a feminist critique that will search out the radical potential of the subordinate terms.

Within the field of cultural studies, then, the attempt to develop a feminist critique has driven women increasingly towards questions of pleasure and consumption and away from those of history and production. Within this space important studies have been produced, and theoretical and methodological attention has been laid to texts which had been dismissed as trivial, distracting, and irrelevant. The identification of the ways in which class identities are inflected by the negotiation with "femininity", or of the capacity of women to establish productive at least transgressive, relations with cultural commodities, represent significant theoretical and political advances. My anxiety, however, is that this emphasis on consumption, on pleasure, on femininity, can make it impossible for feminist critics to develop a sustained critique of the dominant paradigms of cultural studies, which offer universality, productivity, politics, and struggle. It therefore ends to marginalize feminist critique within the discipline of cultural studies, and to reinforce those unhelpful dichotomies which place men in history and women in the home.

This critical placing of women, and of feminist critique, so resolutely within the domains of pleasure and of consumption has more profound limitations, however, which can be identified through a reading of a study such as Andrew Ross's *No Respect: Intellectuals and popular culture* (1989). Basically, Ross claims the spheres of consumption and of pleasure for a politics of postmodern masculinity. His study is a fascinating engagement with the history of intellectual intervention within the domain of popular culture: "the historically fractious relationship between intellectual and popular culture."[14] Its theoretical and methodological debt to the ethnographic and historical aspect of cultural studies is clearly signalled, with chapter titles such as "Uses of Camp", both invoking and negating Hoggart's text.

Ross seeks to distance himself from what he sees as the imaginary, or perhaps the anachronistic, ease of languages of class and of resistance, instead "taking the messy part of consumption at the cost of a neat, critical analysis of production" (p. 8). This move towards consumption does not, however, lead Ross to a consideration of the cultural or political identities of women, but rather to "the history of redefining masculinity in response to feminist initiatives" (p. 158). Thus the space of feminist critique is fractured. Consumption, pleasure and "messiness" can no longer be seen as linked to the experience of femininity. Ross takes them over for "the liberatory body" and "the creativity of consumption" (p. 11). Such embodied cultural practice does not, however, open up any easy space for feminist analysis. Ross insists that his aim is to establish "a politics of sexuality that is relatively autonomous from categories of gender" (p. 177).

When Ross concludes his study with a consideration of "The Popularity of Pornography", the stakes involved in this theoretical shift become clear. Ross attacks feminists who have argued against the proliferation of pornographic images, accusing them of self-righteous moralism which fails to register the importance of the "liberatory body", and evades the fact that "female consumers [are] ... acknowledged as the largest potential growth market for pornographic entertainment" (p. 171).

Of course, the status of such "acknowledgement" must be open to question of whether political critique should proceed on the basis of marketing plans for particular cultural commodities is far from clear. Still, Ross's work does open up problems for the theoretical and methodological procedures of feminist cultural studies. It is surely no longer possible to assume that simply by moving ground, from production to consumption, a space will be found in which to articulate the political and cultural identities of women. Consumption, with its constructed identities and its "messiness", cannot simply deliver a feminist politics. If feminist critics wish to challenge the paradigms and procedures of cultural studies, to find models and theories that will address the experience of women as both producers and consumers of cultural meanings, they must find ways to challenge the hierarchies and oppositions that have fractured the discipline of cultural studies. Thus abstractions of class and of pleasure will be challenged by attention to questions such as "whose labour, whose consumption, and whose body".

Notes

[1] Leslie G. Roman and Linda K. Christian-Smith have, however, discussed this question in the Introduction to Leslie G. Rolan et al., *Becoming Feminine: the politics of popular culture*, Barcombe, East Sussex: The Falmei Press, 1988.

[2] Julia Swindells and Lisa Jardine, *What's Left? Women in Culture and the Labour Movement*, London: Routledge, 1990.

[3] Richard Hoggart, *The Uses of Literacy*, Harmondsworth: Penguin, 1958.

[4] Examples include Eileen and Stephen Yeo (eds.), *Popular Culture and Class Conflict 1590 – 1914 : Explorations in the history of labour and leisure* (1981), or John K. Walton and James Walvin (eds.), *Leisure in Britain 1780 – 1939* (1983).

[5] David Vincent, "Reading in the Working-Class Home", in Walton and Walvin (eds.), *Leisure in Britain*, London: Routledge, pp. 207–26.

[6] J. F. C. Harrison, *Learning and Living 1790–1960*, London: Routledge, 1961.

[7] J. Clarke, "The Skinheads and the Study of Youth Culture", Stencilled Occasional Paper, Birmingham University Centre for Contemporary Cultural Studies, 1973, p. 11.

[8] A. McRobbie and J. Garber, "Girls and Subcultures", in S. Hall and T. Jefferson (eds.), *Resistance Through Rituals: Youth Subcultures in Post-war Britain*, London, 1976, pp. 209–22.

[9] A. McRobbie, "Working Class Girls and the Culture of Femininity", in Women's Studies Group, *Women Take Issue: Aspects of Women's Subordination*, London: Routledge, 1978.

[10] Tania Modleski, *Loving With a Vengeance: Mass-produced Fantasies for Women*, London: Routledge, 1984.

[11] Richard Dyer et al., *Coronation Street*. London: Routledge, 1981.

[12] Alison Light, "Returning to Manderley"—Romance Fiction, Female Sexuality and Class, in Mary Eagleton (ed.), *Feminist Literary Theory: A Reader*, Oxford: Macmillan, 1986, pp. 140–5.

[13] Tania Modleski, "Femininity as Mas(s)querade: A Feminist Approach to Mass Culture", in MacCabe (ed.), *High Theory and Low Culture: Analysing Popular Television and Film*, Manchester: Penguin, 1986.

[14] Andrew Ross, *No Respect: Intellectuals and Popular Culture*, London: Routledge, 1989, p. 5.

Theory of the "Subject" and the "Masculine"*

We can assume that any theory the subject has always been appropriated by the "masculine". When she submits to (such a) theory, woman fails to realize that she is renouncing the specificity of her own relationship to the imaginary. Subjecting herself to objectivization in discourse by being "female". Re-objectivizing her own self whenever she claims to identify herself "as" a masculine subject. A "subject" that would research itself as lost (maternal-feminine) "object"?

Subjectivity denied to woman indisputably, this provides the financial backing for every irreducible constitution as an object of representation, of discourse, of desire. Once imagine that woman imagines and the object loses its fixed, obsessional character. As a bench mark that is ultimately more crucial than the subject, for he can sustain himself only by bouncing back off some objectiveness, some objective. If there is no more "earth" to press down/repress, to work, to represent, but also and always to desire (for one's own), no opaque matter which in theory does not know herself, then what pedestal remains for the existence of the "subject"? If the earth turned and more especially turned upon herself, the erection of the subject might thereby be disconcerted and risk losing its elevation and penetration. For what would there be to rise up from and exercise his power over? And in?

The Copernican revolution has yet to have its final effects in the male imaginary. And by centering man outside himself, it has occasioned above all man's ex-stasis

---

* 本文选自 Amelia Jones (ed.), *The Feminism and Visual Culture Reader*, London: Routledge, 2003. 收入本书时有删节，标题为编者所拟。

within the transcendental (subject). Rising to a perspective that would dominate the totality, to the vantage point of greatest power, he thus cuts himself off from the bedrock, from his empirical relationship with the matrix that he claims to survey. To secularize and to speculate. Exiling himself ever further (toward) where the greatest power lies, he thus becomes the "sun" if it is around him that things turn, a pole of attraction stronger than the "earth". Meanwhile, the excess in this universal fascination is that "she" also turns upon herself, that she knows how to return (upon herself) but not how to seek outside for identity within the other—nature, sun, God ... (woman). As things go, man moves away in order to preserve his stake in the value of his representation, while woman counterbalances with the permanence of a (self) recollection which is unaware of itself as such. And which, in the recurrence of this return upon the self—and its superal economy will need to be located—can continue to support the illusion that the object is inert. "Matter" upon which he will ever and again return to plant his foot in order to spring farther, leap higher, although he is dealing here with a nature that is already self-referential. Already fissured and open. And which, in her circumvolutions upon herself, will also carry off the things confided to her for representation. Whence, no doubt, the fact that she is said to be restless and unstable. In fact it is quite rigorously true that she is never exactly the same. Always whirling closer or farther from the sun whose rays she captures and sends curving to and fro in turn with her cycles.

Thus the "object" is not as massive, as resistant, as one might wish to believe. And her possession by a "subject", a subject's desire to appropriate her, is yet another of his vertiginous failures. For where he projects a something to absorb, to take, to see, to possess ... as well as a patch of ground to stand upon, a mirror to catch his reflection, he is already faced by another secularization. Whose twisted character is her inability to say what she represents. The quest for the "object" becomes a game of Chinese boxes, infinitely receding. The most amorphous with regard to ideas, the most obviously "thing", if you like, the most opaque matter, opens upon a mirror all the purer in that it knows and is known to have no reflections. Except those which man has reflected there but which, in the movement of that concave speculum, pirouetting upon itself, will rapidly, deceptively, fade.

And even as man seeks to rise higher and higher in his knowledge too, so the ground fractures more and more beneath his feet. "Nature" is forever dodging his projects of representation, of reproduction. And his grasp. That this resistance should all too often take the form of rivalry within the homologous, of a death struggle between two consciousnesses, does not alter the fact that at stake here somewhere, ever more insistent in its deathly hauteur, is the risk that the subject (as) self will crumble away. Also at stake, therefore, the "object" and the modes of dividing the economy between them. In particular the economy of discourse. Whereby the silent allegiance of the one guarantees the auto-sufficiency, the autonomy of the other as long as no questioning of this mutism as a symptom of historical repression is required. But what if the "object" started to speak? Which also means beginning to "see", etc. What disaggregation of the subject would that entail? Not only on the level of the split between him and his other, his variously specified alter ego, or between him and "the Other", who is always to some extent his "Other", even if he does not recognize himself in it, even if he is so overwhelmed by it as to bar himself out of it and into it so as to retain at the very least the power to promote his own forms. Others who will have been in the service of the same, of the presuppositions of the same logos, without changing or prejudicing its character as discourse. Therefore, not really others, even if the one, the greatest, will holding back his reserves, perhaps contains the threat of otherness. Which is? perhaps, why he stands off-stage? Why he is repressed too? But high up, in "heaven"? Beyond, like everything else? Innocent in his ex-orbited empire. But once you get suspicious of the reasons for extra-polation and at the same time interpret the subject's need to reduplicate himself in a thought, or maybe a sore. Then the function of the "other" is stripped of the veils that still shroud it.

[...]

When "the Other" falls out of the starry sky into the chasms of the psyche, the "subject" is obviously obliged to stake out new boundaries for his field of implantation and to re-ensure, otherwise, elsewhere—his dominance. Where once he was on the heights, he is now entreated to go down into the depths. These changes in position are still postulated in terms of verticality, of course. Are phallic, therefore. But how to tame these uncharted territories, these dark continents, these worlds through the looking glass? How to master these devilries, these moving phantoms of the unconscious, when a long history has taught you to seek out and desire only clarity, the clear perception of (fixed) ideas? Perhaps this is the time to stress technique again? To renounce for the time being the sovereignty of thought in order to forge tools which will permit the exploitation of these resources, these unexplored mines. Perhaps for the time being the serene contemplation of empire must be abandoned in favor of taming those forces which, once unleashed, might explode the very concept of empire. A detour into strategy, tactics, and practice is called for, at least as long as it takes to gain vision, self-knowledge, self-possession, even in one's decenteredness. The "subject" sidles up to the truth, squints at it, obliquely, in an attempt to gain possession of what truth can no longer say. Dispersing, piercing those metaphors, particularly the photological ones which have constituted truth by the premises of Western philosophy—virgin, dumb, and veiled in her nakedness, her vision still naively "natural", her viewpoint still resolutely blind and unsuspecting of what may lie beneath the blindness.

Now is the time to operate before all is lost. That is, plow again those fields which had been assumed cultivated once and for all, but which now turn out to have merely lain fallow, capable of products that choke anything growing in their soil. The "subject" must dig his foundations deeper, extend the underground passages which assured the edifice of his determination, further dig out the cellars upon which he raises the monument of his identification, in order to prop up more securely his "dwelling": the system of his relationship to self, the closure of his auto-representations, focus of his lonely exile as "subject". Man's home has indeed become these/his theoretical elaborations, by means of which he has sought to reconstruct, in an impossible metaphorization, the matrix and the way that would lead to or back to it. But by wishing to reverse the anguish of being imprisoned within the other, of being placed inside the other, by making the very place and space of being his own, he becomes a prisoner of effects of symmetry that know no limit. Everywhere he runs into the walls of his palace of mirrors, the floor of which is in any case beginning to crack and break up. This in turn serves, of course, to sublate his activity, leading him to new tasks which for a time will distract him again from his specular imprisonment. A diversion from the depths of his madness, pretext for an increase in attentiveness, vigilance, mastery. The reason for the quakes must be sought out; these seismic convulsions in the self must be interpreted.

But man only asks (himself) questions that he can already answer, using the supply of instruments he has available to assimilate even the disasters in his history. This time at any rate he is prepared to lay odds again, and, give or take a few new weapons, he will make the unconscious into a property of his language. A disconcerting property, admittedly, which confuses everything he had long since assigned meaning to. But that, it seems, is not the most important thing at stake. The really urgent task is to ensure the colonization of this new "field", to force it, not without splintering, into the production of the same discourse. And since there can be no question of using the same plan for this "strange" speech, this "barbarous" language with which it is impossible to conduct a dialogue— read, monologue, the discovery will be set out hierarchically, in stages, will be brought to order. By giving here a little more play to the system, here a little less. The forms of arrangement may vary, but they will all bear the paradox of forcing into the same representation, the representation of the self/same, that which insists upon its heterogeneity, its otherness.

Yet the fact that the dream can be interpreted only as a "rebus" should have persuaded the "reader" to turn it in all directions and positions, and not favor one type of inscription that would already prescribe a meaning to it—a linear, teleologically horizontal or vertical displacement, over a surface as yet unwritten—which it brands by cutting it up according to rules of repetition and recurrence, obeying processes that already paralyze the "body's" system of gestures within a given graphic order, etc. Why not rather have recalled those "pictures" made for children, pictographs in which the hunter and hunted, and their dramatic relationships, are to be discovered between the branches, made out from between the trees. From the spaces between the figures, or stand in figures, spaces that organize the scene, blanks that sub-tend the scene's structuration and that will yet not be read as such. Or not read at all? Not seen at all? Never in truth represented or representable, though this is not to say that they have no effect upon the present scenography. But fixed in oblivion and waiting to come to life. Turning everything upside down and back to front. If that is the interpreter, subject did not desire "this" (the ID) to continue sustaining the proliferation of images (of self), as a trompe l'oeil backcloth for the same's show, for a theater of the identical.

Dreams are also riddles in that during "sleep", and in order to "keep" asleep they recast the roles that history has laid down for "subject" and "object". Mutism that says without speech, inertia that moves without motion, or else only with the motions of another language, another script. Dream pictography, dream choreography, phonography, and pornography which compensate for the present paralysis of the sleeper. Who will/would awake perhaps? Only if the "child" faced with such "riddles" did not have the overweening desire to "see" an other and same figure and form than the one that is already present for him.

[…]

Now, let us imagine for what else is there to do when rereading Freud but imagine a response, or else admit one's inability to survey such an imagination, let us imagine that man (Freud in the event) had discovered that the rarest thing, the most exciting as well as the most scientifically rigorous, the most faithful to factual materiality and the most historically curative would be to articulate directly, without catacombs, what we are calling these two syntaxes. Irreducible in their strangeness and eccentricity one to the other. Coming out of different times, places, logics, "representations", and economies. In fact, of course, these terms cannot fittingly be designated by the number "two" and the adjective "different", if only because they are not susceptible to comparison. To use such terms serves only to reiterate a movement begun long since, that is, the movement to speak of the "other" in a language already systematized by/for the same. Their distribution and demarcation and articulation necessitate operations as yet non-existent, whose complexity and subtlety can only be guessed at without prejudicing the results. Without a teleology already in operation somewhere. But had the man Freud preferred the play, or even the clash, of those two economies rather than their disposition in hierarchical stages by means of one barrier (or two), one censorship (or two), then perhaps he would not finally have cracked his head against all that remains irreducibly "obscure" to him in his speculations. Against the non-visible, therefore not theorizable nature of woman's sex and pleasure. Whatever the explorations he attempts and which tempt him concerning this "dark continent", he always refers back to some still blind and incomprehensible "horizon" of investigation. And there, in what he recognizes as outside the range of his systematic prospecting (beyond the self), Freud is in fact indicating a way off the historico-transcendental stage, at the very moment when his theory and his practice are perpetuating, in the mode of enunciation and the drama of enunciating, that very same stage, which we may now call the hysterico-transcendental. Announcing, by this remark, by this effect of repetition, the repetition principle of recapitulation and, without his knowledge, of mimicry, that his breath is privileged. And he is out of breath.

For, when Freud reaffirms the incest taboo, he simply reannounces and puts back in place the conditions that constitute the speculative matrix of the "subject". He reinforces his positions in a fashion yet more "scientific", more imperious in their "objectivity". A demonstration he clearly needed himself if he is to "sublimate" in more universal interests his own desire for his/the mother. But as a result of using psychoanalysis (his psychoanalysis) only to scrutinize the history of his subject and his subjects, without interpreting the historical determinants of the constitution of the "subject" as same, he was restoring, yet again, that newly pressed down/repressed earth, upon which he stands erect, which for him, following tradition though in more explicit fashion, will be the body/sex of the mother/nature. He must challenge her for power, for productivity. He must resurface the earth with this floor of the ideal. Identify with the law-giving father, with his proper names, his desires for making capital, in every sense of the word, desires that prefer the possession of territory, which includes language, to the exercise of his pleasures, with the exception of his pleasure in trading women fetishized objects, merchandise of whose value he stands surety with his peers. The ban upon returning, regressing to the womb, as well as to the language and dreams shared with the mother, this is indeed the point, the line, the surface upon which the "subject" will continue to stand, to advance, to unfold his discourse, even to make it whirl. Though he has barely escaped the ring, the vault, the snare of reconciling his end and his archives, those calls, resurgent, of his beginnings. Though that he, who is the cause, is barely keeping his balance. But since he now knows the reason for his wobbling... And, after all, the acquisition of new riches is certainly part of this? Overdetermination, deferred action, dreams fantasies, puns... language, by adopting its/these "annexes" also ocular, uterine, embryonic , adds to its wealth, gains "depth", consistency, diversity, and multiplication of its processes and techniques. Was language once believed threatened? Here it is dancing, playing, writing itself more than ever. It is even claimed that language is "truer" than in the past, reimpregnated with its childhood. A consciousness yet more consciously pregnant with its relationship with the mother.

Whereas "she" comes to be unable to say what her body is suffering. Stripped even of the words that are expected of her upon that stage invented to listen to her. In an admission of the wear and tear on language or of its fetishistic denial? But hysteria, or at least the hysteria that is the privileged lot of the "female", now has nothing to say. What she "suffers", what she "lusts for", even what she "takes pleasure in", all take place upon another stage, in relation to already codified representations. Repression of speech, interdicted in "hieroglyphic" symptoms, an already suspicious designation of something prehistoric, which will doubtless never again be lifted into current history. Unless it will be by making her enter, in contempt of her sex, into "masculine" games of tropes and tropisms. By converting her to a discourse that denies the specificity of her pleasure by inscribing it as the hollow, the intaglio, the negative, even as the censured other of its phallic assertions. By homosexualizing her, by perversely travestying her for the pederastic, sodomizing satisfactions of the father/husband, she shrieks out demands too innocuous to cause alarm that merely make people smile. Just the way one smiles at a child when he shouts aloud the mad ambitions adults keep to themselves. And which one knows he can never realize. And when she also openly displays their power fantasies, this serves as a recreation to them in their struggle for power. By setting before them, keeping in reserve for them, in her infancy, what they must of course keep clear of in their pursuit of mastery, but which they yet cannot wholly renounce for fear of going off course. So she will be the Pythia who apes induced desires and suggestions foreign to her still hazy consciousness, suggestions that proclaim their credibility all the louder as they carry her ever further from her interests. By resubmitting herself to the established order, in this role of delirious double, she abandons, even denies, the prerogative historically granted her unconsciousness. She prostitutes the unconscious itself to the ever present projects and projections of masculine consciousness.

For whereas the man Freud or woman, were she to set her rights up in opposition might have been able to interpret what the overdetermination of language (its effects of deferred action, its subterranean dreams and fantasies, its convulsive quakes, its paradoxes and contradictions) owed to the repression (which may yet return) of maternal power or of the matriarchy, to adopt a still prehistorical point of reference whereas he might have been able also to interpret the repression of the history of female sexuality, we shall in fact receive only confirmation of the discourse of the same through comprehension and extension. With woman coming once more to be embedded in, enclosed in, impaled upon an architectonic more powerful than ever. And she herself is sometimes happy to request recognition of consciousness thereby, even an appropriation of unconsciousness that cannot be hers. Unconsciousness she is, but not for herself, not with a subjectivity that might take cognizance of it, recognize it as her own. Close to herself, admittedly, but in a total ignorance (of self).

[...]

But if, by exploits of her hand, woman were to reopen paths into (once again) one logos that connotes her as castrated, especially as castrated of words, excluded from the work force except as prostitute to the interests of the dominant ideology that is of homosexuality and its struggles with the maternal, then a certain sense, which still constitutes the sense of history also, will undergo unparalleled interrogation, revolution. But how is this to be done? Given that, once again, the "reasonable" words to which in any case she has access only through mimicry, are powerless to translate all that pulses, clamors, and hangs hazily in the cryptic passages of hysterical suffering latency. Then turn everything upside down, inside out, back to front. Rack it with radical convulsions, carry back, reimport, those crises that her "body" suffers in her impotence to say what disturbs her. Insist also and deliberately upon those blanks in discourse which recall the places of her exclusion and which, by their silent plasticity, ensure the cohesion, the articulation, the coherent expansion of established forms. Reinscribe them hither and thither as divergencies, otherwise and elsewhere than they are expected, in ellipses and eclipses that deconstruct the logical grid of the reader and the writer, drive him out of his mind, trouble his vision to the point of incurable diplopia at least. Overthrow syntax by suspending its eternally teleological order, by snipping the wires, cutting the current, breaking the circuits, switching the connections, by modifying continuity, alternation, frequency, intensity. Make it impossible for a while to predict whence, whither, when, how, why...something goes by or goes on—will come, will spread, will reverse, will cease moving. Not by means of a growing complexity of the same, of course, but by the irruption of other circuits, by the intervention at times of short-circuits that will disperse, diffract, deflect endlessly, making energy explode sometimes, with no possibility of returning to one single origin. A force that can no longer be changed according to a given plane: a projection from a single source, even in the secondary circuits, with retroactive effects.

All this already applies to words, to the "lexicon" (as it is called), which is also connected up, and in the same direction. But we must go on questioning words as the wrappings with which the "subject", modestly, clothes the "female". Stifled beneath all those eulogistic or denigratory metaphors, she is unable to unpick the scams of her disguise and indeed takes a certain pleasure in them, even gilding the lily further at times. Yet, ever more hemmed in, cathected by tropes, how could she articulate any sound from beneath this cheap chivalric finery? How find a voice, make a choice strong enough, subtle enough to cut through those layers of ornamental style, that decorative sepulcher, where even her breath is lost. Stifled under all those airs, she has yet to feel the need to get free of fabric, reveal her nakedness, her destitution in language, explode in the face of them all, words too. For the imperious need for her shame, her chastity, duly fitted out with the belt of discourse , of her decent modesty, continues to be asserted by every man. In every kind of tone, form, theory, style, with the exception of a few that in fact rouse suspicion also by their pornographically homosexual excess. Common stock, one may assume, for their production.

The (re) productive power of the mother, the sex of the woman, are both at stake in the proliferation of systems, those houses of ill fame for the subject, of fetish words, sign-objects whose certified truths seek to palliate the risk that values may be recast into/by the other. But no clear univocal utterance, can in fact, pay off this mortgage since all are already trapped in the same credit structure. All can be recuperated when issued by the signifying order in place. It is still better to speak only in riddles, allusions, hints, parables. Even if asked to clarify a few points. Even if people plead that they just don't understand. After all, they never have understood. So why not double the misprision to the limits of exasperation? Until the ear tunes into another music, the voice starts to sing again, the very gaze stops squinting over the signs of auto-representation, and (re) production no longer inevitably amounts to the same and returns to the same forms, with minor variations.

This disconcerting of language, though anarchic in its deeds of title, nonetheless demands patient exactitude. The symptoms, for their part, are implacably precise. And if it is indeed a question of breaking (with) a certain mode of specula (riza) tion, this does not imply renouncing all mirrors or refraining from analysis of the hold this plan of representation maintains, rendering female desire aphasic and more generally atonic in all but its phallomorphic disguises, masquerades, and demands. For to dodge, this time of interpretation is to risk its freezing over, losing hold, cutting back. All over again. But perhaps through this specular surface which sustains discourse is found not the void of nothingness but the dazzle of multifaceted speleology. A scintillating and incandescent concavity, of language also, that threatens to set fire to fetish-objects and gilded eyes. The recasting of their truth value is already at hand. We need only press on a little further into the depths, into that so-called dark cave which serves as hidden foundation to their speculations. For there where we expect to find the opaque and silent matrix of logos immutable in the certainty of its own light, fires and mirrors are beginning to radiate, sapping the evidence of reason at its base! Not so much by anything stored in the cave which would still be a claim based on the notion of the closed volume, but again and yet again by their indefinitely rekindled hearths.

But which "subject" up till now has investigated the fact that a concave mirror concentrates the light and, specifically, that this is not wholly irrelevant to woman's sexuality? Any more than is a man's sexuality to the convex mirror? Which "subject" has taken an interest in the anamorphoses produced by the conjunction of such curvatures? What impossible reflected images, maddening reflections, parodic transformations took place at each of their articulations? When the "it is" annuls them in the truth of a copula in which "he" still forever finds the resources of his identification as same. Not one subject has done so, on pain of tumbling from his existence. And here again, here too, one will rightly suspect any perspective, however surreptitious, that centers the subject, any autonomous circuit of subjectivity, any systematicity hooked back onto itself, any closure that claims for whatever reason to be metaphysical or familial, social, economic even, to have rightfully taken over, fixed, and framed that concave mirror's incandescent hearth. If this mirror, which, however, makes a hole—sets itself up pompously as an authority in order to give shape to the imaginary orb of a "subject", it thereby defends itself physically in/by his inner "center" from the fires of the desire of/for woman. Inhabiting a securing morphology, making of its very structure some comfortable sepulcher from whence it may, possibly, by some hypothetical survival, be able to look out. Regarding itself by all sorts of windows-on-wheels, optical apparatuses, glasses, and mirrors, from/in its burning glass, which enflames all that falls into its cup.

But, may come the objection, defending again the objective and the object, the speculum is not necessarily a mirror. It may, quite simply, be an instrument to dilate the lips, the orifices, the walls, so that the eye can penetrate the interior, so that the eye can enter, to see, notably with speculative intent. Woman, having been misinterpreted, forgotten, variously frozen in show-cases, rolled up in metaphors, buried beneath carefully stylized figures, raised up in different idealities, would now become the "object" to be investigated, to be explicitly granted consideration, and thereby, by this deed of title, included in the theory. And if this center, which fixed and immobilized metaphysics in its closure, had often in the past been traced back to some divinity or other transcendence invisible as such, in the future its ultimate meaning will perhaps be discovered by tracking down what there is to be seen of female sexuality.

Yes, man's eye—understood as substitute for the penis—will be able to prospect woman's sexual parts, seek there new sources of profit. Which are equally theoretical? By doing so he further fetishizes (his) desire. But the desire of the mystery remains, however large a public has been recruited of late for "hysteroscopy". For even if the place of origin, the original dwelling, even if not only the woman but the mother can be unveiled to his sight, what will he make of the exploration of this mine? Except usurp even more the right to look at everything, at the whole thing, thus reinforcing the erosion of his desire in the very place where he firmly believes he is working to reduce an illusion. Even if it should be a transcendental illusion. What will he, what will they, have seen as a result of that dilation? And what will they get out of it? A disillusion quite as illusory, since the transcendental keeps its secret. Between empirical and transcendental a suspense will still remain inviolate, will escape prospection, then, now, and in the future. The space time of the risk that fetishes will be consumed, catch fire. In this fire, in this light, in the optical failure, the impossibility of gazing on their encounters in flame, the split (schizo) founding and structuring the difference between experience and transcendental (especially phallic) eminence will burn also exquisite/crisis of macro-ontological difference. What manner of recasting all economy will ensue? To tell the truth, no one knows. And, to stay with truth, you can only fear the worst. For you may fear a general crisis in the value system, a foundering of the values now current, the devaluation of their standard and of their regimen of monopolies.

The copulative effusion, and fusion, melts down the mint's credit with each moment of bliss. Renews and redistributes the accepted stakes: between two crises, two explosions, two incandescences of fetish mineral. And it is no easy matter to foresee whether, in that game, the one, the man? Who has recouped the biggest pile of chips will be the winner. It is equally possible to imagine that the one, the woman who has spent her time polishing her mine will carry the day. Since the abrasion of the stores entrusted to the reflecting surface renders that surface more likely to set aflame the supplies and capitalizations of the one who, under cover and pretext of seduction, puts his riches on display.

But, will come the objection once again in the name of some other objectality, we are not fed by fire and flames. Maybe. But then neither are we by fetishes and gazes. And when will they cease to equate woman's sexuality with her reproductive organs, to claim that her sexuality has value only insofar as it gathers the heritage of her maternity? When will man give up the need or desire to drink deep in all security from his wife/mother in order to go and show off to his brothers and buddies the fine things he formed while suckling his nurse? And/or when will he renounce (reversing roles so as better to retain them) the wish to preserve his wife/child in her inability, as he sees it, to produce for the marketplace? With "marriage" turning out to be a more or less subtle dialectization of the nurturing relationship that aims to maintain, at the very least, the mother/child, producer/consumer distinction, and thereby perpetuate this economy?

To return to the gaze, it will be able to explore all the inner cavities. Although, in the case of the most secret, it will need the help of ancillary light and mirror of appropriate sun and mirrors. The instrumental and technical exploitation of sun and mirror will have shown the gaze, proved to it, that those mines contained no gold. Then the gaze, aghast at such bareness, will have concluded that at any rate all brilliance was its own preserve, which it could continue to speculate without competition. That the childish, the archaic credit accorded to the all-powerful mother was nothing, was but fable. But how is one to desire without fiction? What pleasure is there in stockpiling goods without risks, without expenditures?

You will have noted, in fact, that what polarizes the light for the exploration of internal cavities is, in paradigmatic fashion, the concave mirror. Only when that mirror has concentrated the feeble rays of the eye, of the sun, of the sun-blinded eye, is the secret of the caves illumined. Scientific technique will have taken up the condensation properties of the "burning glass", in order to pierce the mystery of woman's sex, in a new distribution of the power of the scientific method and of "nature". A new despecularization of the maternal and the female? Scientificity of fiction that seeks to exorcise the disasters of desire, that mortifies desire by analyzing it from all visual angles, but leaves it also intact. Elsewhere. Burning still.

(Translated from French by Gillian C. Gill.)

Douglas Kellner 11

Cultural Studies, Multiculturalism, and Media Culture*

Radio, television, film, and the other products of media culture provide materials out of which we forge our very identities; our sense of selfhood; our notion of what it means to be male or female; our sense of class, of ethnicity and race, of nationality, of sexuality; and of "us" and "them". Media images help shape our view of the world and our deepest values—what we consider good or bad, positive or negative, moral or evil. Media stories provide the symbols, myths, and resources through which we constitute a common culture and through the appropriation of which we insert ourselves into this culture. Media spectacles demonstrate who has power and who is powerless, who is allowed to exercise force and violence, and who is not. They dramatize and legitimate the power of the forces that be and show the powerless that they must stay in their places or be oppressed.

We are immersed from cradle to grave in a media and consumer society and thus it is important to learn how to understand, interpret, and criticize its meanings and messages. The media are a profound and often misperceived source of cultural pedagogy. They contribute to educating us how to behave and what to think, feel, believe, fear, and desire, and what not to. The media are forms of pedagogy which teach us how to be men and women. They show us how to dress, look and consume; how to react to members of different social groups; how to be popular and successful and how to avoid failure; and how to conform to the dominant system of norms, values,

* 本文选自 Douglas Kellner 的个人学术网站 http://www.gseis.ucla.edu/faculty/Kellner. 收入本书时略有删节。

practices, and institutions. Consequently, the gaining of critical media literacy is an important resource for individuals and citizens in learning how to cope with a seductive cultural environment. Learning how to read, criticize, and resist socio-cultural manipulation can help empower oneself in relation to dominant forms of media and culture. It can enhance individual sovereignty vis-a-vis media culture and give people more power over their cultural environment.

In this essay, I will discuss the potential contributions of a cultural studies perspective to media critique and literacy. In recent years, cultural studies has emerged as a set of approaches to the study of culture and society. The project was inaugurated by the University of Birmingham Centre for Contemporary Cultural Studies which developed a variety of critical methods for the analysis, interpretation, and criticism of cultural artifacts.[1] Through a set of internal debates, and responding to social struggles and movements of the 1960s and the 1970s, the Birmingham group came to focus on the interplay of representations and ideologies of class, gender, race, ethnicity, and nationality in cultural texts, including media culture. They were among the first to study the effects of newspapers, radio, television, film, and other popular cultural forms on audiences. They also focus on how various audiences interpreted and used media culture differently, analyzing the factors that made different audiences respond in contrasting ways to various media texts.

Through studies of youth subcultures, British cultural studies demonstrated how culture came to constitute distinct forms of identity and group membership. For cultural studies, media culture provides the materials for constructing views of the world, behavior, and even identities. Those who uncritically follow the dictates of media culture tend to "mainstream" themselves, conforming to the dominant fashion, values, and behavior. Yet cultural studies is also interested in how subcultural groups and individuals resist dominant forms of culture and identity, creating their own style and identities. Those who obey ruling dress and fashion codes, behavior, and political ideologies thus produce their identities within mainstream group, as members of specific social groupings (such as white, middle-class conservative Americans). Persons who identify with subcultures, like punk culture, or black nationalist subcultures, look and act differently from those in the mainstream, and thus create oppositional identities, defining themselves against standard models.

Cultural studies insists that culture must be studied within the social relations and system through which culture is produced and consumed, and that thus study of culture is intimately bound up with the study of society, politics, and economics. Cultural studies shows how media culture articulates the dominant values, political ideologies, and social developments and novelties of the era. It conceives of U. S. culture and society as a contested terrain with various groups and ideologies struggling for dominance (Kellner, 1995). Television, film, music, and other popular cultural forms are thus often liberal or conservative, or occasionally express more radical or oppositional views.

Cultural studies is valuable because it provides some tools that enable one to read and interpret one's culture critically. It also subverts distinctions between "high" and "low" culture by considering a wide continuum of cultural artifacts ranging from novels to television and by refusing to erect any specific cultural hierarchies or canons. Previous approaches to culture tended to be primarily literary and elitist, dismissing media culture as banal, trashy, and not worthy of serious attention. The project of cultural studies, by contrast, avoids cutting the field of culture into high and low, or popular against elite. Such distinctions are difficult to maintain and generally serve as a front for normative aesthetic valuations and, often, a political program (i. e. either dismissing mass culture for high culture, or celebrating what is deemed "popular" while scorning "elitist" high culture).

Cultural studies allows us to examine and critically scrutinize the whole range of culture without prior prejudices toward one or another sort of cultural text, institution, or practice. It also opens the way toward more differentiated political, rather than aesthetic, valuations of cultural artifacts in which one attempts to distinguish critical and oppositional from conformist and conservative moments in a cultural artifact. For instance, studies of Hollywood film show how key 1960s films promoted the views of radicals and the counterculture and how film in the 1970s was a battleground between liberal and conservative positions; late 1970s films, however, tended toward conservative positions that helped elect Ronald Reagan as president (Kellner and Ryan, 1988).

There is an intrinsically critical and political dimension to the project of cultural studies which distinguishes it from objectivist and apolitical academic approaches to the study of culture and society. British cultural studies, for example, analyzed culture historically in the context of its social origins and effects. It situated culture within a theory of social production and reproduction, specifying the ways that cultural forms served either to further social domination or to enable people to resist and struggle against domination. It analyzed society as a hierarchical and antagonistic set of social relations characterized by the oppression of subordinate class, gender, race, ethnic, and national strata. Employing Gramsci's model of hegemony and counter-hegemony, it sought to analyze "hegemonic", or ruling, social and cultural forces of domination and to seek "counter hegemonic" forces of resistance and struggle. The project was aimed at social transformation and attempted to specify forces of domination and resistance in order to aid the process of political struggle and emancipation from oppression and domination.

For cultural studies, the concept of ideology is of central importance, for dominant ideologies serve to reproduce social relations of domination and subordination.[2] Ideologies of class, for instance, celebrate upper class life and denigrate the working class. Ideologies of gender promote sexist representations of women and ideologies of race utilize racist representations of people of color and various minority groups. Ideologies make inequalities and subordination appear natural and just, and thus induce consent to relations of domination. Contemporary societies are structured by opposing groups who have different political ideologies (liberal, conservative, radical, etc.) and cultural studies specifies what, if any, ideologies are operative in a given cultural artifact (which could involve, of course, the specification of ideological contradictions). In the course of this study, I will provide some examples of how different ideologies are operative in media cultural texts and will accordingly provide examples of ideological analysis and critique.

Because of its focus on representations of race, gender, and class, and its critique of ideologies that promote various forms of oppression, cultural studies lends itself to a multiculturalist program that demonstrates how culture reproduces certain forms of racism, sexism, and biases against members of subordinate classes, social groups, or alternative life styles. Multiculturalism affirms the worth of different types of culture and cultural groups, claiming, for instance, that black, Latino, Asian, Native American, gay, and lesbian, and other oppressed and marginal voices have their own validity and importance. An insurgent multiculturalism attempts to show how various people's voices and experiences are silenced and omitted from mainstream culture and struggles to aid in the articulation of diverse views, experiences, and cultural forms, from groups excluded from the mainstream. This makes it a target of conservative forces who wish to preserve the existing canons of white male, Euro-centric privilege and thus attack multiculturalism in cultural wars raging from the 1960s to the present over education, the arts, and the limits of free expression.

Cultural studies thus promotes a multiculturalist politics and media pedagogy that aims to make people sensitive to how relations of power and domination are "encoded" in cultural texts, such as those of television or film. But it also specifies how people can resist the dominant encoded meanings and produce their own critical and alternative readings. Cultural studies can show how media culture manipulates and indoctrinates us, and thus can empower individuals to resist the dominant meanings in media cultural products and to produce their own meanings. It can also point to moments of resistance and criticism within media culture and thus help promote development of more critical consciousness.

A critical cultural studies thus develops concepts and analyses that will enable readers to analytically dissect the artifacts of contemporary media culture and to gain power over their cultural environment. By exposing the entire field of culture to knowledgeable scrutiny, cultural studies provides a broad, comprehensive framework to undertake studies of culture, politics, and society for the purposes of individual empowerment and social and political struggle and transformation. In the following pages, I will therefore indicate some of the chief components of the type of cultural studies that I find most useful.

Components of a Critical Cultural Studies

At its strongest, cultural studies contains a three-fold project of analyzing the production and political economy of culture, cultural texts, and the audience reception of those texts and their effects. This comprehensive approach avoids too narrowly focusing on one dimension of the project to the exclusion of others. To avoid such limitations, I would thus propose a multi-perspectival approach that (a) discusses production and political economy, (b) engages in textual analysis, and (c) studies the reception and use of cultural texts.[3]

Production and Political Economy

Because it has been neglected in many modes of recent cultural studies, it is important to stress the importance of analyzing cultural texts within their system of production and distribution, often referred to as the political economy of culture.[4] Inserting texts into the system of culture within which they are produced and distributed can help elucidate features and effects of the texts that textual analysis alone might miss or downplay. Rather than being antithetical approaches to culture, political economy can actually contribute to textual analysis and critique. The system of production often determines what sort of artifacts will be produced, what structural limits there will be as to what can and cannot be said and shown, and what sort of audience effects the text may generate.

Study of the codes of television, film, or popular music, for instance, is enhanced by studying the formulas and conventions of production. These cultural forms are structured by well-defined rules and conventions, and the study of the production of culture can help elucidate the codes actually in play. Because of the demands of the format of radio or music television, for instance, most popular songs are three to five minutes, fitting into the format of the distribution system. Because of their control by giant corporations oriented primarily toward profit, film and television production in the U. S. is dominated by specific genres such as talk and game shows, soap operas, situation comedies, action/adventure series, reality TV, and so on. This economic factor explains why there are cycles of certain genres and subgenres, sequelmania in the film industry, crossovers of popular films into television series, and a certain homogeneity in products constituted within systems of production marked by rigid generic codes, formulaic conventions, and well-defined ideological boundaries.

Likewise, study of political economy can help determine the limits and range of political and ideological discourses and effects. My study of television in the United

States, for instance, disclosed that takeover of the television networks by major transnational corporations and communications conglomerates was part of a "right turn" within U. S. society in the 1980s whereby powerful corporate groups won control of the state and the mainstream media (Kellner, 1990). For example, during the 1980s all three networks were taken over by major corporate conglomerates, ABC was taken over in 1985 by Capital Cities, NBC was taken over by GE, and CBS was taken over by the Tisch Financial Group. Both ABC and NBC sought corporate mergers and this motivation, along with other benefits derived from Reaganism, might well have influenced them to downplay criticisms of Reagan and to generally support his conservative programs, military adventures, and simulated presidency.

Corporate conglomeratization has intensified further and today AOL and Time Warner, Disney, and other global media conglomerates control ever more domains of the production and distribution of culture (McChesney, 2000). In this global context, one cannot really analyze the role of the media in the Gulf war, for instance, without analyzing the production and political economy of news and information, as well as the actual text of the Gulf war and its reception by its audience (Kellner, 1992). Likewise, the ownership by conservative corporations of dominant media corporations helps explain mainstream media support of the Bush administration and their policies, such as the war in Afghanistan (Kellner, 2001).

Looking toward entertainment, one cannot fully grasp the Madonna phenomenon without analyzing her marketing strategies, her political environment, her cultural artifacts, and their effects (Kellner, 1995). In a similar fashion, younger female pop music stars and groups such as Mariah Carey, Britney Spears, Jennifer Lopez, or N'Sync also deploy the tools of the glamour industry and media spectacle to make certain stars icons of fashion, beauty, style, and sexuality, as well as purveyors of music. And in appraising the full social impact of pornography, one needs to be aware of the sex industry and the production process of, say, pornographic films, and not just dwell on the texts themselves and their effects on audiences.

Furthermore, in an era of globalization, one must be aware of the global networks that produce and distribute cultural in the interests of profit and corporate hegemony. Yet political economy alone does not hold the key to cultural studies and important as it is, it has limitations as a single approach. Some political economy analyses reduce the meanings and effects of texts to rather circumscribed and reductive ideological functions, arguing that media culture merely reflects the ideology of the ruling economic elite that controls the culture industries and is nothing more than a vehicle for capitalist ideology. It is true that media culture overwhelmingly supports capitalist values, but it is also a site of intense struggle between different races, classes, gender, and social groups. Thus, in order to fully grasp the nature and effects of media culture, one needs to develop methods to analyze the full range of its meanings and effects.

Textual Analysis

The products of media culture require multidimensional close textual readings to analyze their various forms of discourses, ideological positions, narrative strategies, image construction, and effects. There have been a wide range of types of textual criticism of media culture, ranging from quantitative content analysis that dissects the number of, say, episodes of violence in a text, to qualitative study that examines images of women, blacks, or other groups, or that applies various critical theories to unpack the meanings of the texts or to explicate how texts function to produce meaning. Traditionally, the qualitative analysis of texts has been the task of formalist literary criticism, which explicates the central meanings, values, symbols, and ideologies in cultural artifacts by attending to the formal properties of imaginative literature texts, such as style, verbal imagery, characterization, narrative structure and point of view, and other formal elements of the artifact. From the 1960s on, however, literary-formalist textual analysis has been enhanced by methods derived from semiotics, a system for investigating the creation of meaning not only in written languages but also in other, nonverbal codes, such as the visual and auditory languages of film and TV.

Semiotics analyzes how linguistic and nonlinguistic cultural "signs" form systems of meanings, as when giving someone a rose is interpreted as a sign of love, or getting an A on a college paper is a sign of mastery of the rules of the specific assignment. Semiotic analysis can be connected with genre criticism (the study of conventions governing established types of cultural forms, such as soap operas) to reveal how the codes and forms of particular genres follow certain meanings. Situation comedies, for instance, classically follow a conflict/resolution model that demonstrates how to solve certain social problems by correct actions and values, and thus provide morality tales of proper and improper behavior. Soap operas, by contrast, proliferate problems and provide messages concerning the endurance and suffering needed to get through life's endless miseries, while generating positive and negative models of social behavior. And advertising shows how commodity solutions solve problems of popularity, acceptance, success, and the like.

A semiotic and genre analysis of the film *Rambo* (1982) for instance, would show how it follows the conventions of the Hollywood genre of the war film that dramatizes conflicts between the U. S. and its "enemies" (Kellner, 1995). Semiotics describes how the images of the villains are constructed according to the codes of World War II movies and how the resolution of the conflict and happy ending follows the traditional Hollywood classical cinema which portrays the victory of good over evil. Semiotic analysis would also include study of the strictly cinematic and formal elements of a film like *Rambo*, dissecting the ways that camera angles present Rambo as a god, or slow motion images of him gliding through the jungle code him as a force of nature. Semiotic analysis of 2001 film *Vanilla Sky* could engage how Cameron Crowe's film presents a remake of a 1997 Spanish film, and how the use of celebrity stars Tom Cruise and Penelope Cruz, involved in a real-life romance, provides a spectacle of modern icons of beauty, desire, sexuality, and power. The science fiction thematic and images present semiotic depictions of a future in which technoscience can make everyone beautiful and live out its culture's dreams and nightmares.

The textual analysis of cultural studies thus combines formalist analysis with critique of how cultural meanings convey specific ideologies of gender, race, class, sexuality, nation, and other ideological dimensions. Ideological textual analysis should deploy a wide range of methods to fully explicate each dimension and to show how they fit into textual systems. Each critical method focuses on certain features of a text from a specific perspective—the perspective spotlights, or illuminates, some features of a text while ignoring others. Marxist methods tend to focus on class, for instance, while feminist approaches will highlight gender, critical race theory spotlights race and ethnicity, and gay and lesbian theories explicate sexuality.

Various critical methods have their own strengths and limitations, their optics and blind spots. Traditionally, Marxian ideology critiques have been strong on class and historical contextualization and weak on formal analysis, while some versions are highly "reductionist", reducing textual analysis to denunciation of ruling class ideology. Feminism excels in gender analysis and in some versions is formally sophisticated, drawing on such methods as psychoanalysis and semiotics, although some versions are reductive and early feminism often limited itself to analysis of images of gender. Psychoanalysis in turn calls for the interpretation of unconscious contents and meaning, which can articulate latent meanings in a text, as when Alfred Hitchcock's dream sequences project cinematic symbols that illuminate his characters' dilemmas, or when the image of the female character in *Bonnie and Clyde* (1967) framed against the bar of her bed suggests her sexual frustration, imprisonment in middle class family life, and need for revolt.

Of course, each reading of a text is only one possible reading from one critic's subject position, no matter how multiperspectival, and may or may not be the reading preferred by audiences (which themselves will be significantly different according to their class, race, gender, ethnicity, ideologies, and so on). Because there is a split between textual encoding and audience decoding, there is always the possibility of a multiplicity of readings of any text of media culture (Hall, 1980b). There are limits to the openness or polysemic nature of any text, of course, and textual analysis can explicate the parameters of possible readings and delineate perspectives that aim at illuminating the text and its cultural and ideological effects. Such analysis also provides the materials for criticizing misreadings, or readings that are one-sided and incomplete. Yet to further carry through a cultural studies analysis, one must also examine how diverse audiences actually read media texts, and attempt to determine what effects they have on audience thought and behavior.

Audience Reception and Use of Media Culture

All texts are subject to multiple readings depending on the perspectives and subject positions of the reader. Members of distinct genders, classes, races, nations, regions, sexual preferences, and political ideologies are going to read texts differently, and cultural studies can illuminate why diverse audiences interpret texts in various, sometimes conflicting, ways. It is indeed one of the merits of cultural studies to have focused on audience reception in recent years and this focus provides one of its major contributions, though there are also some limitations and problems with the standard cultural studies approaches to the audience. [5]

A standard way to discover how audiences read texts is to engage in ethnographic research, in an attempt to determine how texts effect audiences and shape their beliefs and behavior. Enthnographic cultural studies have indicated some of the various ways that audiences use and appropriate texts, often to empower themselves. Radway's study of women's use of Harlequin novels (1983), for example, shows how these books provide escapism for women and could be understood as reproducing traditional women's roles, behavior, and attitudes. Yet, they can also empower women by promoting fantasies of a different life and may thus inspire revolt against male domination. Or, they may enforce, in other audiences, female submission to male domination and trap women in ideologies of romance, in which submission to Prince Charming is seen as the alpha and omega of happiness for women.

Media culture provides materials for individuals to create identities and meanings and cultural studies detects uses of cultural forms. Teenagers use video games and music television as an escape from the demands of a disciplinary society. Males use sports as a terrain of fantasy identification, in which they feel empowered as "their" team or star triumphs. Such sports events also generate a form of community, currently being lost in the privatized media and consumer culture of our time. Indeed, fandoms of all sorts, ranging from *Star Trek* fans ("Trekkies") to devotees of *Buffy the Vampire Slayer*, or various soap operas, also form communities that enable people to relate to others who share their interests and hobbies. Some fans, in fact, actively recreate their favorite cultural forms, such as rewriting the scripts of preferred shows, sometimes in the forms of slash which redefine characters' sexuality, or in the forms of music poaching or remaking such as "film-making" (see examples in Lewis, 1992 and Jenkins, 1992).

This emphasis on audience reception and appropriation helps cultural studies overcome the previous one-sided textualist orientations to culture. It also directs focus on the actual political effects that texts have and how audiences use texts. In fact, sometimes audiences subvert the intentions of the producers or managers of the cultural industries that supply them, as when astute young media users laugh at obvious attempts to hype certain characters, shows, or products (see de Certeau, 1984 for more examples of audiences constructing meaning and engaging in practices in critical and subversive ways). Audience research can reveal how people are actually using cultural texts and what sort of effects they are having on everyday life. Combining quantitative and qualitative research, new reception studies, including some of the essays in this reader, are providing important contributions into how audiences actually interact with cultural texts (see the studies in Lewis, 1992 and Ang, 1996, and Lee and Cho in this text for further elaboration of decoding and audience reception).

Yet there are several problems that I see with reception studies as they have been constituted within cultural studies, particularly in the U. S. First, there is a danger that class will be downplayed as a significant variable that structures audience decoding and use of cultural texts. Cultural studies in England were particularly sensitive to class differences as well as subcultural differences in the use and reception of cultural texts, but I have noted many dissertations, books, and articles in cultural studies in the U. S. where attention to class has been downplayed or is missing altogether. This is not surprising as a neglect of class as a constitutive feature of culture and society is an endemic deficiency in the American academy in most disciplines.

There is also the reverse danger, however, of exaggerating the constitutive force of class, and downplaying, or ignoring, such other variables as gender or ethnicity. Staiger (1992) notes that Fiske, building on Hartley, lists seven "subjectivity positions" that are important in cultural reception, "self, gender, age-group, family, class, nation, ethnicity", and proposes adding sexual orientation. All of these factors, and no doubt more, interact in shaping how audiences receive and use texts and must be taken into account in studying cultural reception, for audiences decode and use texts according to the specific constituents of their class, race or ethnicity, gender, sexual preferences and so on.

Furthermore, I would warn against a tendency to romanticize the "active audience", by claiming that all audiences produce their own meanings and denying that media culture may have powerful manipulative effects. There is a tendency within the cultural studies tradition of reception research to dichotomize between dominant and oppositional readings (Hall, 1980b, a dichotomy which structures much of Fiske's work). "Dominant" readings are those in which audiences appropriate texts in line with the interests of the dominant culture and the ideological intentions of a text, as when audiences feel pleasure in the restoration of male power, law and order, and social stability at the end of a film like *Die Hard*, after the hero and representatives of authority eliminate the terrorists who had taken over a high-rise corporate headquarters. An "oppositional" reading, by contrast, celebrates the resistance to this reading in audience appropriation of a text; for example, Fiske (1993) observes resistance to dominant readings when homeless individuals in a shelter cheered the destruction of police and authority figures, during repeated viewings of a video-tape of *Die Hard*.

Although this can be a useful distinction, there is a tendency in cultural studies to celebrate resistance per se without distinguishing between types and forms of resistance (a similar problem resides with indiscriminate celebration of audience pleasure in certain reception studies). For example, resistance to social authority by the homeless evidenced in their viewing of *Die Hard* could serve to strengthen brutal masculist behavior and encourage manifestations of physical violence to solve social problems. Jean-Paul Sartre, Frantz Fanon, and Herbert Marcuse, among others, have argued that violence can be either emancipatory, when directed at forces of oppression, or reactionary, when directed at popular forces struggling against oppression. Many feminists, by contrast, or those in the Gandhian tradition, see all violence as forms of brute masculist behavior and many people see it as a problematical form of conflict resolution. Resistance and pleasure cannot therefore be valorized per se as progressive elements of the appropriation of cultural texts, but difficult discriminations must be made as to whether the resistance, oppositional reading, or pleasure in a given experience is progressive or reactionary, emancipatory or destructive.

Thus, while emphasis on the audience and reception was an excellent correction to the one-sidedness of purely textual analysis, I believe that in recent years cultural studies has overemphasized reception and textual analysis, while underemphasizing the production of culture and its political economy. This type of cultural studies fetishizes audience reception studies and neglects both production and textual analysis, thus producing populist celebrations of the text and audience pleasure in its use of cultural artifacts. This approach, taken to an extreme, would lose its critical perspective and would lead to a positive gloss on audience experience of whatever is being studied. Such studies also might lose sight of the manipulative and conservative effects of certain types of media culture and thus serve the interests of the cultural industries as they are presently constituted.

A new way, in fact, to research media effects is to use the data bases which collect media texts such as Dialogue or Nexis/Lexis and to trace the effects of media artifacts like *The X-Files*, *Buffy*, *the Vampire Slayer*, or advertising corporations like Nike and McDonalds, through analysis of references to them in the media. Likewise, there is a new terrain of Internet audience research which studies how fans act in chat rooms devoted to their favorite artifacts of media culture, create their own fan sites, or construct artifacts that disclose how they are living out the fantasies and scripts of the culture industries. Previous studies of the audience and the reception of media privileged ethnographic studies that selected slices of the vast media audiences, usually from the site where researchers themselves lived. Such studies are invariably limited and broader effects research can indicate how the most popular artifacts of media culture have a wide range of effects. In my book *Media Culture* (1995), I studied some examples of popular cultural artifacts which clearly influenced behavior in audiences throughout the globe. Examples include groups of kids and adults who imitated Rambo in various forms of a social behavior, or fans of *Beavis and Butt-Head* who started fires or tortured animals in the modes practiced by the popular MTV cartoon characters. Media effects are complex and controversial and it is the merit of cultural studies to make their study an important part of its agenda.

Toward a Cultural Studies, Multicultural, and Multi-perspectival

To avoid the one-sidedness of textual analysis approaches, or audience and reception studies, I propose that cultural studies itself be multi-perspectival, getting at culture from the perspectives of political economy, text analysis, and audience reception, as outlined above. Textual analysis should utilize a multiplicity of perspectives and critical methods, and audience reception studies should delineate the wide range of subject positions, or perspectives, through which audiences appropriate culture. This requires a multicultural approach that sees the importance of analyzing the dimensions of class, race and ethnicity, and gender and sexual preference within the texts of media culture, while studying as well their impact on how audiences read and interpret media culture.

In addition, a critical cultural studies attacks sexism, racism, or bias against specific social groups (i. e. gays, intellectuals, and so on), and criticizes texts that promote any kind of domination or oppression. As an example of how considerations of production, textual analysis, and audience readings can fruitfully intersect in cultural studies, let us reflect on the Madonna phenomenon. Madonna first appeared in the moment of Reaganism and embodied the materialistic and consumer-oriented ethos of the 1980s (*Material Girl*). She also appeared in a time of dramatic image proliferation, associated with MTV, fashion fever, and intense marketing of products. Madonna was one of the first MTV music video superstars who consciously crafted images to attract a mass audience. Her early music videos were aimed at teen-age girls (the Madonna wanna-be), but she soon incorporated black, Hispanic, and minority audiences with her images of interracial sex and multicultural "family" in her concerts. She also appealed to gay and lesbian audiences, as well as to feminist and academic audiences, as her videos became more complex and political (i. e. *Like a Prayer*, *Express Yourself*, *Vogue*, and so on).

Thus, Madonna's popularity was in large part a function of her marketing strategies and her production of music videos and images that appealed to diverse audiences. To conceptualize the meanings and effects in her music, films, concerts, and public relations stunts requires that her artifacts be interpreted within the context of their production and reception, which involves discussion of MTV, the music industry, concerts, marketing, and the production of images (Kellner, 1995). Understanding Madonna's popularity also requires focus on audiences, not just as individuals, but as members of specific groups, such as teen-age girls, who were empowered in their struggles for individual identity by Madonna, or gays, who were also empowered by her incorporation of alternative images of sexuality within popular mainstream cultural artifacts. Yet appraising the politics and effects of Madonna also requires analysis of how her work might merely reproduce a consumer culture that defines identity in terms of images and consumption. It would make an interesting project to examine how former Madonna fans view the evolution and recent incarnations of the superstar, such as her marriage and 2001 Drowned World Tour, as well as to examine how contemporary fans view Madonna in an age that embraces younger teen pop singers like Britney Spears or Mariah McCarey.

In short, a cultural studies that is critical and multicultural provides comprehensive approaches to culture that can be applied to a wide variety of artifacts from pornography to Madonna, from MTV to TV news, or to specific events like the 2000 U. S. presidential election (Kellner, 2001), or media representations of the 2001 terrorist attacks on the U. S. and the U. S. response. Its comprehensive perspectives encompass political economy, textual analysis, and audience research and provide critical and political perspectives that enable individuals to dissect the meanings, messages, and effects of dominant cultural forms. Cultural studies is thus part of a critical media pedagogy that enables individuals to resist media manipulation and to increase their freedom and individuality. It can empower people to gain sovereignty over their culture and to be able to struggle for alternative cultures and political change. Cultural studies is thus not just another academic field, but can be part of a struggle for a better society and a better life.

References

Agger, Ben (1992), *Cultural Studies*, London: Falmer Press.

Ang, Ien (1985), *Watching Dallas*, New York: Metheun.

Ang, Ien (1996), *Living Room Wars—Rethinking Media Audiences for a Postmodern World*, London and New York: Routledge.

Brunsdon, Charlotte and David Morley (1978), *Everyday Television: "Nationwide"*, London: British Film Institute.

Centre for Contemporary Cultural Studies (1980), *On Ideology*, London: Hutchinson.

Certeau, Michel de (1984), *The Practice of Everyday Life*, Berkeley: University of California Press.

Durham, Meenakshi Gigi Durham and Douglas Kellner (2001), *Media and Cultural Studies: Key Works*, Malden, Mass. & Oxford, England: Blackwell.

During, Simon (1992, 1998), *Cultural Studies*, London and New York: Routledge.

Fiske, John (1986), "British Cultural Studies and Television", in R. C. Allen (ed.), *Channels of Discourse*, Chapel Hill: University of North Carolina Press, pp. 254 – 289.

Fiske, John (1987), *Television Culture*, New York and London: Routledge.

Fiske, John (1989a), *Reading the Popular*, Boston: Unwin Hyman.

Fiske, John (1989b), *Understanding Popular Culture*, Boston: Unwin Hyman.

Fiske, John (1993), *Power Play. Power Works*, London: Verso.

Grossberg, Lawrence (1989), "The Formations of Cultural Studies: An American in Birmingham", *Strategies*, 22, pp. 114 – 149.

Grossberg, Lawrence, Nelson, Cary and Paula Treichler (1992), *Cultural Studies*, New York: Routledge.

Hall, Stuart et al (1980), *Culture*, *Media*, *Language*, London: Hutchinson, 1980.

Hall, Stuart (1980a), "Cultural Studies and the Centre: Some problematics and problems", in Hall et al, *Culture*, *Media*, *Language*, London: Hutchinson, 1980. pp. 15 – 47.

Hall, Stuart (1980b), "Encoding/Decoding", in Hall et al, *Culture*, *Media*, *Language*, London: Huychinson, 1980, pp. 128 – 138.

Hall, Stuart (1987), "On Postmodernism and Articulation: An Interview", *Journal of Communication Inquiry*, 10/2, pp. 45 – 60.

Jenkins, Henry (1992), *Textual Poachers*, New York: Routledge.

Johnson, Richard (1986/87), "What is Cultural Studies Anyway?", *Social Text* 16, pp. 38 – 80.

Kellner, Douglas (1978), "Ideology, Marxism, and Advanced Capitalism", *Socialist Review*, 42 (Nov – Dec), pp. 37 – 65.

Kellner, Douglas (1979), "TV, Ideology, and Emancipatory Popular Culture", *Socialist Review*, 45 (May – June), pp. 13 – 53.

Kellner, Douglas (1990), *Television and the Crisis of Democracy*, Boulder, Col: Westview.

Kellner, Douglas (1992), *The Persian Gulf TV War*, Boulder, Col: Westview.

Kellner, Douglas (1995), *Media Culture. Cultural Studies, Identity, and Politics Between the Modern and the Postmodern*, London and New York: Routledge.

Kellner, Douglas (1997), "Critical Theory and British Cultural Studies: The Missed Articulation", in Jim McGuigan, *Cultural Methodologies*, London: Sage, pp. 12 – 41.

Kellner, Douglas and Michael Ryan (1988), *Camera Politica: The Politics and Ideology of Contemporary Hollywood Film*, Bloomington, Ind: Indiana University Press.

Lewis, Lisa A. (1992), *Adoring Audience, Fan Culture and Popular Media*, New York: Routledge.

McChesney, Robert (2000), *Rich Media, Poor Democracy: Communications Politics in Dubious Times*, New York: New Press.

Morley, David (1986), *Family Television*, London: Comedia.

O'Connor, Alan (1989), "The Problem of American Cultural Studies", *Critical Studies in Mass Communication* (December), pp. 405 – 413.

Radaway, Janice (1983), *Reading the Romance*, Chapel Hill: University of North Carolina Press.

Staiger, Janet (1992), "Film, Reception, and Cultural Studies", *Centennial Review*, Vol. XXVI, No. 1 (Winter), pp. 89 – 104.

Thompson, John (1990), *Ideology and Modern Culture*, Cambridge and Stanford: Polity Press and Stanford University Press.

Turner, Graeme (1990), *British Cultural Studies: An Introduction*, New York: Unwin Hyman.

Notes

[1] For more information on British cultural studies, see Hall (1980b); Johnson (1986/1987); Fiske (1986); O'Conner (1989); Turner (1990); Grossberg (1989); Agger (1992); and the articles collected in Grossberg, Nelson,

Triechler (1992); During (1992, 1998); and Durham and Kellner (2000). I might note that the Frankfurt School also provided much material for a critical cultural studies in their works on mass culture from the 1930s through the present; on the relation between the Frankfurt School and British cultural studies, see Kellner 1997.

[2] On the concept of ideology, see Kellner (1978) and (1979); the Centre for Contemporary Cultural Studies (1980); Kellner and Ryan (1988); and Thompson (1990).

[3] This model was adumbrated in Hall (1980a) and Johnson (1986/1987) and guided much of the early Birmingham work. Around the mid-1980s, however, the Birmingham group began to increasingly neglect the production and political economy of culture (some believe that this was always a problem with their work) and much of their studies became more academic, cut off from political struggle. I am thus trying to recapture the spirit of the early Birmingham project, reconstructed for our contemporary moment. For a fuller development of my conception of cultural studies, see Kellner (1992, 1995, and 2001).

[4] The term "political economy" calls attention to the fact that the production and distribution of culture takes place within a specific economic system, constituted by relations between the state and economy. For instance, in the United States a capitalist economy dictates that cultural production is governed by laws of the market, but the democratic imperatives of the system mean that there is some regulation of culture by the state. There are often tensions within a given society concerning how many activities should be governed by the imperatives of the market, or economics, alone and how much state regulation or intervention is desirable, to assure a wider diversity of broadcast programming, for instance, or the prohibition of phenomena agreed to be harmful, such as cigarette advertising or pornography. (Kellner, 1990.)

[5] Cultural studies which have focused on audience reception include Brunsdon and Morley (1978), Radway (1983), Ang (1985), Morley (1986), Fiske (1989a and 1989b), Jenkins (1992), Lewis (1992), and Ang (1996).

Visual Pleasure and Narrative Cinema*

Ⅰ. INTRODUCTION

A. A Political Use of Psychoanalysis

This paper intends to use psychoanalysis to discover where and how the fascination of film is reinforced by pre-existing patterns of fascination already at work within the individual subject and the social formations that have moulded him. It takes as starting point the way film reflects, reveals and even plays on the straight, socially established interpretation of sexual difference which controls images, erotic ways of looking and spectacle. It is helpful to understand what the cinema has been, how its magic has worked in the past, while attempting a theory and a practice which will challenge this cinema of the past. Psychoanalytic theory is thus appropriate here as a political weapon, demonstrating the way the unconscious of patriarchal society has structured film form.

The paradox of phallocentrism in all its manifestations is that it depends on the image of the castrated woman to give order and meaning to its world. An idea of woman stands as lynch pin to the system: it is her lack that produces the phallus as a symbolic presence, it is her desire to make good the lack that the phallus signifies. Recent writing in *Screen* about psychoanalysis and the cinema has not sufficiently brought out the importance of the representation of the female form in a symbolic order in which, in the last resort, it speaks castration and nothing else. To summarise briefly, the function of

---

* 本文选自 Amelia Jones (ed.), *The Feminism and Visual Culture Reader*, London: Routledge, 2003. 选入本书时略有删节。

woman in forming the patriarchal unconscious is two-fold, she first symbolises the castration threat by her real absence of a penis and second thereby raises her child into the symbolic. Once this has been achieved, her meaning in the process is at an end, it does not last into the world of law and language except as a memory which oscillates between memory of maternal plenitude and memory of lack. Both are posited on nature (or on anatomy in Freud's famous phrase). Woman's desire is subjected to her image as bearer of the bleeding wound, she can exist only in relation to castration and cannot transcend it. She turns her child into the signifier of her own desire to possess a penis (the condition, she imagines, of entry into the symbolic). Either she must gracefully give way to the word, the Name of the Father and the Law, or else struggle to keep her child down with her in the half-light of the imaginary . Woman then stands in patriarchal culture as signifier for the male other, bound by a symbolic order in which man can live out his phantasies and obsessions through linguistic command by imposing them on the silent image of woman still tied to her place as bearer of meaning, not maker of meaning.

There is an obvious interest in this analysis for feminists, a beauty in its exact rendering of the frustration experienced under the phallocentric order. It gets us nearer to the roots of our oppression, it brings an articulation of the problem closer, it faces us with the ultimate challenge—how to fight the unconscious structured like a language (formed critically at the moment of arrival of language) while still caught within the language of the patriarchy. There is no way in which we can produce an alternative out of the blue, but we can begin to make a break by examining patriarchy with the tools it provides, of which psychoanalysis is not the only but an important one. We are still separated by a great gap from important issues for the female unconscious which are scarcely relevant to phallocentric theory, the sexing of the female infant and her relationship to the symbolic, the sexually mature woman as non-mother, maternity outside the signification of the phallus, the vagina... but, at this point, psychoanalytic theory as it now stands can at least advance our understanding of the status quo, of the patriarchal order in which we are caught.

B. Destruction of Pleasure Is a Radical Weapon

As an advanced representation system, the cinema poses questions of the ways the unconscious (formed by the dominant order) structures ways of seeing and pleasure in looking. Cinema has changed over the last few decades. It is no longer the monolithic system based on large capital investment exemplified at its best by Hollywood in the 1930s, 1940s and 1950s. Technological advances (16mm, etc) have changed the economic conditions of cinematic production, which can now be artisanal as well as capitalist. Thus it has been possible for an alternative cinema to develop. However self-conscious and ironic Hollywood managed to be, it always restricted itself to a formal mise-en-scene reflecting the dominant ideological concept of the cinema. The alternative cinema provides a space for a cinema to be born which is radical in both a political and an aesthetic sense and challenges the basic assumptions of the mainstream film. This is not to reject the latter moralistically, but to highlight the ways in which its formal preoccupations reflect the psychical obsessions of the society which produced it, and, further, to stress that the alternative cinema must start specifically by reacting against these obsessions and assumptions. A politically and aesthetically avant-garde cinema is now possible, but it can still only exist as a counterpoint.

The magic of the Hollywood style at its best (and of all the cinema which fell within its sphere of influence) arose, not exclusively, but in one important aspect, from its skilled and satisfying manipulation of visual pleasure. Unchallenged, mainstream film coded the erotic into the language of the dominant patriarchal order. In the highly developed Hollywood cinema it was only through these codes that the alienated subject, torn in his imaginary memory by a sense of loss, by the terror of potential lack in phantasy, came near to finding a glimpse of satisfaction through its formal beauty and its play on his own formative obsessions. This article will discuss the interweaving of that erotic pleasure in film, its meaning, and in particular the central place of the image of woman. It is said that analysing pleasure, or beauty, destroys it. That is the intention of this article. The satisfaction and reinforcement of the ego that represent the high point of film history hitherto must be attacked. Not in favour of a reconstructed new pleasure, which cannot exist in the abstract, nor of intellectualised unpleasure, but to make way for a total negation of the ease and plenitude of the narrative fiction film. The alternative is the thrill that comes from leaving the past behind without rejecting it, transcending outworn or oppressive forms, or daring to break with normal pleasurable expectations in order to conceive a new language of desire.

Ⅱ. PLEASURE IN LOOKING/FASCINATION WITH THE HUMAN FORM

A. The cinema offers a number of possible pleasures. One is scopophilia. There are circumstances in which looking itself is a source of pleasure, just as, in the reverse formation, there is pleasure in being looked at. Originally, in his *Three Essays on Sexuality*, Freud isolated scopophilia as one of the component instincts of sexuality which exist as drives quite independently of the erotogenic zones. At this point he associated scopophilia with taking other people as objects, subjecting them to a controlling and curious gaze. His particular examples centre around the voyeuristic activities of children, their desire to see and make sure of the private and the forbidden (curiosity about other people's genital and bodily functions, about the presence or absence of the penis and, retrospectively, about the primal scene). In this analysis scopophilia is essentially active. (Later, in *Instincts* and *Their Vicissitudes*, Freud developed his theory of scopophilia further, attaching it initially to pre-genital auto-eroticism, after which the pleasure of the look is transferred to others by analogy. There is a close working here of the relationship between the active instinct and its further development in a narcissistic form.) Although the instinct is modified by other factors, in particular the constitution of the ego, it continues to exist as the erotic basis for pleasure in looking at another person as object. At the extreme, it can become fixated into a perversion, producing obsessive voyeurs and Peeping Toms, whose only sexual satisfaction can come from watching, in an active controlling sense, an objectified other.

At first glance, the cinema would seem to be remote from the undercover world of the surreptitious observation of an unknowing and unwilling victim. What is seen of the screen is so manifestly shown. But the mass of mainstream film, and the conventions within which it has consciously evolved, portray a hermetically sealed world which unwinds magically, indifferent to the presence of the audience, producing for them a sense of separation and playing on their voyeuristic phantasy. Moreover, the extreme contrast between the darkness in the auditorium (which also isolates the spectators from one another) and the brilliance of the shifting patterns of light and shade on the screen helps to promote the illusion of voyeuristic separation. Although the film is really being shown, is there to be seen, conditions of screening and narrative conventions give the spectator an illusion of looking in on a private world. Among other things, the position of the spectators in the cinema is blatantly one of repression of their exhibitionism and projection of the repressed desire on to the performer.

B. The cinema satisfies a primordial wish for pleasurable looking, but it also goes further, developing scopophilia in its narcissistic aspect. The conventions of mainstream film focus attention on the human form. Scale, space, stories are all anthropomorphic. Here, curiosity and the wish to look intermingle with a fascination with likeness and recognition—the human face, the human body, the relationship between the human form and its surroundings, the visible presence of the person in the world. Jacques Lacan has described how the moment when a child recognises its own image in the mirror is crucial for the constitution of the ego. Several aspects of this analysis are relevant here. The mirror phase occurs at a time when the child's physical ambitions outstrip his motor capacity, with the result that his recognition of himself is joyous in that he imagines his mirror image to be more complete, more perfect than he experiences his own body. Recognition is thus overlaid with mis-recognition, the image recognised is conceived as the reflected body of the self, but its misrecognition as superior projects this body outside itself as an ideal ego, the alienated subject, which, re-introjected as an ego ideal, gives rise to the future generation of identification with others. This mirror-moment predates language for the child.

Important for this article is the fact that it is an image that constitutes the matrix of the imaginary, of recognition/misrecognition and identification, and hence of the first articulation of the "I", of subjectivity. This is a moment when an older fascination with looking (at the mother's face, for an obvious example) collides with the initial inklings of self-awareness. Hence it is the birth of the long love affair/despair between image and self-image which has found such intensity of expression in film and such joyous recognition in the cinema audience. Quite apart from the extraneous similarities between screen and mirror (the framing of the human form in its surroundings, for instance), the cinema has structures of fascination strong enough to allow temporary loss of ego while simultaneously reinforcing the ego. The sense of forgetting the world as the ego has subsequently come to perceive it (I forgot who I am and where I was) is nostalgically reminiscent of that pre-subjective moment of image recognition. At the same time the cinema has distinguished itself in the production of ego ideals as expressed in particular in the star system, the stars centering both screen presence and screen story as they act out a complex process of likeness and difference (the glamorous impersonates the ordinary).

C. Sections Ⅱ. A and B have set out two contradictory aspects of the pleasurable structures of looking in the conventional cinematic situation, The first, scopophilic, arises from pleasure in using another person as an object of sexual stimulation through sight. The second, developed through narcissism and the constitution of the ego, comes from identification with the image seen. Thus, in film terms, one implies a separation of the erotic identity of the subject from the object on the screen (active scopophilia), the other demands identification of the ego with the object on the screen through the spectator's fascination with and recognition of his like. The first is a function of the sexual instincts, the second of ego libido.

This dichotomy was crucial for Freud. Although he saw the two as interacting and overlaying each other, the tension between instinctual drives and self-preservation continues to be a dramatic polarisation in terms of pleasure. Both are formative structures, mechanisms not meaning. In themselves they have no signification, they have to be attached to an idealisation. Both pursue aims in indifference to perceptual reality, creating the imagined, eroticised concept of the world that forms the perception of the subject and makes a mockery of empirical objectivity.

During its history, the cinema seems to have evolved a particular illusion of reality in which this contradiction between libido and ego has found a beautifully complementary phantasy world. In reality the phantasy world of the screen is subject to the law which produces it. Sexual instincts and identification processes have a meaning within the symbolic order which articulates desire. Desire, born with language, allows the possibility of transcending the instinctual and the imaginary, but its point of reference continually returns to the traumatic moment of its birth: the castration complex. Hence the look, pleasurable in form, can be threatening in content, and it is woman as representation/image that crystallises this paradox.

Ⅲ. WOMAN AS IMAGE, MAN AS BEARER OF THE LOOK

A. In a world ordered by sexual imbalance, pleasure in looking has been split between active/male and passive/female. The determining male gaze projects its phantasy on to the female figure which is styled accordingly. In their traditional exhibitionist role women are simultaneously looked at and displayed, with their appearance coded for strong visual and erotic impact so that they can be said to connote to-be-looked-at-ness. Women displayed as sexual object is the leit-motif of erotic spectacle from pin-ups to strip-tease, from Ziegfeld to Busby Berkeley, she holds the look, plays to and signifies male desire. Mainstream film neatly combined spectacle and narrative. The presence of woman is an indispensible element of spectacle in normal narrative film, yet her visual presence tends to work against the development of a story line, to freeze the flow of action in moments of erotic contemplation. This alien presence then has to be integrated into cohesion with the narrative. As Budd Boetticher has put it:

What counts is what the heroine provokes, or rather what she represents. She is the one, or rather the love or fear she inspires in the hero, or else the concern he feels for her, who makes him act the way he does. In herself the woman has not the slightest importance.

(A recent tendency in narrative film has been to dispense with this problem altogether; hence the development of what Molly Haskell has called the "buddy movie", in which the active homosexual eroticism of the central male figures can carry the story without distraction.) Traditionally, the woman displayed has functioned on two levels as erotic object for the characters within the screen story, and as erotic object for the spectator within the auditorium, with a shifting tension between the looks on either side of the screen. For instance, the device of the show-girl allows the two looks to be unified technically without any apparent break in the diegesis. A woman performs within the narrative, the gaze of the spectator and that of the male characters in the film are neatly combined without breaking narrative verisimilitude. For a moment the sexual impact of the performing woman takes the film into a no-man's land outside its own time and space. Thus Marilyn Monroe's first appearance in *The River of No Return* and Lauren Bacall's songs in *To Have or Have Not*. Similarly, conventional close-ups of legs (Dietrich, for instance) or a face (Garbo) integrate into the narrative a different mode of eroticism. One part of a fragmented body destroys the Renaissance space, the illusion of depth demanded by the narrative, it gives flatness, the quality of a cut-out or icon rather than verisimilitude to the screen.

B. An active/passive heterosexual division of labour has similarly controlled narrative structure. According to the principles of the ruling ideology and the psychical structures that back it up, the male figure cannot bear the burden of sexual objectification. Man is reluctant to gaze at his exhibitionist like. Hence the split between spectacle and narrative supports the man's role as the active one of forwarding the story, making things happen. The man controls the film phantasy and also emerges as the representative of power in a further sense as the bearer of the look of the spectator, transferring it behind the screen to neutralise the extra-diegetic tendencies represented by woman as spectacle. This is made possible through the processes set in motion by structuring the film around a main controlling figure with whom the spectator can identify. As the spectator identifies with the main male protagonist, he projects his look on to that of his like, his screen surrogate, so that the power of the male protagonist as he controls events coincides with the active power of the erotic look, both giving a satisfying sense of omnipotence. A male movie star's glamorous characteristics are thus not those of the erotic object of the gaze, but those of the more perfect, more complete, more powerful ideal ego conceived in the original moment of recognition in front of the mirror. The character in the story can make things happen and control events better than the subject/spectator, just as the image in the mirror was more in control of motor coordination. In contrast to woman as icon, the active male figure (the ego ideal of the identification process) demands a three-dimensional space corresponding to that of the mirror-recognition in which the alienated subject internalised his own representation of this imaginary existence. He is a figure in a landscape. Here the function of film is to reproduce as accurately as possible the so-called natural conditions of human perception. Camera technology (as exemplified by deep focus in particular) and camera movements (determined by the action of the protagonist), combined with invisible editing (demanded by realism) all tend to blur the limits of screen space. The male protagonist is free to command the stage, a stage of spatial illusion in which he articulates the look and creates the action.

C. Sections Ⅲ. A and B have set out a tension between a mode of representation of woman in film and conventions surrounding the diegesis. Each is associated with a look: that of the spectator in direct scopophilic contact with the female form displayed for his enjoyment (connoting male phantasy) and that of the spectator fascinated with the image of his like set in an illusion of natural space, and through him gaining control and possession of the woman within the diegesis. (This tension and the shift from one pole to the other can structure a single text. Thus both in *Only Angels Have Wings* and in *To Have and Have Not*, the film opens with the woman as object of the combined gaze of spectator and all the male protagonists in the film. She is isolated, glamorous, on display, sexualised. But as the narrative progresses she falls in love with the main male protagonist and becomes his property, losing her outward glamorous characteristics, her generalised sexuality, her showgirl connotations; her eroticism is subjected to the male star alone. By means of identification with him, through participation in his power, the spectator can indirectly possess her, too.)

But in psychoanalytic terms, the female figure poses a deeper problem. She also connotes something that the look continually circles around but disavows her lack of penis, implying a threat of castration and hence unpleasure. Ultimately, the meaning of woman is sexual difference, the absence of the penis as visually ascertainable, the material evidence on which is based the castration complex essential for the organisation of entrance to the symbolic order and the law of the father. Thus the woman as icon, displayed for the gaze and enjoyment of men, the active controllers of the look, always threatens to evoke the anxiety it originally signified. The male unconscious has two avenues of escape from this castration anxiety: preoccupation with the re-enactment of the original trauma (investigating the woman, demystifying her mystery), counterbalanced by the devaluation, punishment or saving of the guilty object (an avenue typified by the concerns of the film noir); or else complete disavowal of castration by the substitution of a fetish object or turning the represented figure itself into a fetish so that it becomes reassuring rather than dangerous (hence over-valuation, the cult of the female star). This second avenue, fetishistic scopophilia, builds up the physical beauty of the object, transforming it into something satisfying in itself. The first avenue, voyeurism, on the contrary, has associations with sadism, pleasure lies in ascertaining guilt (immediately associated with castration), asserting control and subjecting the guilty person through punishment or forgiveness. This sadistic side fits in well with narrative. Sadism demands a story, depends on making something happen, forcing a change in another person, a battle of will and strength, victory/defeat, all occurring in a linear time with a beginning and an end. Fetishistic scopophilia, on the other hand, can exist outside linear time as the erotic instinct is focused on the look alone. These contradictions and ambiguities can be illustrated more simply by using works by Hitchcock and Sternberg, both of whom take the look almost as the content or subject matter of many of their films. Hitchcock is the more complex, as he uses both mechanisms. Sternberg's work, on the other hand, provides many pure examples of fetishistic scopophilia.

It is well known that Sternberg once said he would welcome his films being projected upside down so that story and character involvement would not interfere with the spectator's undiluted appreciation of the screen image. This statement is revealing but ingenuous. Ingenuous in that his films do demand that the figure of the woman

(Dietrich, in the cycle of films with her, as the ultimate example) should be identifiable. But revealing in that it emphasises the fact that for him the pictorial space enclosed by the frame is paramount rather than narrative or identification processes. While Hitchcock goes into the investigative side of voyeurism, Sternberg produces the ultimate fetish, taking it to the point where the powerful look of the male protagonist (characteristic of traditional narrative film) is broken in favour of the image in direct erotic rapport with the spectator. The beauty of the woman as object and the screen space coalesce; she is no longer the bearer of guilt but a perfect product, whose body, stylised and fragmented by close-ups, is the content of the film, and the direct recipient of the spectator's look. Sternberg plays down the illusion of screen depth; his screen tends to be one-dimensional, as light and shade, lace, steam, foliage, net, streamers, etc, reduce the visual field. There is little or no mediation of the look through the eyes of the main male protagonist. On the contrary, shadowy presences like La Bessière in *Morocco* act as surrogates for the director, detached as they are from audience identification. Despite Sternberg's insistence that his stories are irrelevant, it is significant that they are concerned with situation, not suspense, and cyclical rather than linear time, while plot complications revolve around misunderstanding rather than conflict. The most important absence is that of the controlling male gaze within the screen scene. The high point of emotional drama in the most typical Dietrich films, her supreme moments of erotic meaning, take place in the absence of the man she loves in the fiction. There are other witnesses, other spectators watching her on the screen, their gaze is one with, not standing in for, that of the audience. At the end of *Morocco*, Tom Brown has already disappeared into the desert when Amy Jolly kicks off her gold sandals and walks after him. At the end of *Dishonoured*, Kranau is indifferent to the fate of Magda. In both cases, the erotic impact, sanctified by death, is displayed as a spectacle for the audience. The male hero misunderstands and, above all, does not see.

In Hitchcock, by contrast, the male hero does see precisely what the audience sees. However, in the films I shall discuss here, he takes fascination with an image through scopophilic eroticism as the subject of the film. Moreover, in these cases the hero portrays the contradictions and tensions experienced by the spectator. In *Vertigo* in particular, but also in *Marnie* and *Rear Window*, the look is central to the plot, oscillating between voyeurism and fetishistic fascination. As a twist, a further manipulation of the normal viewing process which in some sense reveals it, Hitchcock uses the process of identification normally associated with ideological correctness and the recognition of established morality and shows up its perverted side. Hitchcock has never concealed his interest in voyeurism, cinematic and non-cinematic. His heroes are exemplary of the symbolic order and the law—a policeman (*Vertigo*), a dominant male possessing money and power (*Marnie*), but their erotic drives lead them into compromised situations. The power to subject another person to the will sadistically or to the gaze voyeuristically is turned on to the woman as the object of both.

Power is backed by a certainty of legal right and the established guilt of the woman (evoking castration, psychoanalytically speaking). True perversion is barely concealed under a shallow mask of ideological correctness, the man is on the right side of the law, the woman on the wrong. Hitchcock's skilful use of identification processes and liberal use of subjective camera from the point of view of the male protagonist draw the spectators deeply into his position, making them share his uneasy gaze. The audience is absorbed into a voyeuristic situation within the screen scene and diegesis which parodies his own in the cinema. In his analysis of *Rear Window*, Douchet takes the film as a metaphor for the cinema. Jeffries is the audience; the events in the apartment block opposite correspond to the screen. As he watches, an erotic dimension is added to his look, a central image to the drama.

His girlfriend Lisa had been of little sexual interest to him, more or less a drag, so long as she remained on the spectator side. When she crosses the barrier between his room and the block opposite, their relationship is reborn erotically. He does not merely watch her through his lens, as a distant meaningful image, he also sees her as a guilty intruder exposed by a dangerous man threatening her with punishment, and thus finally saves her. Lisa's exhibitionism has already been established by her obsessive interest in dress and style, in being a passive image of visual perfection. Jeffries' voyeurism and activity have also been established through his work as a photojournalist, a maker of stories and captor of images. However, his enforced inactivity, binding him to his seat as a spectator, puts him squarely in the phantasy position of the cinema audience.

In *Vertigo*, subjective camera predominates. Apart from one flash-back from Judy's point of view, the narrative is woven around what Scottie sees or fails to see. The audience follows the growth of his erotic obsession and subsequent despair precisely from his point of view. Scottie's voyeurism is blatant, he falls in love with a woman he follows and spies on without speaking to. Its sadistic side is equally blatant, he has chosen (and freely chosen, for he had been a successful lawyer) to be a policeman, with all the attendant possibilities of pursuit and investigation. As a result, he follows, watches and falls in love with a perfect image of female beauty and mystery. Once he actually confronts her, his erotic drive is to break her down and force her to tell by persistent cross-questioning. Then, in the second part of the film, he reenacts his obsessive involvement with the image he loved to watch secretly. He reconstructs Judy as Madeleine, forces her to conform in every detail to the actual physical appearance of his fetish. Her exhibitionism, her masochism, make her an ideal passive counterpart to Scottie's active sadistic voyeurism. She knows her part is to perform, and only by playing it through and then replaying it can she keep Scottie's erotic interest. But in the repetition he does break her down and succeeds in exposing her guilt. His curiosity wins through and she is punished. In *Vertigo*, erotic involvement with the look is disorientating, the spectator's fascination is turned against him as the narrative carries him through and entwines him with the processes that he is himself exercising. The Hitchcock hero here is firmly placed within the symbolic order, in narrative terms. He has all the attributes of the patriarchal super-ego. Hence the spectator, lulled into a false sense of security by the apparent legality of his surrogate, sees through his look and finds himself exposed as complicit, caught in the moral ambiguity of looking. Far from being simply an aside on the perversion of the police, *Vertigo* focuses on the implications of the active/looking, passive/looked-at split in terms of sexual difference and the power of the male symbolic encapsulated in the hero. *Marnie*, too, performs for Mark Rutland's gaze and masquerades as the perfect to-be-looked-at image. He, too, is on the side of the law until, drawn in by obsession with her guilt, her secret, he longs to see her in the act of committing a crime, make her confess and thus save her. So he, too, becomes complicit as he acts out the implications of his power. He controls money and words; he can have his cake and eat it.

E. Ann Kaplan 13

Feminist Criticism and Television*

The two parts of my title, "feminist criticism" and "television", require brief discussion individually before I link them together. I need to say something about the contexts in which television studies developed in order to account for the historical paucity of feminist approaches, and, because "feminism" does not have a single meaning, I need to discuss the ways in which I define the term.

I will focus mainly on television studies in the United States, but a contrast with the British approach will illuminate, through differences, developments in this country. In the United States, television studies have had even more difficulty than film in being accepted as an academic subject. Film finally obtained such acceptance through its claims to be "art", but no one was willing to make that argument for television. Thus, whereas the study of film was able to find a place in various humanities departments in the 1960s, the study of television was forced to focus mainly on production. It was housed in schools of journalism and communication, which relied heavily on social-science methodologies of the quantifying and positivist type. Several scholars have discussed the limitation of these methodologies.[1] According to David Morley, the methodologies were developed partly in reaction against the Marxist sociological perspective of the German Frankfurt School, which relied on "social theory and qualitative and philosophical analysis".[2]

In Britain television study took a different tack in part because it was not developed

* 本文选自 Robert C. Aller (ed.), *Channels of Discourse*, Chapel Hill: The University of North Carolina Press, 1987. 收入本书时略有删节和改动。

in schools of communication, but rather through organizations like the British Film Institute and places other than the major universities such as art colleges, further education colleges, and polytechnic institutes. British intellectuals outside of the university communities, then, originally developed methods for studying and criticizing television that were not dissimilar from those used in early cultural and film studies. [3]

It is thanks to the journals *Screen* and *Screen Education*, together with the University of Birmingham's Centre for the Study of Contemporary Culture, that work was developed and debated. The specific focus on the teaching of media studies, of television especially gave rise to a method of study closely related to the experiences of the spectator, the students being the spectators with whom teachers interacted. In other words, these media scholars began to think of the social contexts for their studies because they were examining their teaching methods/strategies, or because, for political reasons, they were interested in issues of class and race. Their approaches were "naturally" concerned with reception, because they were addressing students who were often quite young in terms of their reactions to television. But there were other reasons why media studies in Britain did not develop along American social-science lines. First, media scholars were interested in television as an institution; they were concerned with the relations of power that involved television, with problems of class, and with the psychological impact of mass culture on the general public. Some of their work built on that of the Frankfurt School, although it took rather different directions. Second, in the mid-1970s further work on television as an institution was stimulated by the announcement of the new Channel 4, which was to be devoted to more experimental and risky material. For all the above reasons, British scholars tended to produce empirically based work that was shaped by a leftist ideology; in America, the quantifying method that became dominant was one which assumed an "objective" stance toward what was being analyzed. [4]

However, neither in America nor in Britain was there much feminist work throughout the 1970s (a paper read by Richard Dyer, Terry Lovell, and Jean McCrindle on *Soap Operas and Women* at the 1977 Edinburgh International Television Program was a rare exception). The gap was noticed in 1980 by Susan Honeyford, who suggested that perhaps the dearth of feminist criticism in television in Britain had to do, first, with "the massive dominance of the national broadcast television institutions with their insistence on large audiences" and, second, with "the relatively little academic work or serious critical writing". [5] She noted that two areas of inquiry had recently arisen in connection with the debate about the fourth television channel: the question of women's employment in the television industry and "the question of programmes made by women and often about women or issues which particularly concern women". However, Honeyford's article dealt mainly with the first question and only very generally with the issue of female representation in television programs. Her discussion implied that women working in the field of television documentary were far more constrained than were women independent filmmakers by their production context but had little theoretical understanding of their plight. A later article by Gillian Skirrow discussed efforts to get TV unions to agitate for more jobs for women, [6] but otherwise screen articles on television, until 1981, dealt mostly with broad issues on definitions of TV studies, teaching strategies or with the contents of specific programs. [7]

How do we explain such a gap, particularly during a time when feminists were developing strategies for analyzing the classical Hollywood cinema? Perhaps one reason is that American scholars who were both female and feminist tended to work in the humanities rather than in the social sciences. If TV studies concentrated on the (traditionally male-dominated) production sphere and involved social science methods (again largely male-dominated), then the lack of feminist work in those areas is understandable. [8] For instance, between 1940 and 1970 there were very few studies of soap operas—an obvious TV genre for feminist analysis—even from a quantitative perspective; what studies there were did not foreground gender issues. [9] One of the problems with quantitative research is precisely that it pretends to be able to take an "objective" stance, that is, to provide empirical data untainted by any particular set of concerns or interests. By definition, as we'll see, feminism is a "political" position, and feminist research (no matter what type) must look for issues having to do specifically with women and the place they are assigned in society. For this reason, most of the quantitative, content analysis of soaps do not constitute feminist research, although their results may be useful for feminist scholars.

In Britain, the feminists interested in television were more activist-oriented and thus focused on changing the institution itself rather than on developing feminist readings of TV texts. Fewer women in Britain than America have academic positions that give them the privileged time to write; much of the film theory developed in Britain, for instance, was the work of women actually engaged in independent filmmaking, so that the theory was closely linked to the practice. But, as I discuss further below, there was no analogous independent television production with the same possibilities for exhibition, because the nature of television as an institution makes such independent production enormously difficult.[10]

In general, a circular effect was set in motion, such that the more feminist theory was developed for film study, the less room was left for feminist approaches to TV. It is also possible that the low academic standing of television, together with the often poor quality of American programming, made women, who were, already having a sufficiently difficult time getting ahead in humanities departments—reluctant to engage with the form. Women were interested in and constantly watched films, and very often these same women scholars did not watch television. There was little reason for them to turn their attention to television, because there was so much to do in film and what the academic gains from television studies were few.

Things did begin to change in the early 1980s, when a significant number of women finally began to study female representation in television. An article by Stephen Heath and Gillian Skirrow, published in *Screen* in 1977, about the British program *World in Action*, was one of the first to apply British theoretical approaches from the 1970s, first worked out for the classical Hollywood film, to television. A model for any future close-reading analysis, the essay focused on "the fact of television itself", and on "the ideological operations developed in that fact", rather than on discussion of any particular (political) positions that the "content" might reveal.[11]

Meanwhile, various graduate programs in film, such as that at UCLA, began to turn their attention to critical analysis of television, and graduate students produced some of the first interesting work.[12] Some people, like Tania Modleski, who were interested in women's popular fiction also began to apply their critical approaches to related kinds of women's popular TV programs such as soaps.

A television conference held in New York in 1980 to which few, if any, women critics were invited, first made me realize the necessity for more work by women on television and female representation and also how little recognized was the work that had been done. The conference, "Perspectives on Television", that I organized at Rutgers in 1981 tried to remedy this gap and managed successfully to bolster interest in approaches to female representation on television informed by psychoanalysis and semiology, some of which will be discussed below.

But first, let me turn briefly to the second term in need of clarification of "feminist". In the areas of literature and film, feminist criticism already had quite a long history by 1980. Feminist literary criticism dates from the late sixties and the pioneering work of Betty Friedan, Germaine Greer, and Kate Millett, all of whom drew upon insights of Simone de Beauvoir, whose 1949 book, *The Second Sex*, was way ahead of its time. [13] The study of images of women in film dates back, to work by the National Organization for Women in the late 1960s; to the pioneering journal, *Women and Film*, published from 1970 to 1972; to film journals like *Jump Cut* that made feminist approaches a central part of their format; and, finally, to the emergence in 1976 of a journal, *Camera Obscura*, specifically devoted to feminist film theory. This journal, influenced by French and British film theory, was a major conduit for that work to American students and film researchers.

Along with critical work, there were in the 1970s a whole host of film conferences and screenings through which women could familiarize themselves, not only with recent independent work being done by women, but also with the work of women directors in Hollywood and throughout the world. These events and the development of critical research enabled a subfield of feminist theory to emerge within film studies. Such conferences and screenings could not be set up around television, largely because of its specific institutional mode—its forms of production and exhibition; its situatedness as a predominating commercial mode within the private home; its lack of historical documents by or about women; the absence of any alternate mode such as there had always been in film. Partly because of these conditions, a similar set of "feminist" approaches to television were not readily developed.

By the 1980s, then, the word "feminist" had come to mean a variety of things in literary and film research; I will briefly detail these meanings, because understanding the different kinds of feminist work in allied humanities fields will both explain some of the work that scholars have been doing, and suggest future work that we need to begin doing, in television. By the 1980s, the word "feminist" had come to mean different things to different women, depending on what their theory of feminism was. Because feminism is by definition a political and philosophical term, let me list the most obvious kinds of feminism as they have been developed under these categories. I want to emphasize before I start, however, that I do not intend here to set up a hierarchy in which any one type is meant as "higher" or "superior" to another. There is a rough chronological sequence to the types listed, but later methods should not be viewed as necessarily replacing earlier ones. Certain developments naturally challenge what went before (they of course only arise because of earlier work), but it seems to me that the challenges can be answered. A second caveat has to do with the inevitably archetypal nature of any attempt at categorizing. Very rarely will we find a piece of feminist criticism that offers a pure illustration of a particular category; I will discuss many theories that combine types or do not fit neatly into any one type. The categories are merely useful as a charting of the terrain—for purposes of clarification and illustration. All of this will be clearer after I delineate the types of feminist criticism.

Thus, thinking politically, one might isolate bourgeois feminism (women's concern to obtain equal rights and freedoms within a capitalist system); Marxist feminism (the linking of specific female oppressions to the larger structure of capitalism and to oppressions of other groups—gays, minorities, the working classes, and so on); radical feminism (the designation of women as different from men and the desire to establish separate female communities to forward women's specific needs and desires); and post-structuralist feminism (the idea that we need to analyze the language order through which we learn to be what our culture calls "women", as distinct from a group called "men", as we attempt to bring about change beneficial to women).[14] By briefly reviewing examples of feminist work on television, I will show that scholars develop a critical method according to their political definition of feminism.

But first a word about the philosophical definition of feminism. There are two main philosophical positions— "essentialist" and "antiessentialist" that have been much discussed in recent American scholarship.[15] Although the distinction is problematic, it makes discussion simpler. One could view the first three political definitions of "feminist" as falling under the category of essentialist feminism, whereas the fourth reflects antiessentialist feminism. This is not to deny that there are crucial differences among the first three types; I will be pointing these out in the course of my review. But the broader categories set up a more general and abstract distinction among the kinds of television criticism produced by scholars operating from one or the other of the philosophical definitions.

Essentialist feminism assumes a basic "truth" about women that patriarchal society has kept hidden. It assumes that there is a particular group "women" that can be separated from another group "men" in terms of an essence that precedes or is outside of culture and that ultimately has to have biological origins. The essential aspects of women, repressed in patriarchy, are often assumed to embody) a more humane, moral mode of being, which, once brought to light could help change society in beneficial directions.

Female values become a standard for critiquing the harsh, competitive, and individualistic "male" values that govern society; they offer an alternate way not only of seeing but of being that threatens patriarchy. Feminists who subscribe to this theory believe that female values, because of their essential humaneness, should be resurrected, celebrated, revitalized. Marxist feminists would, in addition, focus on the way social structures and the profit motive have prevented humane female values from becoming dominant, and radical feminists would emphasize that the silencing of the female voice results from male domination, forced heterosexuality, the insistence on the bourgeois nuclear family, and so forth. Liberal essentialist feminists remain largely reformist rather than revolutionary and are content merely to assert women's full rights to whatever our society has to offer them.

Antiessentialist feminists view things differently, although the philosophical approaches are not necessarily as incompatible as they might at first seem. Anti-essentialist theorists attempt to understand the processes through which female subjectivity is constituted in patriarchal culture, and they do not find an "essential" femininity behind the socially constructed subject. The "feminine" is not something outside of, or untouched by, patriarchy, but integral to it. Antiessentialist theorists are concerned with the links between a given sex-identity and the patriarchal order, analyzing the processes through which sexuality and subjectivity are constructed at the same time.

We are all agreed by now that we can change sex-roles, many Western societies are catching up with the Eastern block in enacting such changes. But antiessentialists argue that for such changes to take a firm hold, to have any more than a merely local, fashionable, and temporary change, we have to understand more about how we arrive at sex identity in the first place. (The fact that sexism remains a problem in Eastern and other Communist countries attests to the fact that social changes are not sufficient in and of themselves.) If the goal is to get beyond the socially constructed definitions of man/woman or masculine/feminine, antiessentialists argue, we need to know precisely how those social constructions are inscribed in the processes of becoming "human", and this inevitably entails moving into the psychoanalytic terrain.

It is significant that between 1963 and about 1980 American feminists thought mainly in essentialist terms and in most disciplines (except film studies) and produced work within the frame of the first three political positions. With the recent influence of a particular type of French feminist theory [feminism], scholars have begun to use the psychoanalytic/semiotic/post-structuralist theories underlying continental work. These theories permit us to look at the various kinds of feminism a bit differently. Julia Kristeva's account of the three broad stages of feminism, seen in a loose historical manner, provides a scheme for distinguishing types of feminist criticism that combines the political and philosophical categories outlined above.[16] Although there is a broad developmental aspect to the account of critical methods—a particular kind, as I have noted, may be seen as arising out of questions not answered by a previous approach, it is also true that a new approach does not invalidate or eliminate earlier ones. In fact, in the nineties we find that most types of feminist criticism are still being produced concurrently, and they have not been incorporated into methods that combine earlier approaches with new ones. The process is synthetic or dialectical, rather than negational.

In what follows, I provide examples of criticism produced within each of the three categories of feminism, as defined by Kristeva; as far as possible, I use soap opera studies to illustrate each method and to highlight similarities and differences.

Kristeva's analysis relies on Jacques Lacan's theories of the way the subject is constructed in a patriarchal language order (which Lacan calls "the Symbolic") and in which woman is normally relegated to the position of absence, or lack. Lacan's distinction between the Imaginary and the Symbolic is central to the different kinds of feminism being discussed here. For Lacan, the Imaginary proper lacks gender specificities, or rather, it brings both genders into the feminine through the illusory sense of being merged with the mother. What Lacan calls the "Mirror Phase" (the moment when the child first sets up a relationship to its image in the mirror) marks an awareness that the sense of oneness with the mother is illusory. The child begins to be aware of the mother as an object distinct from itself (the mirror contains an image of the mother holding the child); it also recognizes its "mirror" self (which Lacan calls an Ideal Image) as an entity distinct from itself. The subject is thus constituted as a split subject (that is both mother and nonmother, this side of the mirror and within the mirror). It is important that the Ideal Ego constructed during this Mirror Phase is not entirely on the side of the Imaginary; the child unconsciously incorporates the image of the mother as another image; it begins to symbolize its own look as that of the Other, and to set in motion the desire for the mother (displaced, as we'll see, into a desire for what she desires), that will persist through its life.

This recognition of the mother as the Other is, according to Lacan, a universal experience and one that is essential for the human-to-be to, in fact, become human. The mother-child relationship must be interrupted by the language order ("me" / "not-me") if the child's development is to move beyond the level of the Imaginary. The Mirror Phase thus prepares the child for its subsequent entry into the realm of the Symbolic (by which Lacan means the language and other signifying and representational systems such as images, gestures, and sound), in which the child takes up its position as a "sexed" being (it recognizes various subject positions such as "he", "she", "you", "it"). Because signifying systems are organized around the phallus as the prime signifier, the woman occupies the place of lack or absence. The boy and girl, thus, find themselves in vastly different positions vis-a-vis the dominant order once they enter the realm of the Symbolic.

The problem for the girl is in being positioned so as to identify with the mother, which means desiring what the mother desires: the phallus. This desire has nothing to do with anything essential or biological but everything to do with the way that the Symbolic is organized. Lacan's system, particularly as used by Kristeva, frees us from the tyranny of the biological. It also enables us to see that some conventions that certain stages of feminism conceived of as due to "nature" are in fact socially constructed.

Kristeva's first stage of feminism is that in which women demand equal access to the (patriarchal) symbolic order, desiring equality rather than subjugation. This has two possible results. The first is what we have called "domestic feminism" (largely characteristic of the nineteenth century), in which women valorized the patriarchally constructed feminine. However, they were likely to see this "feminine" as "natural", and they celebrated the qualities assigned to women as morally higher or better than the male values of competition and aggressive individualism. The second is what I call "liberal" feminism, more characteristic of our own times, in which women strive for equality with men in the public work sphere. That is, women demand equal access to jobs, to institutional power (of whatever kind), equal pay for equal work, equal benefits across the board, and also changes in family routines to accommodate their right to demanding careers.

Liberal feminism results in a type of television criticism heavily dependent on quantitative content analysis. TV programs are analyzed in terms of the kinds and frequency of female roles they contain. Such studies might examine the degree to which dramas reflect recent changes in the status of women, their movement out of the home and into the work sphere, the characteristics working women are shown to have, the quality of family life, and the involvement (or not) of men in domestic chores.

A recent example of this type of feminist criticism is Diana Meehan's *Ladies of the Evening*.[17] Meehan's aim is to provide "specific and accurate descriptions of television characters and behaviors and some index of change over time" (p. vii). She assumes that television's presentation of women characters are "reflections of women's lives, implicit endorsement of beliefs and values about women in a very popular forum" (p. vii). She combines the quantitative approach— "counting the number of female characters or female heroes, the numbers of times that situation comedy jokes were at the expense of a female or that dramatic acts of violence were committed by women or against women" with a more qualitative approach so that she can address "questions about women characters' power and powerlessness, vulnerability and strength" (p. viii). In addition, Meehan uses what might be called a comparative approach to determine the degree to which female characters are representative of the female population in society. This involves "considering female characters as real people" (p. viii). Later, Meehan explains her assumption that "viewers...evaluate the behavior of others as appropriate or inappropriate compared with television models, and life and its television versions become even more interrelated" (p. 4).

The heart of Meehan's book is her ambitious attempt, not only to isolate and study occurrences of a whole series of female roles (the imp, the good-wife, the harpy, the bitch, the victim, the decoy, the siren, the courtesan, the witch, the matriarch), but also to show the changes in each image from 1950 to 1980. Her findings are too numerous to detail here (readers are referred to chapter 13 in her book), but one main conclusion is that "the composite impression of the good-bad image was a forceful endorsement of a secondary position for women, a place in the world as selfless, devoted adjuncts to men" (p. 113). In addition, Meehan notes that "any other female stance was, at best, an irritation, an interruption, and at worst a threat to world order, a destructive force". She concludes that "except in the rarest of cases, expression of female autonomy, even expression of her own sexuality, was potentially harmful or dangerous" (p. 113).

Another of Meehan's findings concerns occupational role models other than the housewife. Women, Meehan shows, were nearly always in service occupations, whereas males were shown in "controlling occupations". In effect, "the television rendition of the working woman's role is a copy of its portrayal of the housewife". "Like the housewife, the working woman is dependent on a male for supervision and direction, and further, she mirrors the domestic model in the kinds of work activities she performs. Finally, there is the familiar dichotomy between homemaker and wage earner", "relegating the home to the housewife and leaving the workplace a single's domain" (p. 123).

Meehan ends her study by observing that "American viewers have spent more than three decades watching male heroes and their adventures, muddied visions of boyhood adolescence replete with illusions of women as witches, bitches, mothers and imps. Television has ignored the most important part of women's lives, their concepts, sensations, aspirations, desires, and dreams. It's time to tell the stories of female heroes, heading families, heading corporations, conquering fears, and coping with change. Good models are needed to connect women to each other and to their society" (p. 131).

This kind of feminist criticism documents what we have come to understand as a prevalent way of imaging women in popular culture, but unfortunately it does not tell us much about how these images are produced (a study that might help us understand their continuity with small changes over a thirty-year period) or about exactly how these images mean, how they "speak" to the female viewer. We are left with a vague notion of "positive", as opposed to "negative", images of women, and of a standard the autonomous, self-fulfilling, self-assertive, socially and financially "successful" woman, against which the images are judged to be either positive or negative. It was to contradict just such a way of reading images of women in film that work by Laura Mulvey, Claire Johnston, and others, referred to earlier, was undertaken.

Meehan's model has serious problems. First, it represents the human consciousness as a tabula rasa upon which TV images are graven. Images are seen as models that viewers imitate because they "read" them as real people. Second, it is assumed that this process of imitation is analogous to which takes place in the family where the child models its personality on that of its parents. What this view obviously leaves out is that fictive characters are not real people, and therefore viewers are forced to take a very different position toward them. Also, the processes through which children "identify" with significant adults in their lives is enormously complicated and involves (as we saw in discussing Lacan) the unconscious and the language order in which children are placed. The viewer exists in a dynamic relationship to other people and to the screen image, bringing an already complex unconscious to reception, and in a certain sense being "constructed" as a subject in the processes of reception.

Occasionally, Meehan seems to offer a glimpse of this level of interpretation, as when she notes that "television has never been simply a reflection of society, as evident by the variety and abundance of content which grossly distorts the experience of viewers. The distortion can be attributed to the aspect of television content that is fantasy" (p. 113). She goes on to talk briefly about fantasy as an expression of myth, with a brief reference to Carl Jung, and she mentions the fact that the fantasies that TV shows are basically male ones, although she notes, without exploring the idea, that they also appeal to women (p. 125). But this level of exploration is mentioned only at the very end of Meehan's study and is in opposition to her main theory that "the reality of the images is evident in the recognizable similarities between the action and events of characters and the experiences of the viewers; the goodwife, harpy and bitch display social behavior we encounter in society" (p. 113).

It is clear that, within Kristeva's Lacanian paradigm, such studies show women demanding equal access to the (patriarchal) Symbolic. The "stories" Meehan says it is time "to tell" envision a society in which women are incorporated into the masculine public sphere as "heading families, heading corporations". Women are to be seen as no different than men, but this really means that women are "to become men". The position fails to take into account that such a move demands woman's complete surrender to the patriarchy and its values, norms, and ways of being. As I will explain later on, it implies that woman must replace being defined by the phallus with her identification with the phallus; although this may be important as a transitional phase, it should not be seen as an end in itself.

Before moving on to Kristeva's second stage of feminism, it is necessary to insert a category, pre-Althusserian Marxist feminism, not explicitly mentioned by her, perhaps because she did not consider it sufficiently different from the stage just discussed or because it was not specific enough to feminism papers. However, in the early 1970s, this was an approach developed by some American scholars in media and literary studies.

Marxist feminist critics of this early kind construct television as a critical object in relation to the larger economic and industrial power networks in which it is embedded. Relying on the long tradition of what we might call stage-one Marxist criticism, feminists who are this kind of Marxist look at how television's status as an explicitly capitalist institution affects what images of women are portrayed. Such Marxist feminist researchers stress the production of the woman-viewer as a consumer, which emerges from television's need as a commercial, profit-making institution—to sell objects along with entertainment. But television's reliance on constructing numbers of viewers as commodities involves reproducing female images that accommodate prevailing (and dominant) conceptions of "woman", particularly as these satisfy certain economic needs.

Pre-Althusserian Marxist feminists, then, are interested in how women as a group are manipulated by larger economic and political concerns outside their control. Thus, narratives might construct images of the working woman if society needs women in the work force; alternatively they might represent woman as content to be a housewife when that is economically beneficial. The approach involves content analysis not that dissimilar from the previous "liberal" or "reformist" feminism, but the ends are different because the Marxist discussion, unlike the other, always takes place within the context of television as a profit-making, capitalist concern. More recent work by Marxist feminists using an Althusserian and epistemological framework takes into account the complexities of determinations and argues that representations cannot only be explained by the profit motive. I include such work in the post-structuralist feminist category.

Lillian Robinson's "What's My Line? Telefiction and Women's Work" is an excellent example of this early Marxist feminist approach to television.[19] Written in 1976, before there was much feminist work on television at all, the article deals with the contrast between the image of working women in television serials (including soaps) and the actual situation of women as workers in society. "TV fiction", Robinson argues, "has developed a set of myths specific to women and work elaborating on the themes of whether and why women enter the job market, what occupations they engage in, how they typically perform there, how they interact with the people with and for whom they work." Turning, like Meehan, to "actual working women" to "test" the images, Robinson also finds distortions; whereas TV images collapse women's work identity and situation into sexuality, the real working woman sees herself as a person, "both worker and woman with a job, a boss, a paycheck, and a set of working conditions, not a complex of sex roles involved in a workplace" (p. 312).

Unlike Meehan, Robinson accounts for these distortions by defining television as "a branch of something called the entertainment industry", which, Robinson says, "implies something [that] is manufactured here, mass-produced by alienated labor for the consumers who constitute its mass audience" (p. 313). However, Robinson refuses to fall into Meehan's trap of conceiving her audience as completely vulnerable to the images provided. She argues, rather, that women do not necessarily accept what they are shown, and that the images are merely "one of the factors that influence the consciousness of women" but do not provide the whole story (p. 313).

Robinson proceeds to contrast the statistics relating to women's work in society with TV images of working women. She finds that, despite the trend away from family-based situations in comedy and drama, "the probability of a TV woman's being employed is about half what it would be for her real-life counterpart". In addition, "Motherhood almost always means leaving the workforce, which is not too surprising, but marriage itself tends to have the same result" (p. 315). Robinson gives examples from shows like *Days of Our Lives*, *All in the Family*, and *One Day* at *Time* to prove her points, and she demonstrates that, in addition to the distorted proportion of women working on TV, there is a large difference between the kinds of work women are seen to do on TV and the work they do in real life.

Robinson first looks at the low-status jobs that TV women do, pointing out that "TV women, both in offices and outside them, tend to be assigned what I think of as cutesy jobs, occupations that require human contact and that place the woman in a series of potentially colorful situations" (p. 304). These jobs, Robinson notes, often entail silly costumes, animals, children, or humiliating situations, and they "create a climate of inference about the general silliness of women's reasons for working, women's jobs, and women's characteristic performance at them" (p. 324). Her Marxist feminist point of view leads her to comment that TV shows carefully do not foreground the fact that these jobs "are normally unproductive and often socially useless" and "that most of them pay minimal wages, those jobs arranged through a temporary agency [creating] double exploitation" (p. 324).

Robinson concludes by examining the images of professional women, and she finds interestingly that these images are definitely there, "larger than life size and in far greater numbers than the real world, in which most of us still work as typists, waitresses, and saleswomen, would admit" (p. 335). Robinson assumes that the drastic fates that befall these TV professional women are meant as some kind of a warning to real women not to aim so high. This warning, she feels, is premature except insofar as it contributes to three interconnected myths: "that women enjoy a higher status than we feminists claim; that this status has been and may be achieved without fundamental social upheaval; and that having a career nonetheless poses a very real threat to female nature, to individual women's stability, and to institutions like the family that are built on these twin foundations" (p. 335).

Robinson's essay has many of the same strengths and limitations as Meehan's, but it differs in not demanding equal access to the (capitalist) patriarchal Symbolic. Rather, Robinson attempts (although she would not use this language) to show how that very Symbolic exploits and manipulates women workers and, further, constructs images that either belittle women's work or warn women of the deleterious effects of aiming too high. Her objective is to expose the workings of the patriarchal Symbolic rather than to argue for woman's access to it. But like Meehan, Robinson assumes an essentialist notion that women can resist their exploitation that they are not socially constructed through the processes of their positioning.

Kristeva's second type of feminism is that in which women reject the male symbolic order in the name of difference, resulting in radical feminism. Femininity is not only celebrated by radical feminism but also seen as better and essentially different. The focus is on women-identified women, on striving for autonomy and wholeness through communities of women, or at least through intense relating to other women. Radical feminist criticism might be concerned with TV's depiction of traditional family life as the solution for all ills, with the forced heterosexual coupling in most popular narratives, or with the discrepancies between images of marriage in popular culture and in real life. The failure of popular culture to address women's positive ways of relating to one another and the portrayal of men as "naturally" dominant might also be issues.

Carol Aschur's pioneering essay *Daytime Television: You'll Never Want to Leave Home* written in 1976 (under the name "Lopate"), shows traces of this radical position. Aschur's opening discussion of game reveals exposes the infantilized positioning of women vis-a-vis the "inevitable male M. C." [20] "The M. C.," Aschur notes, "is the sexy, rich uncle, the women, preadolescent Lolitas," and she comments on the way the M. C. exploits his position to fondle the women and to receive their embraces for the free gifts they get in this unreal, bountiful world (p. 72). The game shows, Aschur reveals, "recreate and transform women's general economic powerlessness as well as their role as consumers". They are shown as dependent for money on men, who control the spending power although women actually make the purchases. Women's power of decision-making is limited to choosing commodities with the money men give them.

Turning to soap operas, Aschur illustrates the two important myths that they propagate: the idea of America "as a country where almost everyone is middle class", and the idea that "the family can be and is, the sole repository of love, understanding, compassion, respect, and sexuality" (p. 74). Soap opera families "portray the idealized lives of families economically headed by professional men", while most women are housewives. Even when they work, they are rarely seen on the job. What Aschur most objects to is, first, the way that the family is set up as central people, she says, are never allowed to leave the family or to "be alone long enough to develop a real self and thus have a personality that can be known" (p. 79); and second, that soap operas do not reveal "the non-benign aspect of the power that men hold over women" (p. 81). Soaps misrepresent "real life" in portraying men, like the M. C. in game shows, as "having the capacity to assist, protect, and give, without retaining the power to dominate that most men potentially have over most women. No soap opera father is a disciplinarian; no husband a wife beater" (p. 81). Aschur concludes that there is more equality between women and men in soaps than in real life or any other dramatic form; and that soaps ultimately function to promise the housewife, confined to her home, that "the life she is in can fulfill her needs". What soaps repress are both her actual loneliness and isolation, and also the idea that it might be precisely through her solitude "that she has the possibility for gaining a self" (p. 81).

In accord with type two feminism, Aschur suggests a need for women to reject the male symbolic order, although, again, she does not use this terminology. That order, as revealed in popular TV shows addressing women, exploits and infantilizes women on the one hand and idealizes the (in fact oppressive) patriarchal family on the other. The implication is that women can and should reject such debasing images, and indeed, such degrading life scenes, in order to find themselves. Autonomy, independence from men, and bonding with other women are suggested, parenthetically, as both possible and desirable. We see here Aschur's essentialism, but it is important to note that she arrives at very different conclusions than does Meehan and differs also from Robinson in suggesting individual rather than social alternatives.

Kristeva's last type that in which women reject the dichotomy between masculine and feminine as metaphysical and aim at transcendence of the categories of sexual difference, or at least recognition of their cultural construction, is only possible in the wake of the great twentieth-century modernist movements and the postmodernist theories that followed upon those movements. In this stage, scholars analyze the symbolic systems including the filmic and televisual apparatuses through which we communicate and organize our lives so as to understand how it is that we learn to be what our culture calls "women" as against what are called "men".

This post-structuralist feminism is often antiessentialist in contrast to the essentialism of the previous three types discussed, although, as we'll see, some of the work combines essentialist and antiessentialist assumptions. Critics with this philosophical orientation have found the work of Laura Mulvey and Claire Johnston central to the formulation of the feminist antiessentialist theory in film studies. [21] These authors were themselves influenced by European theorists discussed in previous chapters, the Russian Formalists; Benjamin and Brecht (Germany); and Barthes, Althusser, Foucault, Lacan, Kristeva, and Derrida (France). Most important for our discussion here is Mulvey's crucial and by now much discussed essay *Visual Pleasure and Narrative Cinema* written in 1975. [22] Mulvey's interest in the commercial Hollywood film as an embodiment of the patriarchal unconscious provoked new interest by women in dominant popular forms. Her analysis involves Hollywood's apparent inscription of the "male", as opposed to any possible "female", unconscious. Drawing on Freud's twin mechanisms of voyeurism and fetishism, Mulvey shows that the dominant Hollywood cinema is built on a series of three basic "looks", all of which satisfy desire in the male unconscious. There is, first, the look of the camera in the filming situation (called the pro-filmic event); although technically neutral, this look is inherently voyeuristic and usually "male", in the sense that a man is generally doing the filming. Second, there is the look of the male figures within the film narrative, and these are organized through shot-counter shot so as to make the woman the object of their gaze. Finally, there is the look of the spectator, which imitates (or is necessarily in the same position as) the first two looks. That is, the spectator is forced to identify with the look of the camera, to see as it sees.

Voyeurism and fetishism are mechanisms that the Hollywood cinema uses to construct the (presumedly male) spectator in accordance with the needs of his unconscious. Voyeurism is linked to the scopophilic instinct (that is, the male pleasure in his own organ transferred to pleasure in watching other people have sex). Mulvey argues that cinema relies on this instinct, making the spectator essentially a voyeur. Fetishism also comes into play in the cinema, where the whole female body may be "fetishized" in order to counteract the male fear of sexual difference, that is, of castration. Mulvey originally argued that if the spectator is a woman, she has to assume the male position and participate in both mechanisms.

Most critics agreed that the Hollywood cinema lays out, for our contemplation, unconscious processes that are inaccessible except through psychoanalytic analysis. These theories lead to a set of concerns on the part of feminist scholars employing them that are very different from those addressed by previous essentialist feminists. Following Mulvey, feminist film critics became interested in what she had theorized as an exclusively "male" gaze and in discussing what possible "female" gaze there might be. Scholars soon realized that the theory applied mainly to the central "male" genres—the Western, gangster, adventure, and war films. Women scholars turned to the one film genre that specifically addresses the female spectator, the melo drama and issues relating to this genre and women viewers are still being actively debated.[23] These scholars began to think about the text spectator relationship, about exactly how the actual (historical) female viewer (or subject) sitting in the cinema is related to the screen images passing in front of her. Some of this work took a direction similar to that discussed in Robert C. Allen's book on reader-response criticism, and contains some sociological aspects. That is, some work still assumes an interaction between two given entities, the text on the one hand, the reader on the other, whereas other more psychoanalytically oriented approaches assume that the reading subject is created (or constructed) in the very act of reading, that there is no reader outside of the text, and no text, for that matter, outside of the reader.

Some of the most interesting new feminist work on television, written by people with humanities backgrounds, uses methods developed for studies of the Hollywood film. What this means is that instead of trying to study sex-roles within certain television programs, these studies examine the entire way that television functions, what kind of apparatus it is. This apparatus involves the complex of elements including the machine itself (its technological features, the way it produces and presents images); its various "texts" —ads, commentaries, and displays; the central relationship of programming to the sponsors, whose own texts, the ads, are arguably the real TV texts; and the now various sites of reception, from the living room to the bathroom. Scholars might focus on problems of enunciation, that is, of who speaks a text, and to whom it is addressed; or they might look at the manner in which we watch TV, its presence in the home, the so-called "flow" of the programs, the fragmentation of the viewing experience even within any one given program, the unusual phenomenon of endlessly serialized programs; or they might study the ideology embedded in the forms of production and reception, which are not "neutral" or "accidental", but rather a crucial result of television's overarching commercial framework.

As Sandy Flitterman-Lewis discusses in her essay, one of the still-unresolved issues that nearly every article has to address (whether explicitly or implicitly) is that of the degree to which film theories can apply to the very different "televisual" apparatus. Because feminist film theory evolved in relation to the classical Hollywood cinema, it is particularly important for women who study television to consider how far that theory is relevant to this different apparatus; for example, how well do theories about the "male gaze" apply to watching television, when usually there is no darkened room, where there is a small screen, and where viewing is often interrupted by commercials, by people moving about, or by the viewer switching channels? To what extent is the television spectator addressed in the same manner as the film spectator? Do the same kinds of psychoanalytic processes of subject construction apply? Will semiotics help to illuminate the processes at work? Is there a different form of interaction between the television text and the female viewer than that between the cinema screen and its spectator? What might that relation be?

Let's consider an essay on the soap opera that addresses this last question. Written in 1981 by Tania Modleski, this essay set up the terms of the debate and established a set of interests for much of the work on soaps that followed, even that of scholars who took rather different approaches. Modleski's essay was the first to develop Aschur's suggestion of a relationship between the structure/rhythm/mode of the soap opera and women's work. Modleski was enabled by recent theoretical developments to take the argument further into the realm of the particular psychic demands on woman in the family. Using psychoanalytic arguments from both Nancy Chodorow and Luce Irigaray, Modleski theorizes that soap operas tend to break down the distance required for the proper working of identification. They point to a different kind of relationship between spectator and characters that can be described in the words of Irigaray as "nearness".[24] Modleski uses Chodorow and Irigaray's theories about the mother-daughter relationship to describe the way that the female spectator is socialized to relate to fictional texts just as a relationship of "nearness" is inevitable in the mother-daughter bonding, which involves a kind of symbiosis, a difficulty of knowing where mother begins and daughter ends, so the female spectator will tend to over-identify with fictional characters and not observe the boundaries that in fact separate her from the image.

Soaps, Modleski goes on to argue, at once rely upon woman's socialized skills in attending to the needs and desires of others and further develop those skills. They also have an episodic, multiple narrative structure that accommodates woman's need to be "interruptable" (she must answer the phone, speak to the neighbor, take in the delivery, attend to the baby, see to the cleaning, ironing, food preparation, and so on) while providing pleasure within the act of teaching "the art of being off center" (p. 71).

Finally, in discussing the alternation between soap narratives and those of commercials (only hinted at by Aschur), Modleski suggests that the two modes address women's dual function as both "moral and spiritual guides and household drudges" (p. 72). Thus, soaps both accommodate the nature of woman's work in the home and make distraction, or interruption, pleasurable. For woman's entertainment, unlike man's, must be consumed on the job, because her "job" is never-ending. Modleski, then, claims that "Woman's popular culture speaks to woman's pleasure at the same time that it puts it in the service of patriarchy, keeps it working for the good of the family" (p. 69).

Just as Modleski makes use of the new interest in psychoanalysis and the screen-spectator relationship to build on work done before, so other scholars built on her essay. Sandy Flitterman-Lewis, for instance, uses the semiotics developed by Christian Metz for film analysis to discuss, in more detail than Modleski or Aschur, the precise nature of the relationship between commercials and the soap drama. She focuses on the processes of enunciation, asking: "Who speaks the text? To whom is it addressed?" Her examination of commercials as texts, that is, as modes of meaning production reveals that each corresponds to one syntagm (the basic unit of narrative construction that Metz postulated). Soaps themselves, she notes, like any narrative, consist in many syntagms, but formally the two kinds of text are similar. Her point is that, "far from disrupting the narrative flow of daytime soap opera, commercials can be seen to continue it".[25] Commercials, that is, prolong and maintain the overall impulse for narrative that soaps satisfy, while providing units of satisfying closure in an overall form that itself frustrates closure.

In terms of social meanings, Flitterman-Lewis reveals the idealized family present in the commercials as opposed to the families overwhelmed with apparently unresolvable problems in the soaps. The commercials thus function interactively with soaps, setting up a "dialectical alternation between the vision in the soaps and that in the ads" (p. 94). It is this interaction between social meanings in the two sets of narratives that results in commercials having "an important function in shaping society's values" (p. 95).

Flitterman does not explore exactly what these values are that soaps help to shape, but Charlotte Brunsdon, in an analysis of a British soap opera, *Crossroads*, tries to identify them. What she discovers is that instead of being "in the business" of "creating narrative excitement, suspense, delay and resolution", as is the classical Hollywood film, *Crossroads* is, rather, concerned with the ideology of "personal life". In other words, the coherence of the soap does not come from "the subordination of space and time to linear narrativity", but rather from "the continuities of moral and ideological frameworks which inform the dialogue". The serial, that is, takes place within a very circumscribed set of values that provide the norms for everyone's life; even as people are in the process of violating those norms, they are constrained by them and have to learn ultimately to adjust to them or suffer the consequences. According to Brunsdon, the program is "in the business" of "constructing moral consensus about the conduct of personal life. There is an endless, unsettling discussion and resettling of acceptable modes of behaviour within the sphere of personal relationships."[26]

In addition, Brunsdon is interested in the tension between the subject positions that a text constructs "and the social subject who may or may not take up these positions" (p. 76). Following Paul Willemen, David Morley, Steve Neale (and there are others, like Tony Bennett), Brunsdon stresses that the historical spectator is constructed by a whole range of other discourses, such as motherhood, romance, and sexuality, which will determine her reactions to a text. Looking at program publicity, scheduling, and ads, Brunsdon shows that a female audience for *Crossroads* is implied. She concludes that the address of the soaps is a gendered one that relies on "the traditionally feminine competencies associated with the responsibility for 'managing' the sphere of personal life" (p. 81). Brunsdon is careful to avoid the essentialist trap of claiming such competencies to be "natural" to women; rather, she sees women as socially constructed to possess such skills through inscription in "the ideological and moral frameworks (the rules) of romance, marriage and family life" (p. 81).

Brunsdon's essay is important because it focuses explicitly on the narrative differences between soaps and the classical Hollywood cinema, and on the ideological implications of these differences. The structure of the soap as endless dialogue about personal lives inscribes the viewer in a particular ideological framework regarding the family. This is a positioning quite different from that in the Hollywood film.

It seems to me that exploring these differences in relation to all kinds of TV programs is an important future task. As feminists, we need to explore the degree to which theories worked out for the dominant Hollywood narratives apply to what, above, I called the "televisual apparatus", because the representation of women is produced by the apparatus as much as by the narrative. Indeed, much recent film theory has argued that one cannot make any distinction between the apparatus and the narrative, because it is the apparatus itself that produces certain inevitable "narrative" effects (such as, in film, the forced identification with the look of the camera). This argument, a very complex one, indeed, goes beyond the confines of this chapter.[27] I introduce it simply to highlight what I think is a crucial area for future feminist television research. We need to know how the televisual apparatus is used in any one TV genre to represent the female body to see what possibilities there are for different kinds of female representation, and how bound by the limits of the apparatus are images of woman on TV. For now, I will refer to my recent work on issues of enunciation, gender, address, narrative, and the gaze in rock videos shown on Music Television (MTV) as an example of feminist work that tries to combine analysis of female images in individual texts with attention to their context of production/exhibition and to the televisual apparatus.

Let me begin by discussing the implications of the televisual apparatus for the representation of women on Music Television. MTV is an advertiser-supported, twenty-four-hour cable station for which subscribers do not pay extra. Now owned by ViaCom, Music Television was the brainchild of Robert Pittman, then of Warner Amex Satellite Entertainment Company, who in 1981 had the inspiration of a channel devoted mainly to showing promotional videos provided free by the record companies, on the model of free records provided to radio stations. Confined to a short, four-minute format inserted within the twenty-four-hour flow, rock videos are a unique artistic mode (their song-image form has links with both opera and the Hollywood musical, but as we'll see, it differs in central ways from both). I am interested in the spectator-screen relationship as it is produced by both the visual strategies of individual videos and by the placing of four-minute texts with a series of other four-minute texts, and within a flow that includes other kinds of texts, such as product ads, ads for MTV itself and its contests, interviews, music news, and the veejay's comments. How does this "flow" affect the spectator? Is there any particular gender address in this flow? How does this kind of flow particularly affect the female spectator?

Let me first say something about the construction of what I have elsewhere called the "decentered" spectator, by this I mean that the very rapid flow of comparatively short segments (parts of a drama, ads, more drama, announcements, ads, news, etc.) produces an experience of fragmentation in the spectator, who is not called upon to concentrate on any particular material for very long.[28] The spectator is constantly diverted to something else instead of being absorbed for a long time, as one might be in a film (shown in a cinema) or by a novel. MTV carries an extreme to this process of fragmentation that is evident in most TV programs. It is particularly true of those that also air on twenty-four-hour stations (like the continuous weather and news channels), but it applies also to those that are "serials" of some kind, that is, continuous segments to be viewed daily (soaps, regularly slotted news that is like a "drama" segment, game shows, etc.).[29] All of these programs are deployed along a never-ending horizontal chain (one moves the dial laterally to receive another program in the box); programs are not discrete units, like Hollywood or other films, to be consumed within a fixed two-hour (or so) limit, presented on an unmovable screen, and out of the spectator's control; nor are the programs comparable to the novel, which is also clearly bounded or limited by a different sort of "frame" (although more within the reader's control than is the film). TV, in a certain sense, does not have a "frame", because the texts are not bounded in that sort of manner. The texts, rather, resemble an endless films trip turned on its side, in which the frames are replaced by episodes. Or, as Peggy Phelan has argued, perhaps a better model is that of Foucault's Panopticon, in which the guard surveys a series of prisoners through their windows, Phelan is interested in setting up the TV producer as the "guard" and the individual TV viewer as the "prisoner" who watches in "a sequestered and observed solitude". But I think the guard metaphor works well also for the spectator's relationship to the various episodes that represent, in Foucault's words, "a multiplicity that can be numbered and supervised"; in fact, for the TV viewer, that desire for plenitude, for complete knowledge, is of course forever delayed, forever deferred. The TV is seductive precisely because it speaks to a desire that is insatiable; it promises complete knowledge in some far-distant and never-to-be-experienced future; its strategy is to keep us endlessly consuming in the hopes of fulfilling our desire; it hypnotizes us by addressing this desire; it keeps us returning for more.

This strategy is particularly evident in Music Television, because the texts are only four minutes long and so keep us forever watching, forever hoping to fulfill our desire in the next one that comes along. The mechanism of "Coming Up Next..." that all programs employ, and that is the staple of the serial, is an inherent aspect of the minute-by-minute watching of Music Television. We are trapped in the constant hope that the next video will somehow ultimately satisfy us, and so we go on and on watching and hoping, lured by the seductive and constant promise of immediate plenitude. But all we are actually doing is consuming endlessly.

The question is, to what degree does this decentering televisual apparatus specifically position women? Are women necessarily addressed differently by the apparatus, as was argued (at least in the beginning) for the classical Hollywood film? Is there something inherent in the televisual apparatus that addresses women's social positioning as absence or lack, as was also the case for the Hollywood film?

This question takes me beyond the confines of my topic, but it is possible that what is true for Music Television is true for other TV programs, namely that instead of a more or less monolithic gaze (and a largely male gaze at that) as was found in the Hollywood film, there is a wide range of gazes with different gender implications. In other words, the apparatus itself, in its modes of functioning, is not gender specific per se; but across its "segments", be they soap opera segments, crime series segments, news segments, or morning show segments, we can find a variety of "gazes" that indicate an address to a certain kind of male or female "Imaginary". It is possible that there is frequently a kind of genderless address, and also that people of both genders are able to undertake multiple identifications, depending of course on the program involved.

What this lack of gender specificity implies is that the televisual Imaginary is more complex than the cinematic one and does not involve the same regression to the Lacanian Mirror Phase that theorists discovered in the filmic apparatus, as discussed above. In the case of MTV, for example, instead of the channel evoking aspects of the Lacanian Mirror Phase Ideal Image—a process that depends on sustained identification with a central figure in a prolonged narrative—it instead evokes issues of split subjectivity, with the alienation that the mirror-image involves. In other words, whereas filmic processes seek (especially for the male viewer) to heal, for the duration of the movie, the painful split subjectivity instituted during the Mirror Phase, MTV produces the decenteredness that is our actual condition and that is especially obvious to the young adolescent.

MTV thus addresses the desires, fantasies, and anxieties of young people growing up in a world in which all traditional categories and institutions are being questioned. I have elsewhere argued that there are five main types of video on MTV and that these involve a whole series of gazes, rather than the broadly monolithic Hollywood gaze. The plethora of gender positions on the channel arguably reflects the heterogeneity of current sex-roles, and the androgynous surface of many star-images indicates the blurring of clear lines between genders characteristic of many rock videos.[31]

Because of both the peculiarities of the televisual apparatus and the new phase of youth culture produced by the 1960s, most of the feminist methodologies that have emerged in television research so far are inappropriate for the rock videos on Music Television. This is mainly due to the sophisticated, self-conscious, and skewed stance that the texts take toward their own subject matter. It is often difficult to know precisely what a rock video actually means, because its signifiers are not linked along a coherent, logical chain that produces one unambiguous message. The mode, to use Fredric Jameson's contrast, is that of pastiche rather than parody.[32] By this expression, Jameson means that whereas modernist texts often took a particular critical position vis-a-vis earlier textual models, ridiculing specific stances or attitudes in them or offering a sympathetic, comic perspective on them, postmodernist works tend to use pastiche, a mode that lacks any clear positioning toward what it shows or toward any earlier texts that are used.

Jameson's analysis of pastiche has implications for gender representations in videos; it is often unclear who is speaking the rock video text, and therefore whether the male or the female discourse dominates, and the video's attitude toward sex and gender is often ambiguous. One is uncertain, for instance, whether or not a video like John Parr's *Naughty Naughty* or John Cougar Mellencamp's *Hurts So Good* are virulently sexist or merely pastiching an earlier Hollywood sexism. Even in the category that I call "classical", where the gaze is clearly voyeuristic and male, there is a studied self-consciousness that makes the result quite different from that in the dominant commercial cinema.

The ambiguity is usually as prevalent in the videos of songs by female stars as in those of the dominant white male stars featured on the channel. In a forthcoming paper, I argue that "socially conscious" videos by female stars range from those that make a statement one could call "feminist" (Pat Benatar's *Love Is a Battlefield* or Donna Summer's *She Works Hard for the Money*) and that have fairly conventional narratives (although they still do not work as logically as the Hollywood narrative), through those that comment on the objectifying male gaze (Tina Turner's *Private Dancer*), to those that attempt to set up a different gaze altogether, or to address some (possible) female gaze (as happens in the Annie Lennox/Aretha Franklin video *Sisters Are Doin' It for Themselves*).[33] It is significant that all these types of videos occur infrequently within the twenty-four hour continuous MTV flow, and it is the situation of individual texts within that flow that has implications for gender issues. According to a recent quantitative study of MTV, videos featuring white males monopolize 75% of the twenty-four flow. Only 20% of MTV videos have central figures who are female (incidentally, the figure is even lower for blacks), and women are typically, like blacks, rarely important enough to be part of the foreground. Jane Brown and Kenneth Campbell assert that white women are often shown in passive and solitary activity or are shown trying to gain the attention of a man who ignores them.[34] Among those 20% of videos with female leads, the number of videos by women that fall into my three categories above is miniscule; those videos rarely, or only briefly, fall into the frequent cycling pattern. The female videos that are frequently cycled fall into the first type mentioned, those where the position is ambiguous, where what we might call a post-feminist stance is evident. What precisely I mean by this will be clear from the following discussion; let me merely note that it has to do with the inevitable changes in earlier feminist intervention (of whatever kind) produced by a postmodern culture, that is, one that has already absorbed and incorporated elements of the various [feminisms] (see Note [14] for more discussion of this).

Let me demonstrate my arguments by looking at a video figure Madonna, one of the most successful women stars to date. *Material Girl* is particularly useful for discussion because it exemplifies a common rock-video phenomenon, namely the establishment of a unique kind of intertextual relationship with a specific Hollywood movie. Because of this connection, as well as the difficulty of ensuring the text's stance toward what it shows and the blurring of many conventional boundaries, I would put the video in the "postmodern" category in my chart, despite its containing more narrative than is usual for the type.

As is well known, *Material Girl* takes off from the famous Marilyl Monroe dance/song sequence *Diamonds Are a Girl's Best Friend* in *Gentlemen Prefer Blondes*. The sequence occurs towards the end of the film, after Esmond's father has financially severed Monroe from Esmond, forcing her to earn a living by performing. Having finally found her, Esmond is sitting in the audience watching the show. We thus have the familiar Hollywood situation in which the woman's performance permits her double articulation as spectacle for the male gaze (that is, she is the object of desire for both the male spectator in the diegetic audience and for the spectator watching the film). The strategy formalizes the Mirror Phase situation by framing the female body both within the stage proscenium arch and the cinema screen.

During the sequence in question, which starts with Esmond's astonished gaze at Monroe from the theatre seat (presumably he is surprised anew by Monroe's sexiness), Monroe directs her gaze toward the camera that is situated in Esmond's place. The space relations are thus quite simple, there being merely the two spaces of the stage and of the theater audience. We know that the film is being made under the authorial label "Hawks", that within the diegesis, Monroe and Russell are setting up the action, but that, despite this, the patriarchal world in which they move constrains them and makes only certain avenues available.

When we examine the video inspired by the Monroe dance sequence, we see that the situation is far more complicated. First, it is unclear who is speaking this video, even on the remote "authorial label" level, because, as a general rule, credits are never given. Is it perhaps Madonna, as historical star subject? Is it "Madonna I" the movie-star protagonist within the "framing" diegesis? Is it "Madonna II" the figure within the musical dance diegesis? Is it the poor director who has fallen in love with her image and desires to possess her? If we focus first on the visual strategies and then on the sound track, we get different and still confusing answers to the question.

Visually, the poor director's gaze seems to structure some of the shots, but this gaze is not consistent, as it is in the Monroe sequence. And shots possibly structured by him (or in which he is later discovered to have been present) only occur at irregular intervals. The video begins by foregrounding (perhaps pastiching?) the classical Hollywood male gaze, there is a close-up of the poor director, played by Keith Carradine (the video thus bows again to the classical film), who we soon realize is watching rushes of a film starring "Madonna I". With an obsessed, glazed look on his face, he says, "I want her, George." George promises to deliver as we cut to a two-shot of the men, behind whom we see the cinema screen and "Madonna I's" image, but as yet we hear no sound from the performance. The camera closes in on her face and on her seductive look, first out to the camera, then sideways to the men around her. As the camera now moves into the screen, blurring the boundaries between screening room, screen, and the film set (the space of the performance that involves the story of the material girl, "Madonna II"), the "rehearsal" (if that is what it was) ends, and a rich lover comes onto the set with a large present for "Madonna I".

This, then, is a desire for the woman given birth through the cinematic apparatus in classic manner; yet although the sequence seems to foreground those mechanisms, it does not appear to critique or in any way comment upon them. In Jameson's terms, this lack of criticism makes the process pastiche rather than parody and puts it in the postmodernist mode. The blurring of the diegetic spaces further suggests postmodernism, as does the following confusion of enunciative stances in the visual track alone. For although the poor director's gaze clearly constructed the first shot-series, it is not clear that his gaze structures the shot where "Madonna I" receives the present. We still hear the whirring sound of a projector, as if this were still the screening room space; and yet we are inside that screen, we no longer see the space around the frame, and thus the viewer is disoriented.

We cut to a close-up of a white phone ringing and a hand picking it up, and we are again confused spatially. Where are we? Whose look is this? There has been no narrative preparation for the new space or for the spectator address, the phone monologue by "Madonna I" (the only time in the entire video that she speaks) establishes the space as her dressing room. As she speaks, the camera behaves oddly (at least by standard Hollywood conventions), dollying back slowly to the door of her room, to reveal the poor director standing there. Was it, then, his gaze that structured the shot? At the moment the camera reaches him, the gaze certainly becomes his, and "Madonna I" is seen to be its object. The phone monologue that he and the viewer overhears establishes that "Madonna I" has just received a diamond necklace, and the news causes the poor director to throw his present into the wastebasket that the janitor happens to be carrying out at that moment. It also establishes that "Madonna I" is not the "material girl" of her stage role, because she offers the necklace to her (presumed) girlfriend on the phone.

We now cut back to the stage space that we presume is the film set. This space is ambiguous because the diegesis does not foreground the filming processes and yet there is no audience space. Rather, "Madonna II" sets up a direct rapport with the camera filming the rock video, and therefore with the TV spectator, deliberately playing for him/her rather than for the men in frame. But the spatial disorientation continues, there is a sudden cut to the rear of a flashy red car driving into the studio; followed by shots of "Madonna I's" elegant body in matching red dress (knees carefully visible); to her rich lover bending over her; and to her face and apparently dismissive reply. Whose gaze is this? Who is enunciating here? As "Madonna I" leaves the car, we discover the poor director again, but the series of shots could not have been structured by his gaze.

We cut back to the stage/film set for the most extended sequence of the performance in the video. This sequence follows the Monroe *Diamonds* dance closely and stands in the strange intertextual relationship already mentioned, we cannot tell whether or not the Monroe sequence is being commented upon, simply used, or ridiculed by exaggeration (which sometimes seems to be happening). The situation is further complicated by the fact that *Gentlemen Prefer Blondes* is itself a comedy, mocking and exaggerating certain patriarchal gender roles. Even more confusing, occasional play with the image in the video destroys even the illusion of the stability of the stage/set space; at least once, a two-shot of "Madonna II" and one of the lovers is simply flipped over, in standard rock video style but in total violation of classical codes that seek to secure illusionism.

Because there is no diegetic audience, the spectator is now in direct rapport with "Madonna I's" body, as she performs for the TV spectator. There is again no diegetic source of enunciation; the spectator either remains disoriented or secures a position through the body of the historical star Madonna, who is implied as "producing" the video or simply fixed on as a centering force. This is an issue to be taken up shortly.

Most of the camera work in the dance sequence involves sharp images and either long shots (the camera follows "Madonna I's" movements around the stage) or straight cuts, but toward the end of the dance rehearsal, the style changes to superimpositions and deliberately blurry shots, suggestive perhaps of a heightened eroticism. The camera allows "Madonna I's" head to be carried by the men underneath itself, so that only her arm remains in view; after some "dazed" shots, the camera pans left along the edge of the set to discover brown stairs with the poor director standing by them, gazing at the performance. But once again, the sequence was not set up, as it would have been in conventional Hollywood codes, as his structuring gaze; the gaze is only discovered after the fact, thus allowing enunciative confusion.

The same disorientation continues in a shot (perhaps a flash forward, although that term suggests precisely the kind of narrative coherence that is missing here) that follows another dance sequence. The poor director is seen bringing simple daisies to a now-smiling and receptive "Madonna I", clothed in white (a play on Hollywood signifiers for innocence) in her dressing room. We cut to the end of the stage performance (there are repeated blurry shots, again signifying perhaps sexual delirium), before a final cut to the space outside the studio, where the poor director is seen paying someone for the loan of a car. As "Madonna I" walks seductively out of the studio, the poor director ushers her into his car. The last shot is taken through the now rain sodden glass (inexplicable diegetically) and shows their embrace.

This brief analysis of the main shots and use of diegetic spaces demonstrates the ways in which conventions of the classic Hollywood film, which paradoxically provided the inspiration for the video, are routinely violated. The purpose here was to show how, even in a video that at first appears to remain within those conventions, unlike many other videos, whose extraordinary and avant-garde techniques are immediately obvious—regular narrative devices are not adhered to. But the video violates classic traditions even more with its sound-image relations.

This aspect of the video brings up the question of the rock video's uniqueness as an artistic form, namely as a form in which the sound of the song, and the "content" of its lyrics, precedes the creation of images to accompany the music and the words. Although there are analogies to both the opera and to the Hollywood musical, neither form is a direct antecedent for the rock video, in which the song-image relationship is unique. The uniqueness has to do with a certain arbitrariness of the images used along with any particular song; with the lack of spatial limitations; with the (frequently) extremely rapid montage-style editing not found generally (if at all) in the Hollywood musical song/dance sequences; and, finally, with the precise relationship of sound, both musical and vocal, to image. This relationship involves the links between musical rhythms and significations of instrumental sounds and images provided for them; links between the significations of the song's actual words and images conjured up to convey that "content"; links between any one musical phrase and the accompanying words, and the relay of images as that phrase is being played and sung.

This is obviously a very complex topic far beyond my scope hereto but let me demonstrate some of the issues in relation to *Material Girl*, where things are far simpler than in many videos. We have seen that on the visual track there are two distinct but linked discourses: that involving the poor director's desire for "Madonna I" (his determined pursuit and eventual "winning" of her); and that of "Madonna I's" performance of "Madonna II"—the material girl. These discourses are not hierarchically arranged as in the usual Hollywood film, but, rather, are arranged along a horizontal axis, neither subordinated to the other. In terms of screen time, however, the performance is given precedence.

When we turn to the soundtrack, we find that, after the brief introductory scene in the screening room (a scene, by the way, that is often cut from the video), the soundtrack consists entirely of the lyrics for the song *Material Girl*. This song deals with a girl who will only date boys who "give her proper credit", for whom love is reduced to money. Thus, all the visuals pertaining to the poor director "Madonna I" love story do not have any correlaton with the sound track. We merely have two short verbal sequences (in the screening room and dressing room) to carry the entire second story; in other words, sound track and image track are not linked for that story. An obvious example of this discrepancy is the shot of "Madonna I" (arriving at the studio in the flashy car) rejecting her rich lover: Madonna lip-synchs "That's right", from the *Material Girl* song, a phrase that, in the song, refers to her only loving boys who give her money in a situation where she actually refuses to love the man who is wealthy! In other words, the entire video is subordinated to the words, with their signifiers that refer in fact only to the stage performance. The common Hollywood musical device of having the dance interlude simply be an episode in the main story seems here to be reversed, the performance is central, while the love story is reduced to the status of a framing narrative. Also significant here is the disjunction between the two stories, the framing story being about a "nice" girl and the performance being about the "bad" girl, but even these terms are blurred by the obvious seductiveness of the "nice" gift, particularly at the end as she walks toward the car in a very "knowing" manner.

We see thus that the usual hierarchical arrangement of discourses in the classical realist text is totally violated in *Material Girl*. Although "Madonna I" is certainly set up as object of the poor director's desire, in classical manner, the text refuses to let her be controlled by that desire. This is achieved by unbalancing the relations between framing-story and performance-story so that "Madonna I" is overridden by her stage figure, "Madonna II" —the brash, gutsy material gift. The line between "fiction" and "reality" within the narrative is thus blurred, with severe consequences just because the two women are polar opposites.

In *Gentlemen Prefer Blondes*, on the other hand, no such confusion or discrepancy exists. From the start, Monroe's single-minded aim is to catch a rich man, and she remains fixed on that object throughout. The function of her performance of *Diamonds: Are a Girl's Best Friend*? is, in part, simply to express what has been obvious to the spectator if not to Esmond all along, but also to let Esmond get the idea, were he smart enough. Monroe sings a song that expresses her philosophy of life, but we are clear about the lines between the stage fiction and the context of its presentation, and Monroe as a character in the narrative. Part of the confusion in the Madonna video comes about precisely because the scene of the performance is not made very clear and because the lines between the different spaces of the text are blurred.

To anticipate John Fiske's discussion, the situation in *Material Girl* is even more problematic because of the way that Madonna, as historical star-subject, breaks through her narrative positions with her strong personality, her love of performing for the camera, her inherent energy and vitality. Madonna searches for the camera's gaze and for the TV spectator's gaze that follows it because she relishes being desired. The "roles" melt away through her unique presence, and the narrative incoherence discussed above seems resolved in our understanding that Madonna herself, as historical subject, is the really "material girl"!

It is perhaps Madonna's success in articulating and parading the desire to be desired in an unabashed, aggressive, gutsy manner (as against the self-abnegating urge to lose oneself in the male that is evident in the classical Hollywood film) that attracts the hordes of twelve-year-old fans that idolize her and crowd her concerts. The amazing Madonna "look alike" contests (as in a recent Macy's campaign in New York) and the successful exploitation of the weird Madonna style of dress by clothing companies attest to this idolatry. It is significant that Madonna's style is a far cry from the conventional "patriarchal feminine" of the women's magazines, it is a cross between a bordello queen and a bag lady. Young teenagers can use her as a protest against their mothers and the normal feminine while still remaining very much within those modes (in the sense of spending much money, time, and energy on their "look"; the "look" is still crucial to their identities, still designed to attract attention, even if provocatively).

In some sense, then, Madonna represents the post-feminist heroine in that she combines unabashed seductiveness with a gutsy independence. She is neither particularly male nor female identified and seems mainly to be out for herself. This post-feminism is part of a larger postmodernist phenomenon that her video also embodies in its blurring of hitherto sacrosanct boundaries and polarities of the various kinds discussed. The usual bipolar categories—male/female, high art/pop art, film/TV, fiction/reality, private/public, interior/exterior simply do not apply to *Material Girl*.

This analysis of *Material Girl* has shown the ambiguity of enunciative positions within the video that, in turn, is responsible for the ambiguous representation of the female image. The positioning of a video like *Material Girl*, moreover, within the twenty-four-hour flow of this commercial channel ensures that it is this sort of ambiguous image that appears frequently, as against the other female images mentioned, which are only rarely cycled. That this sort of postmodern image is seen as the most marketable one is evident from the fact that the same post-feminist image dominates the ads interspersed among the videos.

The whole televisual apparatus thus contributes to the prevalence of the ambiguous female image. To summarize the main force of MTV as a cable channel is consumption on a whole variety of levels, ranging from the literal (selling the sponsors "goods, the rock stars" records, and MTV itself) to the psychological (selling the image, the "look", the style). MTV is, more obviously than other programs, one nearly continuous advertisement, the flow merely being broken down into different kinds of ads. More than other programs, then, MTV positions the spectator in the mode of constantly hoping that the next ad segment (of whatever kind) will satisfy the desire for plenitude, the channel keeps the spectator in the consuming mode more intensely because its items are all so short. Because the mode of address throughout is that of the ad, the channel relies on engaging the spectator on the level of unsatisfied desire. This remains in the psyche from the moment of entry into the Lacaman Symbolic and is available for channeling in various directions. Given the organization of the Lacanian Symbolic around the phallus as signifier, it is not surprising that MTV basically addresses the desire for the phallus (and for the authority and power it represents) remaining in the psyche of both genders. This partly accounts for the dominance of the channel by videos featuring white male stars.

Nevertheless, the male gaze is not monolithic on MTV; the televisual apparatus enables the production of a variety of different gazes due to the arrangement of a series of short, constantly changing segments in place of the two-hour continuous film narrative, or the (usually) single book-length or theatrical narrative. There is no possibility within the four-minute segment (others are shorter) for regression to the Freudian Oedipal conflicts in the manner of the classical narrative. What we have instead is a semi-comical play with Oedipal positions in the postmodern video, or a focus on one particular mode in the Oedipal complex in some of the other video types.

The implications of all this for a feminist perspective need close analysis. Feminism has traditionally relied on a liberal or leftist humanist position, as was clear in my earlier delineation of major types of historical feminism. Baudrillard has suggested that the TV screen symbolizes a new era in which the old forms of production and consumption have given way to what he calls a new "universe of communication". This new universe, unlike the old one (which he argued involved striving, ambition, and struggles of the son against the patriarchal Father) relies on connections, feedback, and interface; its processes are narcissistic and involve constant surface change. [35] If indeed the televisual apparatus manifests a new stage of consciousness in which liberal/ left humanism no longer has a place, this affects a majority of feminist positions; and feminism needs to address the changed situation. Gender has been one of the central organizing categories of what Baudrillard calls the old "hot" (as against the new "cold") universe, but this distinction may be lost in the new era, with as-yet unclear (and not necessarily progressive) results.

Feminists need to explore television's part in the changed and still changing relationship of self to image. This change began at the turn of the century with the development of advertising and of the department-store window; it was then further affected by the invention of the cinematic apparatus, and television has, in turn, produced more changes. The television screen now replaces the cinema screen as the central controlling cultural mode, setting up a new spectator-screen relationship that I have begun to analyze in the work on MTV. For MTV constantly comments upon the self in relation to image (especially the TV image), to the extent that this commentary can be seen as its main "content". The blurring of distinctions between a "self" and an "image", or the reduction of the old notion of "self" to "image" —is something for feminists to explore, even as we fear the coming of Baudrillard's universe of "simulacra". By this, Baudrillard means a world in which all we have are simulations, there being no "real" external to them, no "original" that is being copied. [36] It would be as if all were reduced merely to exteriors and there were no longer any interiors.

The reduction of the female body to merely an "image" is something that women have lived with for a long time, and the phenomenon has been extensively studied by feminist film critics. But these studies always somehow assumed an entity that could possibly be constructed differently. The new postmodern universe with its celebration of the look, the surfaces, textures, the self-as-commodity threatens to reduce everything to the image/representation/simulacrum. Television with its decentered address, its flattening out of things into an endless, unbounded, unframed network or system, the parts of which all rely on each other—is an apparatus urgently requiring more thorough examination, particularly in relation to its impact on women.

Notes

[1] E. Ann Kaplan, introduction, and William Boddy, "Loving a Nineteen-Inch Motorola: American Writing on Television", in *Regarding Television Critical Approaches: An Anthology*, ed. E. Ann Kaplan, American Film Institute Monograph Series, Vol. 9 (Frederick, Md.: University Publications of America, 1983). pp. xi-xxiii, 1-ii; Robert C. Allen, *Speaking of Soap Operas* (Chapel Hill: University of North Carolina Press, 1985), Chap. 9, especially pp. 40 – 44; David Morley, *The "Nationwide" Audience: Structure and Decoding* (London: British Film Institute, 1980), pp. 1 – 5.

[2] Morley, *The "Nationwide" Audience*, p. i.

[3] Recently, a few scholars (such as Charlotte Brunsdon) have undertaken work on television from within the university.

[4] For British work of this kind, see Morley, *The "Nationwide" Audience*, and *The Glasgow University Media Group*, *Bad News* (London: Routledge and Kegan Paul, 1976) and *More Bad News* (London: Routledge and Kegan Paul, 1980). For typical American work in the social-science mode, see G. Comstock et al., *Television and Human Behavior* (New York: Columbia University Press, 1978).

[5] Susan Honeyford, "Women and Television", *Screen* 21, No. 9. (1980), p. 49.

[6] Gillian Skirrow, "Representation of Women in the Association of Cinematograph, Television and Allied Technicians", *Screen* 99, No. 3 (1981) pp. 94 – 109.

[7] See, for example, John Caughie, "Progressive Television and Documentary Drama", *Screen* 21, No. 2 (1980). pp. 9 – 35; Michael Poole, "The Cult of the Generalist: British Television Criticism 1936 – 1983", *Screen*, No. 9 (March/ April, 1984), pp. 41 – 69; Tony Pearson, "Teaching Television", *Screen*, No. 3 (May/ June 1983), pp. 35 – 43.

[8] It was only in the wake of the work by feminist theorists in the 1980s that a book did emerge from a "communications" scholar, who also happened to be male. That scholar was the editor of this text, Robert C. Allen; the book, *Speaking of Soap Operas*. I will discuss this work later on.

[9] Bradley S. Greenberg, et al., "The Soaps: What's on and Who Cares?" *Journal of Broadcasting* 9, No. 9 (Spring 1989.), pp. 519 – 535.

[10] As I discuss later on, women (at least in America) have been making independent videos since the 1970s (a recent series at *Artist Space in New York* demonstrated the variety and creativity of much of this early work) and continue to make them today. There remains the problem of suitable sites of exhibition; film is still the more familiar form; the prevalence of film courses in academic institutions has further provided a suitable context of exhibition still denied to independent television. Helen Baehr, "A Feminist Reworking of Media Studies", paper presented at the Nordic Conference on Women and the Mass Media, April, 1986.

[11] Stephen Heath and Gillian Skirrow, "Television: A World in Action", *Screen* 18, No. 9 (Summer 1977), pp. 7 – 59.

[12] I am thinking here of work by Cathy Schwichtenberg on *The Rockford Files*, Rebecca Baillin on *Charlie's Angels*, and others. Ellen Seiter, at Northwestern University, was another "pioneer" in the area of soap operas.

[13] See Simone de Beauvoir, *The Second Sex*, trans. H. M. Parshley (1949; reprint, Harmondsworth: Penguin, 1979.); Kate Millett, *Sexual Politics* (New York: Doubleday, 1969); and Germaine Greer, *The Female Eunuch* (London: MacGibbon and Kee, 1970).

[14] One could add yet one more political feminist stance of the postmodern, but I have not yet seen this approach applied to television. The concept of the postmodern, as developed particularly by Fredric Jameson and Jean Baudrillard, involves the

blurring of hitherto sacrosanct boundaries and polarities, the elimination of any position from which to speak or judge. It involves the obliteration of any distinction between an "inside" and an "outside", the reduction of all to one level, often seen as that of the simulacra. There is no longer a realm of the "real" versus that of "imitation" or "mimicry", but rather a level in which there is only simulation. Post-structuralist feminism still honors the concept of a feminist position, even while doubting that the (patriarchal) "feminine" can be subverted. It still problematizes the issue of searching for alternate female positions; it still seeks such positions. Postmodernist [feminisms] (the word must be put in brackets because the position is ultimately a postfeminist one) rather defines feminism itself as a concept, as an essentializing term, as looking back to the individualist framework of early feminist movements. It therefore refuses to honor "feminist" as a concept but is, rather, interested precisely in elaborating/dwelling upon/working through the problems with the concept. Thus, the postmodernist position is still concerned with feminism, but now from the perspective of exposing its limits, of arguing for the need to think through other categories.

[15] See a recent article of mine, "The Hidden Agenda: A Review of Revision: Essays in Feminist Criticism", *Camera Obscura*, No. 24/25 (Fall 1985), pp. 235 - 249. See also my forthcoming essay reviewing feminist film criticism generally, "Feminist Film Criticism: Current Issues", in *Studies in the Literary Imagination*. In both articles I discuss the essentialist/antiessentialist debate in some detail.

[16] Julia Kristeva, "Women's Time", trans. Alice Jardine and Harry Blake, *Signs* 7, No. 1 (Autumn 1981), pp. 13 - 35.

[17] Diana Meehan, *Ladies of the Evening: Women Characters of Prime Time Television* (Metuchen, N. J.: Scarecrow Press, 1983). Subsequent references are cited in the text.

[18] For an excellent example of this kind of work on media images before the invention of television, see Maureen Honeywell, *Creating Rosie the Riveter* (Amherst: University of Massachusetts Press, 1984).

[19] Lillian Robinson, "What's My Line? Telefiction and Women's Work", *Sex, Class and Culture* (Bloomington: Indiana University Press, 1978), pp. 310 - 344. Subsequent references are cited in the text.

[20] Carol Lopate, "Day-Time Television: You'll Never Want to Leave Home", *Feminist Studies* 4, No. 6 (1976), pp. 70 – 82. Subsequent references are cited in the text.

[21] These theories, too complex to review here, have been thoroughly discussed in two recent books on women in film: E. Ann Kaplan, *Women and Film: Both Sides of the Camera* (London: Methuen, 1983); and Annette Kuhn, *Women's Pictures: Feminism and Cinema* (London: Routledge and Kegan Paul, 1982). Please refer to these for more details.

[22] Laura Mulvey, "Visual Pleasure and Narrative Cinema", *Screen* 16, No. 3 (Autumn 1975), pp. 6 – 18.

[23] See, for example, the debate over various readings of Stella Dallas, *Cinema Journal* 24, No. 2 (Winter 1985), and 25, No. 1 (Fall 1985), pp. 51 – 54.

[24] Tania Modleski, "The Rhythms of Reception: Daytime Television and Women's Work", *Regarding Television*, pp. 67 – 75. Subsequent references are cited in the text.

[25] Sandy Flitterman, "The Real Soap Operas: TV Commercials", *Regarding Television*, pp. 84 – 96. Subsequent references are cited in the text.

[26] Charlotte Brunsdon, "Crossroads: Notes on Soap Opera", in *Regarding Television*, pp. 76 – 83. Subsequent references are cited in the text.

[27] For further discussion of these complex issues, see the chapter by Sandy Flitterman Lewis in this volume.

[28] For details of these arguments, see E. Ann Kaplan, "A Post-Modern Play of the Signifier? Advertising, Pastiche and Schizophrenia in Music Television", *Television in Transition*, ed. Phillip Drummond and Richard Paterson (London: British Film Institute, 1985), pp. 146 – 163; Kaplan, "Sexual Difference, Pleasure and the Construction of the Spectator in Music Television", *Oxford Literary Review* 8, No. 1/2 (1986), pp. 113; and Kaplan, "History, Spectatorship, and Gender Address in Music Television", *Journal of Communication Inquiry* 10, No. 1 (Winter 1986), pp. 3 – 14.

[29] See Robert Stam, "Television News and Its Spectator", *Regarding Television*, pp. 23 – 44.

[30] Peggy Phelan, "Panopticism and the Uncanny: Notes Toward Television's Visual Time", unpublished paper to be presented at the annual meeting of the Modern Language Association, December 1986.

[31] For more details of these points, see works by E. Ann Kaplan cited in 28 above, and also Kaplan's forthcoming book, *Rocking Around the Clock: Music Television, Postmodernism and Consumer Culture* (London: Methuen, 1987).

[32] Fredric Jameson, "Postmodernism and Consumer Culture", *The Anti-Aesthetic: Essays on Postmodern Culture*, ed. Hal Foster (Port Townsend, Wash.: Washington Bay Press, 1983), p. 113.

[33] See E. Ann Kaplan, "Whose Imaginary? The Televisual Apparatus, the Female Body and Textual Strategies in Select Rock Videos on MTV", *Cinematic Pleasure and the Female Spectator*, ed. Deidre Pribram (London: Verso, forthcoming 1987).

[34] Jane D. Brown and Kenneth C. Campbell, "The Same Beat but a Different Drummer: Race and Gender in Music Videos", *Journal of Communication* (Spring 1986), pp. 15.

[35] Jean Baudrillard, *The Ecstasy of Aesthetic*, p. 127.

[36] Jean Baudrillard, *Simulations*, trans. Paul Foss, et al. (New York: Semiotext (e)), 1983.

Tania Modleski 14

The Search for Tomorrow in Today's Soap Operas*

I

[…]

I propose [HERE] not to ignore what is "feminine" about soap operas but to focus on it, to show how they provide a unique narrative pleasure which, while it has become thoroughly adapted to the rhythms of women's lives in the home, provides an alternative to the dominant "pleasures of the text" analyzed by Roland Barthes and others. Soap operas may be in the vanguard not just of TV art but of all popular narrative art.

II

Whereas the meaning of Harlequin Romances depends almost entirely on the sense of an ending, soap operas are important to their viewers in part because they never end. Whereas Harlequins encourage our identification with one character, soap operas invite identification with numerous personalities. And whereas Harlequins are structured around two basic enigmas, in soap operas, the enigmas proliferate: "Will Bill find out that his wife's sister's baby is really his by artificial insemination? Will his wife submit to her sister's blackmail attempts, or will she finally let Bill know the truth? If he discovers the truth, will this lead to another nervous breakdown, causing him to go back to Springfield General where his ex-wife and his illegitimate daughter are both doctors and

---

* 本文选自 Amelia Jones (ed.), *The Feminism and Visual Culture Reader*, London: Routledge, 2003.

sworn enemies?" Tune in tomorrow, not in order to find out the answers, but to see what further complications will defer the resolutions and introduce new questions. Thus the narrative, by placing ever more complex obstacles between desire and fulfillment, makes anticipation of an end an end in itself. Soap operas invest exquisite pleasure in the central condition of a woman's life, waiting whether for her phone to ring, for the baby to take its nap, or for the family to be reunited shortly after the day's final soap opera has left its family still struggling against dissolution.

According to Roland Barthes, the hermeneutic code, which propounds the enigmas, functions by making expectation..., the basic condition for truth—truth, these narratives tell us, is what is at the end of expectation. This design implies a return to order, for expectation is a disorder.[1] But, of course, soap operas do not end. Consequently, truth for women is seen to lie not "at the end of expectation," but in expectation, not in the "return to order," but in (familial) disorder.

Many critics have considered endings to be crucial to narratives. Frank Kermode speculates that fictive ends are probably "figures" for death.[2] In his essay on *The Storyteller*, Walter Benjamin comes to a similar conclusion:

> *The novel is significant... not because it presents someone else's fate to us, perhaps didactically, but because this stranger's fate by virtue of the flame which consumes it yields us the warmth which we never draw from our own fate. What draws the reader to the novel is the hope of warming his shivering life with a death he reads about.*[3]

But soap operas offer the promise of immortality and eternal return the same time tomorrow. Although at first glance, soap opera seems in this respect to be diametrically opposed to the female domestic novels of the nineteenth century, which were pre occupied with death, especially the deaths of infants and small children, a second look tells us that the fantasy of immortality embodied in modern melodrama is not so very different from the fantasies expressed in the older works. In the latter, it is not the case that, in Benjamin's words, the "meaning" of a character's life is revealed only in his death;[4] rather, for women writers and readers, forced to endure repeatedly the premature loss of their children, it was the meaning of the character's death that had to be ascertained, and this meaning was revealed only in the afterlife, only in projections of eternity.

Tracts of time unpunctuated by meaning derived from the end are not to be borne, says Frank Kermode, confidently. [5] But perhaps for women (no doubt for men too) certain kinds of endings are attended by a sense of meaninglessness even less capable of being borne than limitless expanses of time which at least hold open the possibility that something may sometime happen to confer sense upon the present, The loss of a child was, for nineteenth-century women, an example of such an unbearable ending, it was, as Helen Papashvily has called it, "a double tragedy, the loss of a precious individual and the negation of her creativity", [6] and it threatened, perhaps more than any other experience, to give the lie to the belief in a benevolent God and the ultimate rightness of the world order. And so, it was necessary to believe that the child would join a heavenly family for all eternity.

For twentieth-century woman, the loss of her family, not through death, but through abandonment (children growing up and leaving home) is perhaps another "ending" which is feared because it leaves women lonely and isolated and without significant purpose in life. The fear, as Barbara Easton persuasively argues, is not without foundation:

With the geographical mobility and breakdown of communities of the twentieth century, women's support networks outside the family have weakened, and they are likely to turn to their husbands for intimacy that earlier generations would have found elsewhere. [7]

The family is, for many women, their only support, and soap operas offer the assurance of its immortality. [8] They present the viewer with a picture of a family which, though it is always in the process of breaking down, stays together no matter how intolerable its situation may get. Or, perhaps more accurately, the family remains close precisely because it is perpetually in a chaotic state. The unhappiness generated by the family can only be solved in the family. Misery becomes not, as in many nineteenth-century women's novels, the consequence and sign of the family's break down, but the very means of its functioning and perpetuation. As long as the children are unhappy, as long as things don't come to a satisfying conclusion, the mother will be needed as confidante and adviser, and her function will never end.

One critic of soap opera remarks, "If... as Aristotle so reasonably claimed, drama is the imitation of a human action that has a beginning, a middle, and an end, soap opera belongs to a separate genus that is entirely composed of an indefinitely expandable middle."[9] It is not only that successful soap operas do not end; it is also that they cannot end. In *The Complete Soap Opera Book*, an interesting and lively work on the subject, the authors show how a radio serial forced off the air by television tried to wrap up its story.[10] It was an impossible task. Most of the storyline had to be discarded and only one element could be followed through to its end — an important example of a situation in which what Barthes calls the "discourse's instinct for preservation" has virtually triumphed over authorial control.[11] Furthermore, it is not simply that the story's completion would have taken too long for the amount of time allotted by the producers. More importantly, I believe it would have been impossible to resolve the contradiction between the imperatives of melodrama the good must be rewarded and the wicked punished, and the latent message of soap operas, everyone cannot be happy at the same time, no matter how deserving they are. The claims of any two people, especially in love matters, are often mutually exclusive.

John Cawelti defines melodrama as having:

At its center the moral fantasy of showing forth the essential "rightness" of the world order... Because of this, melodramas are usually rather complicated in plot and character; instead of identifying with a single protagonist through his line of action, the melodrama typically makes us intersect imaginatively with many lives. Subplots multiply, and the point of view continually shifts in order to involve us in a complex of destinies. Through this complex of characters and plots we see not so much the working of individual fates but the underlying moral process of the world.[12]

It is scarcely an accident that this essentially nineteenth-century form continues to appeal strongly to women, whereas the classic (male) narrative film is, as Laura

Mulvey points out, structured " around a main controlling figure with whom the spectator can identify" is soap operas continually insist on the insignificance of the individual life. A viewer might at one moment be asked to identify with a woman finally reunited with her lover, only to have that identification broken in a moment of intensity and attention focused on the sufferings of the woman's rival.

If, as Mulvey claims, the identification of the spectator with " a main male protagonist" results in the spectator's becoming "the representative of power", [14] "the multiple identification which occurs in soap opera results in the spectator's being divested of power". For the spectator is never permitted to identify with a character completing an entire action. Instead of giving us one powerful ideal ego... who can make things happen and control events better than the subject/spectator can, is soap operas present us with numerous limited egos, each in conflict with the others, and continually thwarted in its attempts to control events because of inadequate knowledge of other peoples' plans, motivations, and schemes. Sometimes, indeed, the spectator, frustrated by the sense of powerlessness induced by soap operas, will, like an interfering mother, try to control events directly:

> *Thousands and thousands of letters [from soap fans to actors] give advice; warn the heroine of impending doom, caution the innocent to beware of the nasties ("Can't you see that your brother-in-law is up to no god"), inform one character of another's doings, or reprimand a character for unseemly behavior.* [16]

Presumably, this intervention is ineffectual, and feminine powerlessness is reinforced on yet another level.

The subject/spectator of soap operas, it could be said, is constituted as a sort of ideal mother: a person who possesses greater wisdom than all her children, whose sympathy is large enough to encompass the conflicting claims of her family (she identifies with them all), and who has no demands or claims of her own (she identifies with no one character exclusively). The connection between melodrama and mothers is an old one. Harriet Beecher Stowe, of course, made it explicit in *Uncle Tom's Cabin*, believing that if her book could bring its female readers to see the world as one extended family, the world would be vastly improved. But in Stowe's novel, the frequent shifting of perspective identifies the reader with a variety of characters in order ultimately to ally her with the mother/author and with God who, in their higher wisdom and understanding, can make all the hurts of the world go away, thus insuring the "essential 'rightness' of the world order". Soap opera, however, denies the "mother" this extremely flattering illusion of her power. On the one hand, it plays upon the spectator's expectations of the melodramatic form, continually stimulating (by means of the hermeneutic code) the desire for a just conclusion to the story, and, on the other hand, it constantly presents the desire as unrealizable, by showing that conclusions only lead to further tension and suffering. Thus soap operas convince women that their highest goal is to see their families united and happy, while consoling them for their inability to realize this ideal and bring about familial harmony.

[…]

III

Critics have speculated before now about why the narrative form of soap opera seems to have special appeal to women. Marcia Kinder, reviewing Ingmar Bergman's *Scenes from a Marriage*, suggests that the "open-ended, slow-paced, multi-climaxed" structure of soap opera is "in tune with patterns of female sexuality".[17] While this is certainly a plausible explanation, it should be clear by now that soap opera as a narrative form also reflects and cultivates the "proper" psychological disposition of the woman in the home. Nancy Chodorow provides us with a nice description of women's work in the home and usefully contrasts it to work performed in the labor force:

Women's activities in the home involve continuous connection to the concern about children and attunement to adult masculine needs, both of which require connection to, rather than separateness from, others. The work of maintenance and reproduction is characterized by its repetitive and routine continuity, and does not involve specified or progression. By contrast, work in the labor force, "men's work" —is likely to be contractual, to be more specifically delimited, and to contain a notion of defined progression and product.[18]

We have already seen ways in which soap operas encourage women to become involved in or "connected to" the lives of the people on the screen. A comparison with *Dallas*, the popular nighttime serial, is instructive. There, the characters are highly glamorized, the difference between their world and that of the average viewer could not be greater, and the difference is continually emphasized. On soap operas, by contrast, glamour and wealth are played down. Characters are attractive enough so that their looks are not distracting, well off enough so that, as in a Henry James novel, they can worry about more exciting problems than inflation at the market. But glamour and wealth are not preoccupations as they are on *Dallas*. Obviously, the soap opera world is in reality no more like the average spectator's than the world of *Dallas*; yet the characters and the settings all connote, to use a Barthesian type of neologism, averageness. This accounts for the fans' frequent contention that soap opera characters are just like them, whereas no one is likely to make such a claim about the Ewing family on *Dallas*. The consequent blurring of the boundaries between fantasy and life which sometimes occurs (as, for example, when fans write letters to the "characters," giving them advice about their problems) suggests that the psychological fusion which Chodorow says is experienced by the wife/mother applies in these instances to the viewer's experience of the characters.

Another way in which soap opera stimulates women's desire for connectedness is through the constant, claustrophobic use of close-up shots. Often only the audience is privileged to witness the characters' expressions, which are complex and intricately coded, signifying triumph, bitterness, despair, confusion, the entire emotional register, in fact. Soap operas contrast sharply with other popular forms aimed at masculine visual pleasure, which is often centered on the fragmentation and fetishization of the female body. In the most popular feminine visual art, it is easy to forget that characters even have bodies, so insistently are close-ups of faces employed. One critic significantly remarks, "A face in close-up is what before the age of film only a lover or a mother ever saw."[19] Soap operas appear to be the one visual art which activates the gaze of the mother, but in order to provoke anxiety about the welfare of others. Close-ups provide the spectator with training in "reading" other people, in being sensitive to their (unspoken) feelings at any given moment.

Chodorow stresses the "connectedness" of women's work in the home but this is only half the picture. The wife's job is further complicated by the fact that she must often deal with several people with different, perhaps conflicting moods; and further she must be prepared to drop what she is doing in order to cope with various conflicts and problems the moment they arise. Unlike most workers in the labor force, the housewife must be aware of concentrating her energies exclusively on any one task, otherwise, the dinner could burn or the baby could crack its skull (as happened once on "Ryan's Hope" when the villainess became so absorbed in a love encounter that she forgot to keep an eye on her child). The housewife functions, as many creative women have sadly realized, by distraction. Tillie Olsen writes in *Silences*, "More than in any other human relationship, overwhelmingly more, motherhood means being instantly interruptable, responsive, responsible. It is a distraction, not meditation, that becomes habitual interruption, not continuity; spasmodic, not constant toil."[20] Daytime television plays a part in habituating women to distraction, interruption, and spasmodic toil.

These observations have crucial implications for current television theory. In his book *Television: Technology and Cultural Form*, Raymond Williams suggests that the shifts in television programming from one type of show to another and from part of a show to a commercial should not be seen as "interruptions" of a mood, of a story, but as parts of a whole. What at first appear to be discrete programming units in fact interrelate in profound and complex ways. Williams uses the term "flow" to describe this interaction of various programs with each other and with commercials. "The fact of flow," he says, defines the "central television experience."[21] Against Williams, I would argue that the flow within soap operas, as well as between soap operas and other programming units, reinforces the very principle of interruptability crucial to the proper functioning of women in the home. In other words, what Williams calls "the central television experience" is a profoundly decentering experience.

"The art of being off center," wrote Walter Benjamin in an essay on Baudelaire, "in which the little man could acquire training in places like the *Fun Fair*, flourished concomitantly with unemployment."[22] Soap operas also provide training in the "art of being off center" (and we should note in passing that it is probably no accident that the nighttime "soap opera" *Dallas* and its spinoffs and imitators are flourishing in a period of economic crisis and rising unemployment). The housewife, of course, is in one sense, like the little man at the *Fun Fair*, unemployed, but in another sense she is perpetually employed her work, like a soap opera, is never done. Moreover, as I have said, her duties are split among a variety of domestic and familial tasks, and her television programs keep her from desiring a focused existence by involving her in the pleasures of a fragmented life.

Interruptions may be, as Benjamin thought, one of the fundamental devices of all art, but surely soap opera relies on them to a far greater extent than any other art.[23] Revelations, confrontations, and reunions are constantly being interrupted and postponed by telephone calls, unexpected visitors, counter revelations, catastrophes, and switches from one plot to another. These interruptions are both annoying and pleasurable, if we are torn away from one exciting story, we at least have the relief of picking up the thread of an unfinished one. Like the (ideal) mother in the home, we are kept interested in a number of events at once and are denied the luxury of a total and prolonged absorption. Commercials constitute another kind of interruption, in this case from outside the diegesis. Commercials present the housewife with mini-problems and their resolutions, so after witnessing all the agonizingly hopeless dilemmas on soap operas, the spectator has the satisfaction of seeing something cleaned up, if only a stained shirt or a dirty floor.

Although daytime commercials and soap operas are both set overwhelmingly within the home, the two views of the home seem antithetical, for the chief concerns of commercials are precisely the ones soap operas censor out. The saggy diapers, yellow wax build-up and carpet smells making up the world of daytime television ads are rejected by soap operas in favor of *Another World*, as the very title of one soap opera announces, a world in which characters deal only with the "large" problems of human existence—crime, love, death and dying. But this antithesis embodies a deep truth about the way women function in (or, more accurately, around) culture as both moral and spiritual guides and household drudges, now one, now the other, moving back and forth between the extremes, but obviously finding them difficult to reconcile.[24]

Similarly, the violent mood swings the spectator undergoes in switching from quiz shows, the other popular daytime television fare, to soap operas also constitute a kind of interruption, just as the housewife is required to endure monotonous, repetitive work but to be able to switch instantly and on demand from her role as a kind of bedmaking, dishwashing automation to a large sympathizing consciousness. It must be stressed that while nighttime television certainly affords shifts in mood, notably from comedy to drama, these shifts are not nearly as extreme as in daytime programming. Quiz shows present the spectator with the same game, played and replayed frenetically day after day, with each game a self-contained unit, crowned by climactic success or failure. Soap operas, by contrast, endlessly defer resolutions and climaxes and undercut the very notion of success.

The formal properties of daytime television thus accord closely with the rhythms of women's work in the home. Individual soap operas as well as the flow of various programs and commercials tend to make repetition, interruption, and distraction pleasurable. But we can go even further and note that for women viewers reception itself often takes place in a state of distraction. According to Benjamin, "reception in a state of distraction ... finds in the film its true means of exercise."[25] But now that we have television we can see that it goes beyond film in this respect, or at least the daytime programs do. For, the consumption of most films as well as of nighttime programs in some ways recapitulates the work situation in the factory or office: the viewer is physically passive, immobilized, and all his attention is focused on the object before him. Even the most allegedly "mindless" program requires a fairly strong degree of concentration if its plot is to make sense. But since the housewife's "leisure" time is not so strongly demarcated, her entertainment must often be consumed on the job. As the authors of *The Complete Soap Opera Book* tell us:

The typical fan was assumed to be trotting about her daily chores with her mop in one hand, duster in the other, cooking, tending babies, answering telephones. Thus occupied, she might not be able to bring her full powers of concentration to bear on Backstage Wife.[26]

This accounts, in part, for the "realistic" feel of soap operas. The script writers, anticipating the housewife's distracted state, are careful to repeat important elements of the story several times. Thus, if two characters are involved in a confrontation which is supposed to mark a final break in their relationship, that same confrontation must be repeated, with minor variations, a few times in order to make sure the viewer gets the point. "Clean breaks" —surely a supreme fiction, are impossible on soap operas.

Benjamin, writing of film, invoked architecture as the traditional art most closely resembling the new one in the kinds of response they elicit. Both are mastered to some extent in a state of distraction, that is, both are appropriated "not so much by attention as by habit."[27] It is interesting to recall in this connection the Dadaist Eric Satie's concept of furniture music, which would be absorbed while people went about their business or chatted with each other. Television is the literalization of the metaphor of furniture art, but it must be, stressed that this art is more than simply background noise in the way, for example, that muzak is; soap operas are intensely meaningful to many women, as a conversation with any fan will immediately confirm.

Ironically, critics of television untiringly accuse its viewers of indulging in escapism. In other words, both high art critics and politically oriented critics, though motivated by different concerns, unite in condemning daytime television for distracting the housewife from her real situation. My point has been that a distracted or distractable flame of mind is crucial to the housewife's efficient functioning in her real situation, and at this level television and its so-called distractions, along with the particular forms they take, are intimately bound up with women's work.

Given the differences in the ways men and women experience their lives, it is not surprising to find that "narrative pleasure" can sometimes mean very different things to men and women. This is an important point. Too often feminist criticism implies that there is only one kind of pleasure to be derived from narrative and that it is an essentially masculine one. Hence, it is further implied, feminist artists must first of all challenge this pleasure and then out of nothing begin to construct a feminist aesthetics and feminist form. This is a mistaken position, in my view, for it keeps us constantly in an adversary role, always on the defensive, always, as it were, complaining about the family but never leaving home. Feminist artists don't have to start from nothing;

rather, they can look for clues to women's pleasure which are already present in existing forms, even if this pleasure is currently placed at the service of patriarchy. Claire Johnston, a feminist film theorist, has argued for a strategy combining "both the notion of film as a political tool and film as entertainment."

For too long these have been regarded as two opposing poles with little common ground. In order to counter our objectification in the cinema, our collective fantasies must be released: women's cinema must embody the working through of desire—such an objective demands the use of the entertainment film. Ideas derived from the entertainment film, then, should inform the political film, and political ideas should inform the entertainment cinema: a two way process. [28]

Clearly, women find soap operas eminently entertaining, and an analysis of the pleasure these programs afford can provide feminists with ways not only to challenge this pleasure but to incorporate it into their own artistic practices.

[…]

It is important that soap opera allays real anxieties, satisfies real needs and desires, even while it may distort them. The fantasy of community is not only a real desire (as opposed to the "false" ones mass culture, is always accused of trumping up), it is a salutary one. As feminists, we have a responsibility to devise was of meeting these needs that more creative, honest, and interesting than the ones mass culture has supplied. Otherwise, the search for tomorrow threatens to go on endlessly.

Notes

[1] Roland Barthes, *S/Z*, p. 76.

[2] Frank Kermode, *The Sense of an Ending*, p. 7.

[3] Waiter Benjamin, "The Storyteller", *Illuminations*, p. 101.

[4] Benjamin, "The Storyteller", pp. 100 – 101.

[5] Kermode, p. 162.

[6] Helen Waitc Papashvily, *All the Happy Endings*, p. 194.

[7] Barbara Easton, "Feminism and the Contemporary Family", p. 30.

[8] Not only can women count on a never ending story line, they can also, to a great extent, rely upon the fact that their favorite characters will never desert them. To take a rather extreme example when, on one soap opera, the writers killed off a popular female character and viewers were unhappy, the actress was brought back to portray the character's twin sister. See Madeleine Edmondson and David Rounds, *From Mary Noble to Mary Hartman: The Complete Soap Opera Book*, p. 208.

[9] Dennis Porter, "Soap Time: Thoughts on a Commodity Art Form", p. 783.

[10] Edmondson and Rounds, pp. 104 – 110.

[11] Barthes, *S/Z*, p. 135.

[12] John G. Cawelti, *Adventure*, *Mystery and Romance*, pp. 45 – 46.

[13] Laura Mulvey, "Visual Pleasure and Narrative Cinema", p. 420.

[14] Mulvey, p. 420.

[15] Mulvey, p. 420.

[16] Edmondson and Rounds, p. 193.

[17] Marsha Kinder, "Review of Scenes from a Marriage", p. 51.

[18] Nancy Chodorow, *The Reproduction of Mothering*, p. 179.

[19] Dennis Porter, "Soap Time", p. 786.

[20] Tillie Olsen, *Silences*, pp. 18 – 19.

[21] Raymond Williams, *Television: Technology and Culture Form*, p. 95.

[22] Benjamin, "On Some Motifs in Baudelaire", *Illuminations*, p. 176.

[23] Benjamin, *What is Epic Theater Illuminations*, p. 151.

[24] See Sherry B. Ortner's brilliant discussion of women's position in culture, "Is Female to Male as Nature Is to Culture?"

[25] Benjamin, "The Work of Art in the Age of Mechanical Reproduction", *Illuminations*, p. 240.

[26] Edmondson and Rounds, pp. 46 – 47.

[27] Benjamin, "The Work of Art", *Illuminations*, pp. 239 – 240.

[28] Claire Johnston, "Women's Cinema as Counter-Cinema", p. 217.

Bibliography

Barthes, Roland, *S/Z*, Translated by Richard Miller, New York: Hill and Wang, 1974.

Benjamin, Walter, *Illuminations*, Translated by Harry Zohn, Edited by Hannah Arendt, New York: Schocken Books, 1969.

Cawelti, John G, *Adventure, Mystery, and Romance*, Chicago: University of Chicago Press, 1976.

Chodorow, Nancy, *The Reproduction of Mothering: Psychoanalysis and the Sociology of Gender*, Berkeley: University of California Press, 1978.

Easton, Barbara, "Feminism and the Contemporary Family", *Socialist Review* 8, No. 3 (1978), pp. 11 - 36.

Edmondson, Madeleine and Rounds, David, *From Mary Noble to Mary Hartman: The Complete Soap Opera Book*, New York: Stein and Day, 1976.

Johnston, Claire, "Women's Cinema as Counter-Cinema", *Movies and Methods*. Edited by Bill Nichols, Berkeley: University of California Press, 1976.

Kermode, Frank, *The Sense of an Ending: Studies in the Theory of Fiction*, New York: Oxford University Press, 1967.

Kinder, Marsha, "Review of Scenes from a Marriage", Ingmar Bergman, *Film Quarterly* 28, No. 2 (1976 - 75), pp. 48 - 53.

Mulvey, Laura, "Visual Pleasure and Narrative Cinema", *Women and the Cinema*, Edited by Karyn Kay and Gerald Peary, New York: E. P. Dutton, 1977.

Olsen, Tillie, *Silences*, New York: Dell Publishing Co., 1979.

Ortner, Sherry B, "Is Female to Male as Nature Is to Culture?", *Woman, Culture and Society*, Edited by Michelle Zimbalist Rosaldo and Louise Lamphere, Stanford: Stanford University Press, 1974.

Papashvily, Helen Waite, *All the Happy Endings, A Study of the Domestic Novel in America, the Women Who Wrote It, the Women Who Read It, in the Nineteenth Century*, New York: Harper and Brothers, 1956.

Porter, Dennis, "Soap Time" Thoughts on a Commodity Art Form, *College English* 38 (1977), pp. 782 - 788.

Williams, Raymond, *Television: Technology and Cultural Form*, New York: Schocken Books, 1975.

Sex in Public*

There Is Nothing More Public Than Privacy

A paper titled "sex in public" teases with the obscurity of its object and the twisted aim of its narrative. In this paper we will be talking not about the sex people already have clarity about, nor identities and acts, nor a wildness in need of derepression; but rather about sex as it is mediated by publics. Some of these publics have an obvious relation to sex pornographic cinema, phone sex, "adult" markets for print, lap dancing. Others are organized around sex, but not necessarily sex acts in the usual sense, queer zones and other worlds estranged from heterosexual culture, but also more tacit scenes of sexuality like official national culture, which depends on a notion of privacy to cloak its sexualization of national membership.

The aim of this paper is to describe what we want to promote as the radical aspirations of queer culture building not just a safe zone for queer sex but the changed possibilities of identity, intelligibility, publics, culture, and sex that appear when the heterosexual couple is no longer the referent or the privileged example of sexual culture. Queer social practices like sex and theory try to unsettle the garbled but powerful norms supporting that privilege including the project of normalization that has made heterosexuality hegemonic as well as those material practices that, though not explicitly sexual, are implicated in the hierarchies of property and propriety that we will describe as heteronormative.

---

* 本文选自 Simon During (eds.), *The Culture Studies Reader* (2nd edition), London: Routledge, 1993.

By heteronormativity we mean the institutions, structures of understanding, and practical orientations that make heterosexuality seem not only coherent, that is, organised as a sexuality but also privileged. Its coherence is always provisional, and its privilege can take several (sometimes contradictory) forms unmarked, as the basic idiom of the personal and the social; or marked as a natural state; or projected as an ideal or moral accomplishment. It consists less of norms that could be summarized as a body of doctrine than of a sense of rightness produced in contradictory manifestations often unconscious, immanent to practice or to institutions. Contexts that have little visible relation to sex practice, such as life narrative and generational identity, can be heteronormative in this sense, while in other contexts forms of sex between men and women might not be heteronormative. Heteronormativity is thus a concept distinct from hetero-sexuality. One of the most conspicuous differences is that it has no parallel, unlike heterosexuality, which organizes homosexuality, as its opposite. Because homosexuality can never have the invisible, tacit, society-founding rightness that heterosexuality has, it would not be possible to speak of "homonormativity" in the same sense.

We open with two scenes of sex in public.

Scene 1

In 1993, *Time* magazine published a special issue about immigration called "The New Face of America". The cover girl of this issue was morphed via computer from head shots representing a range of U. S. immigrant groups, an amalgam of "Italian", "African", "Anglo-Saxon", "Chinese", and "Middle Eastern", "Vietnamese", "Hispanic" faces. The new face of America is supposed to represent what the model citizen will look like when in the year 2004, it is projected, there is no longer a white statistical majority in the United States. Naked, smiling, and just off-white, *Time*'s divine Frankenstein aims to organize hegemonic optimism about citizenship and the national future. *Time*'s theory is that by the twenty-first century interracial reproductive sex will have taken place in the United States on such a mass scale that racial difference itself will be finally replaced by a kind of family feeling based on blood relations. In the twenty-first century, *Time* imagines, hundreds of millions of hybrid faces will erase

American racism altogether, the nation will become a happy racial monoculture made up of "one (mixed) blood".

The publication of this special issue caused a brief flurry of interest but had no important effects; its very banality calls us to understand the technologies that produce its ordinariness. The fantasy banalized by the image is one that reverberates in the law and in the most intimate crevices of everyday life. Its explicit aim is to help its public process the threat to "normal" or "core" national culture that is currently phrased as "the problem of immigration". But this crisis image of immigrants is also a racial mirage generated by a white-dominated society, supplying a specific phobia to organize its public so that a more substantial discussion of exploitation in the United States can be avoided and then remaindered to the part of collective memory sanctified not by nostalgia but by mass aversion. Let's call this the amnesia archive. The motto above the door is *Memory Is the Amnesia You Like*.

But more than exploitation and racism are forgotten in this whirl of projection and suppression. Central to the transfiguration of the immigrant into a nostalgic image to shore up core national culture and allay white fears of minorilization is something that cannot speak its name, though its signature is everywhere, national heterosexuality. National heterosexuality is the mechanism by which a core national culture can be imagined as a sanitized space of sentimental feeling and immaculate behavior, a space of pure citizenship. A familial model of society displaces the recognition of structural racism and other systemic inequalities. This is not entirely new, the family form has functioned as a mediator and metaphor of national existence in the United States since the eighteenth century. We are arguing that its contemporary deployment increasingly supports the governmentality of the welfare state by separating the aspirations of national belonging from the critical culture of the public sphere and from political citizenship (see Habermas, 1989). Immigration crises have also previously produced feminine icons that function as prostheses for the state, most famously, the Statue of Liberty, which symbolized seamless immigrant assimilation to the metaculture of the United States. In *Time*'s face it is not symbolic femininity but practical heterosexuality that guarantees the monocultural nation.

The nostalgic family values covenant of contemporary American politics stipulates a privatization of citizenship and sex in a number of ways. In law and political ideology, for example, the fetus and the child have been spectacularly elevated to the place of sanctified nationality. The state now sponsors stings and legislation to purify the internet on behalf of children. New welfare and tax "reforms" passed under the cooperation between the Contract with America and Clintonian familialism seek to increase the legal and economic privileges of married couples and parents. Vouchers and privatization rezone education as the domain of parents rather than citizens. Meanwhile, senators such as Ted Kennedy and Jesse Helms support amendments that refuse federal funds to organizations that "promote, disseminate, or produce materials that are obscene or that depict or describe, in a patently offensive way, sexual or excretory activities or organs, including but not limited to obscene depictions of sadomasochism, homo-eroticism, the sexual exploitation of children, or individuals engaged in sexual intercourse". These developments, though distinct, are linked in the way they organize a hegemonic national public around sex. But because this sex public officially claims to act only in order to protect the zone of heterosexual privacy, the institutions of economic privilege and social reproduction informing its practices and organizing its ideal world are protected by the spectacular demonization of any represented sex.

Scene 2

In October 1995, the New York City Council passed a new zoning law by a forty-one to nine vote. *The Zoning Text Amendment* covers adult book and video stores, eating and drinking establishments, theaters, and other businesses. It allows these businesses only in certain areas zoned as non-residential, most of which turn out to be on the waterfront. Within the new reserved districts, adult businesses are disallowed within five hundred feet of another adult establishment or within five hundred feet of a house of worship, school, or day-care center. They are limited to one per lot and in size to ten thousand square feet. Signs are limited in size, placement, and illumination. All other adult businesses are required to close within a year. Of the estimated 177 adult businesses in the city, all but 28 may have to close under this law. Enforcement of the bill is entrusted to building inspectors.

A court challenge against the bill was brought by a coalition that also fought it in the political process, formed by anti-censorship groups such as the New York Civil Liberties Union (NYCLU), Feminists for Free Expression, People for the American Way, and the National Coalition Against Censorship as well as gay and lesbian organizations such as the Lambda Legal Defense Fund, the Empire State Pride Agenda, and the AIDS Prevention Action League. These latter groups joined the anti-censorship groups for a simple reason, the impact of rezoning on businesses catering to queers, especially to gay men, will be devastating. All five of the adult businesses on Christopher Street will be shut down, along with the principal venues where men meet men for sex. None of these businesses has been a target of local complaints. Gay men have come to take for granted the availability of explicit sexual materials, theaters, and clubs. That is how they have learned find each other; to map a commonly accessible world; to construct the architecture of queer space in a homophobic environment; and, for the last fifteen years, to cultivate a collective ethos of safer sex. All of that is about to change. Now, gay men who want sexual materials or who want to meet other men for sex will to have two choices: they can cathect the privatized virtual public of phone sex and the internet; or they can travel to small, inaccessible, little-trafficked, badly lit areas, remote from public transportation and from any residences, mostly on the waterfront, where heterosexual porn users will also be relocated and where the risk of violence will consequently be higher. In either case, the result will be a sense of isolation and diminished expectations for queer life, as well as an attenuated capacity for political community. The nascent lesbian sexual culture, including the Clit Club and the only video rental club catering to lesbians, will also disappear. The impact of the sexual purification of New York will fall unequally on those who already have fewest publicly accessible resources.

Normativity and Sexual Culture

Heterosexuality is not a thing. We speak of heterosexual culture rather than heterosexuality because that culture never has more than a provisional units. It is neither a single Symbolic nor a single ideology, nor a unified set of shared beliefs. The conflicts between these strands are seldom more than dimly, perceived in practice, where the givenness of male-female sexual relations is part of the ordinary rightness of the world, its fragility masked in shows of solemn rectitude. Such conflicts have also gone unrecognized in theory, partly because of the metacultural work of the very category of heterosexuality, which consolidates as a sexuality widely differing practices, norms, and institutions; and partly because the sciences of social knowledge are themselves so deeply anchored in the process of normalization to which Foucault attributes so much of modern sexuality. Thus when we say that the contemporary United States is saturated by the project of constructing national heterosexuality, we do not mean that national heterosexuality, is anything like a simple monoculture. Hegemonies are nothing if not elastic alliances, involving dispersed and contradictory strategies for self-maintenance and reproduction.

Heterosexual culture achieves much of its metacultural intelligibility through the ideologies and institutions of intimacy. We want to argue here that although the intimate relations of private personhood appear to be the realm of sexuality itself, allowing "sex in public" to appear like matter out of place, intimacy is itself publicly mediated, in several senses. First, its conventional spaces presuppose a structural differentiation of "personal life" from work, politics, and the public sphere. Second, the normativity of heterosexual culture links intimacy only to the institutions of personal life, making them the privileged institutions of social reproduction, the accumulation and transfer of capital, and self-development. Third, by making sex seem irrelevant or merely personal, heteronormative conventions of intimacy block the building of non-normative or explicit public sexual cultures. Finally, those conventions conjure a mirage—a home base of prepolitical humanity from which citizens are thought to come into political discourse and to which they are expected to return in the (always imaginary) future after political conflict. Intimate life is the endlessly cited elsewhere of political public discourse, a promised haven that distracts citizens from the unequal conditions of their political and economic lives, consoles them for the damaged humanity of mass society, and shames them for any divergence between their lives and the intimate sphere that is alleged to be simple personhood.

Ideologies and institutions of intimacy are increasingly offered as a vision of the good life for the destabilized and struggling citizenry of the United States, the only (fantasy) zone in which a future might be thought and willed, the only (imaginary) place where good citizens might be produced away from the confusing and unsettling distractions and contradictions of capitalism and politics. Indeed, one of the unforeseen paradoxes of national-capitalist privatization has been that citizens have been led through heterosexual culture to identify both themselves and their politics with privacy. In the official public, this involves making sex private; reintensifying blood as a psychic base for identification; replacing state mandates for social justice with a privatized ethics of responsibility, charity, atonement, and "values"; and enforcing boundaries between moral persons and economic ones.

A complex cluster of sexual practices gets confused, in heterosexual culture, with the love plot of intimacy and familialism that signifies belonging to society in a deep and normal way. Community is imagined through scenes of intimacy, coupling, and kinship; a historical relation to futurity is restricted to generational narrative and reproduction. A whole field of social relations becomes intelligible as heterosexuality, and this privatized sexual culture bestows on its sexual practices a tacit sense of rightness and normalcy. This sense of rightness embedded in things and not just in sex—is what we call heteronormativity. Heteronormativity is more than ideology, or prejudice, or phobia against gays and lesbians; it is produced in almost every aspect of the forms and arrangements of social life nationality, the state, and the law; commerce; medicine; and education; as well as in the conventions and affects of narrativity, romance, and other protected spaces of culture. It is hard to see these fields as heteronormative because the sexual culture straight people inhabit is so diffuse, a mix of languages they are just developing with premodern notions of sexuality so ancient that their material conditions feel hard-wired into personhood.

But intimacy has not always had the meaning it has for contemporary heteronormative culture. Along with Foucault and other historians, the classicist David Halperin, for example, has shown that in ancient Athens sex was a transitive act rather than a fundamental dimension of personhood or an expression of intimacy. The verb for having sex appears on a late antique list of things that are not done in regard to or through others. "namely, speaking, singing, dancing, fist-fighting, competing, hanging oneself, dying, being crucified, diving, finding a treasure, having sex, vomiting, moving one's bowels, sleeping, laughing, crying, talking to the gods, and the like". Halperin points out that the inclusion of fucking on this list shows that sex is not here "knit up in a web of mutuality". In contrast, modern heterosexuality is supposed to refer to relations of intimacy and identification with other persons, and sex acts are supposed to be the most intimate communication of them all. The sex act shielded by the zone of privacy is the affectional nimbus that heterosexual culture protects and from which it abstracts its model of ethics, but this utopia of social belonging is also supported and extended by acts less commonly recognized as part of sexual culture: paying taxes, being disgusted, philandering, bequeathing, celebrating a holiday, investing for the future, teaching, disposing of a corpse, carrying wallet photos, buying economy size, being nepotistic, running for president, divorcing, or owning anything "His" and "Hers".

The elaboration of this list is a project for further study. Meanwhile, to make it and to laugh at it is not immediately to label any practice as oppressive, uncool, or definitive. We are describing a constellation of practices that everywhere disperses heterosexual privilege as a tacit but central organizing index of social membership. Exposing it inevitably produces what we have elsewhere called a "wrenching sense of recontextualization", as its subjects, even its gay and lesbian subjects, begin to piece together how it is that social and economic discourses, institutions, and practices that don't feel especially sexual or familial collaborate to produce as a social norm and ideal an extremely narrow context for living (Berlant and Warner, 1995). Heterosexual culture cannot recognize, validate, sustain, incorporate or remember much of what people know and experience about the cruelty of normal culture even to the people who identify with it.

But that cruelty does not go unregistered. Intimacy, for example, has a whole public environment of therapeutic genres dedicated to witnessing the constant failure of heterosexual ideologies and institutions. Every day, in many countries now, people testify to their failure to sustain or be sustained by institutions of privacy on talk shows, in scandal journalism, even in the ordinary course of mainstream journalism addressed to middle-brow culture. We can learn a lot from these stories of love plots that have gone astray about the ways quotidian violence is linked to complex pressures from money, racism, histories of sexual violence, cross-generational tensions. We can learn a lot from listening to the increasing demands on love to deliver the good life it promises. And we can learn from the extremely punitive responses that tend to emerge when people seem not to suffer enough for their transgressions and failures.

Maybe we would learn too much. Recently the proliferation of evidence for heterosexuality's failings has produced a backlash against talk-show therapy. It has even brought William Bennett to the podium; but rather than confessing his transgressions or making a complaint about someone else's, we find him calling for boycotts and for the suppression of heterosexual therapy culture altogether. Recognition of heterosexuality's daily failures agitates him as much as queerness. "We've forgotten that civilization depends on keeping some of this stuff under wraps", he said. "This is a tropism toward the toilet."

But does civilization need to cover its ass? Or does heterosexual culture actually secure itself through banalizing intimacy? Does belief that normal life is actually possible require amnesia and the ludicrous stereotyping of a bottom-feeding culture apparently inadequate to intimacy? On these shows no one ever blames the ideology and institutions of heterosexuality. Every day, even the talk-show hosts are newly astonished to find that people who are committed to hetero intimacy are nevertheless unhappy. After all is said and done, the prospects and promises of heterosexual culture still represent the optimism for optimism, a hope to which people apparently have already pledged their consent at least in public.

Recently Biddy Martin has written that some queer social theorists have produced a reductive and pseudoradical anti-normativity by actively repudiating the institutions of heterosexuality that have come to oversaturate the social imaginary. She shows that the kinds of arguments that crop up in the writings of people like Andrew Sullivan are not just right-wing fantasies. "In some queer work," she writes:

the very fact of attachment has been cast as only punitive and constraining because already socially constructed... Radical anti-normativity throws out a lot of babies with a lot of bathwater ... An enormous fear of ordinariness or normalcy results in superficial accounts of the complex imbrication of sexuality with other aspects of social and psychic life, and in far too little attention to the dilemmas of the average people that we also are.

We think our friend Biddy might be referring to us, although in this segment she cites no one in particular. We would like to clarify the argument. To be against heteronormativity is not to be against norms. To be against the processes of normalization is not to be afraid of ordinariness. Nor is it to advocate the "existence without limit" she sees as produced by bad Foucauldians. Nor is it to decide that sentimental identifications with family and children are waste or garbage, or make people into waste or garbage. Nor is to say that any sex called "love-making" isn't lovemaking; whatever the ideological or historical burdens of sexuality have been, they have not excluded, and indeed may have entailed, the ability of sex to count as intimacy and care. What we have been arguing here is that the space of sexual culture has become obnoxiously cramped from doing the work of maintaining a normal metaculture. When Biddy Martin calls us to recognize ourselves as "average people", to relax from an artificially stimulated "fear of normalcy", the image of average personhood appears to be simply descriptive. But its averageness is also normative, in exactly the sense that Foucault meant by "normalization", not the imposition of an alien will but a distribution around a statistically imagined norm. This deceptive appeal of the average remains heteronormative, measuring deviance from the mass. It can also be consoling, an expression of a utopian desire for unconflicted personhood. But this desire cannot be satisfied in the current conditions of privacy. People feel that the price they must pay for social membership and a relation to the future is identification with the heterosexual life narrative; that they are individually responsible for the rages, instabilities, ambivalences, and failures they experience in their intimate lives, while the fractures of the contemporary United States shame and sabotage them everywhere. Heterosexuality involves so many practices that are not sex that a world in which this hegemonic cluster would not be dominant is, at this point, unimaginable. We are trying to bring that world into being.

"Queer Counter-Publics"

By queer culture we mean a world-making project, where "world", like "public", differs from community or group because it necessarily includes more people than can be identified, more spaces than can be mapped beyond a few reference points, modes of feeling that can be learned rather than experienced as a birthright. The queer world is a space of entrances, exits, unsystematized lines of acquaintance, projected horizons, typifying examples, alternate routes, blockages, incommensurate geographies. World-making, as much in the mode of dirty, talk as of print-mediated representation, is dispersed through incommensurate registers, by definition unrealizable as community or identity. Every cultural form, be it a novel or an after-hours club or an academic lecture, indexes a virtual social world, in ways that range from a repertoire of styles and speech genres to referential metaculture. A novel like *Andrew Holleran's Dancer* from the dance relies much more heavily on referential metaculture than does an after-hours club that survives on word of mouth and may be a major scene because it is only barely coherent as a scene. Yet for all their differences, both allow for the concretization of a queer counter-public. We are trying to promote this world-making project, and a first step in doing so is to recognize that queer culture constitutes itself in many ways other than through the official publics of opinion, culture and the state, or through the privatized forms normally associated with sexuality. Queer and other insurgents have long striven, often dangerously or scandalously, to cultivate what good folks used to call criminal intimacies. We have developed relations and narratives that are only recognized as intimate in queer culture—girlfriends, gal pals, luck buddies, tricks. Queer culture has learned not only how to sexualize these and other relations, but also to use them as a context for witnessing intense and personal affect while elaborating a public world of belonging and transformation. Making a queer world has required the development of kinds of intimacy that bear no necessary relation to domestic space, to kinship, to the couple form, to property, or to the nation. These intimacies do bear a necessary relation to a counter-public, an indefinitely accessible world conscious of its subordinate relation. They are typical both of the inventiveness of queer world-making and of the queer world's fragility.

Non-standard intimacies would seem less criminal and less fleeting if, as used to be the case, normal intimacies included everything from consorts to courtiers, friends, amours, associates, and co-conspirators. Along with the sex it legitimates, intimacy has been privatized; the discourse contexts that narrate true personhood have been segregated from those that represent citizens, workers, or professionals.

This transformation in the cultural forms of intimacy is related both to the history of the modern public sphere and to the modern discourse of sexuality as a fundamental human capacity. In *The Structural Transformation of the Public Sphere*, Habermas shows that the institutions and forms of domestic intimacy made private people private, members of the public sphere of private society rather than the market or the state. Intimacy grounded abstract, disembodied citizens in a sense of universal humanity. In *The History of Sexuality*, Foucault describes the personalization of sex from the other direction, the confessional and expert discourses of civil society continually posit an inner personal essence, equating this true personhood with sex and surrounding that sex with dramas of secrecy and disclosure. There is an instructive convergence here in two thinkers who otherwise seem to be describing different planets. Habermas overlooks the administrative and normalizing dimensions of privatized sex in sciences of social knowledge because he is interested in the norm of a critical relation between state and civil society. Foucault overlooks the critical culture that might make transformation of sex and other private relations; he wants to show that modern epistemologies of sexual personhood, far from bringing sexual publics into being, are techniques of isolation; they identify persons as normal or perverse, for the purpose of medicalizing or otherwise administering them as individuals. Yet both Habermas and Foucault point to the way a hegemonic public has founded itself by a privatization of sex and the sexualization of private personhood. Both identify the conditions in which sexuality seems like a property of subjectivity rather than a publicly or counter-publicly accessible culture.

Like most ideologies, that of normal intimacy may never have been an accurate description of how people actually live. It was from the beginning mediated not only by a structural separation of economic and domestic space but also by opinion culture, correspondence, novels, and romances; Rousseau's *Confessions* is typical both of the ideology and of its reliance on mediation by print and by new, hybrid forms of life narrative. Habermas notes that "subjectivity, as the innermost core of the private, was always oriented to an audience (Habermas 1991: 49), adding that the structure of this intimacy includes a fundamentally contradictor" relation to the economy:

To the autonomy of property owners in the market corresponded a self-presentation of human beings in the family. The latter's intimacy, apparently set free from the constraint of society, was the seal on the truth of a private autonomy exercised in competition. Thus it was a private autonomy denying its economic origins that provided the bourgeois family with its consciousness of itself. (1991: 49)

This structural relation is no less normative for being imperfect in practice. Its force is to prevent the recognition, memory, elaboration, or institutionalization of all the nonstandard intimacies that people have in everyday life. Affective life slops over onto work and political life; people have key self-constitutive relations with strangers and acquaintances; and they have eroticism, if not sex, outside of the couple form. These border intimacies give people tremendous pleasure. But when that pleasure is called sexuality, the spillage of eroticism into everyday social life seems transgressive in a way that provokes normal aversion, a hygienic recoil even as contemporary consumer and media cultures increasingly trope toiletward, splattering the matter of intimate life at the highest levels of national culture.

In gay male culture, the principal scenes of criminal intimacy have been tearooms, streets, sex clubs, and parks, a tropism toward the public toilet. Promiscuity is so heavily stigmatized as non-intimate that it is often called anonymous, whether names are used or not. One of the most commonly forgotten lessons of AIDS is that this promiscuous intimacy turned out to be a life-saving public resource. Unbidden by experts, gay people invented safer sex; and, as Douglas Crimp wrote in 1987:

We were able to invent safe sex because we have always known that sex is not, in an epidemic or not, limited to penetrative sex. Our promiscuity taught us many things, not only about the pleasures of sex, but about the great multiplicity of those pleasures. It is that psychic preparation, that experimentation, that conscious work on our own sexualities that has allowed many of us to change our sexual behaviors — something that brutal 'behavioral therapies' tried unsuccessfully for over a century to force us to do very quickly and very dramatically... All those who contend that gay male promiscuity is merely sexual compulsion resulting from fear of intimacy are now faced with very strong evidence against their prejudices... Gay male promiscuity should be seen instead as a positive model of how sexual pleasures might be pursued by and granted to everyone if those pleasures were not confined within the narrow limits of institutionalized sexuality.

(Crimp 1987: 253)

AIDS is a special case, and this model of sexual culture has been typically male. But sexual practice is only one kind of counter intimacy. More important is the critical practical knowledge that allows such relations to count as intimate, to be not empty release or transgression but a common language of self-cultivation, shared knowledge, and the exchange of inwardness.

Queer culture has found it necessary to develop this knowledge in mobile sites of drag, youth culture, music, dance, parades, flaunting, and cruising sites whose mobility makes them possible but also renders them hard to recognize as world-making because they are so fragile and ephemeral. They are paradigmatically trivialized as "lifestyle". But to understand them only as self-expression or as a demand for recognition would be to misrecognize the fundamentally unequal material conditions whereby the institutions of social reproduction are coupled to the forms of hetero culture. Contexts of queer world-making depend on parasitic and fugitive elaboration through gossip, dance clubs, softball leagues, and the phone-sex ads that increasingly are the commercial support for print-mediated left culture in general. Queer is difficult to contextualize as culture.

This is particularly true of intimate culture. Heteronormative forms of intimacy are supported, as we have argued, not only by overt referential discourse such as love plots and sentimentality but materially, in marriage and family law, in the architecture of the domestic, in the zoning of work and politics. Queer culture, by contrast, has almost no institutional matrix for its counter-intimacies. In the absence of marriage and the rituals that organize life around matrimony, improvization is always necessary for the speech act of pledging, or the narrative practice of dating, or for such apparently noneconomic economies as joint checking. The heteronormativity in such practices may seem weak and indirect. After all, same sex couples have sometimes been able to invent versions of such practices. But they have done so only by betrothing themselves to the couple form and its language of personal significance, leaving untransformed the material and ideological conditions that divide intimacy from history, politics, and publics. The queer project we imagine is not just to destigmatize those average intimacies, not just to give access to the sentimentality of the couple for persons of the same sex, and definitely not to certify as properly private the personal lives of gays and lesbians. Rather, it is to support forms of affective, erotic, and personal living that are public in the sense of accessible, available to memory, and sustained through collective activity.

Because the heteronormative culture of intimacy leaves queer culture especially dependent on ephemeral elaborations in urban space and print culture, queer publics are also peculiarly vulnerable to initiatives such as Mayor Rudolph Giuliani's new zoning law. The law aims to restrict any counter-public sexual culture by regulating its economic conditions; its effects will reach far beyond the adult businesses it explicitly controls. The gay bars on Christopher Street draw customers from people who come there because of its sex trade. The street is cruisier because of the sex shops. The boutiques that sell freedom rings and "Don't Panic" T-shirts do more business for the same reasons. Not all of the thousands who migrate or make pilgrimages to Christopher Street use the porn shops, but all benefit from the fact that some do. After a certain point, a quantitative change is a qualitative change. A critical mass develops. The street becomes queer. It develops a dense, publicly accessible sexual culture. It therefore becomes a base for non-porn businesses, like the Oscar Wilde Bookshop. And it becomes a political base from which to pressure politicians with a gay voting bloc.

No group is more dependent on this kind of pattern in urban space than queers. If we could not concentrate a publicly accessible culture somewhere, we would always be outnumbered and overwhelmed. And because what brings us together is sexual culture, there are very few places in the world that have assembled much of a queer population without a base in sex commerce, and even those that do exist, such as the lesbian culture in Northampton, Massachusetts, are stronger because of their ties to places like the West Village, Dupont Circle, West Hollywood and the Castro. Respectable gays like to think that they owe nothing to the sexual subculture they think of as sleazy. But their success, their way of living, their political rights, and their very identities would never have been possible but for the existence of the public sexual culture they now despise. Extinguish it, and almost all out gay or queer culture will wither on the vine. No one knows this connection better than the right. Conservatives would not so flagrantly contradict their stated belief in a market free from government interference if they did not see this kind of hyperregulation as an important victory.

The point here is not that queer politics needs more flee-market ideology, but that heteronormative forms, so central to the accumulation and reproduction of capital, also depend on heavy interventions in the regulation of capital. One of the most disturbing fantasies in the zoning scheme, for example, is the idea that an urban locale is a community of shared interest based on residence and property. The ideology of the neighborhood is politically unchallengeable in the current debate, which is dominated by a fantasy that sexual subjects only reside, that the space relevant to sexual politics is the neighborhood. But a district like Christopher Street is not just a neighborhood affair. The local character of the neighborhood depends on the daily presence of thousands of non-residents. Those who actually live in the West Village should not forget their debt to these mostly queer pilgrims. And we should not make the mistake of confusing the class of citizens with the class of property owners. Many of those who hang out on Christopher Street typically young, queer, and African American couldn't possibly afford to live there. Urban space is always a host space. The right to the city extends to those who use the city. It is not limited to property owners. It is not because of a fluke in the politics of zoning that urban space is so deeply misrecognized; normal sexuality requires such misrecognitions, including their economic and legal enforcement, in order to sustain its illusion of humanity.

Tweaking and Thwacking

Queer social theory is committed to sexuality as an inescapable category of analysis, agitation, and refunctioning. Like class relations, which in this moment are mainly visible in the polarized embodiments of identity forms, heteronormativity is a fundamental motor of social organization in the United States, a founding condition of unequal and exploitative relations throughout even straight society. Any social theory that miscomprehends this participates in their reproduction.

The project of thinking about sex in public does not only engage sex when it is disavowed or suppressed. Even if sex practice is not the object domain of queer studies, sex is everywhere present. But where is the tweaking, thwacking, thumping, sliming, and rubbing you might have expected or dreaded in a paper on sex? We close with two scenes that might have happened on the same day in our wanderings around the city. One afternoon, we were riding with a young straight couple we know, in their station wagon. Gingerly, after much circumlocution, they brought the conversation around to vibrators. These are people whose reproductivity governs their lives, their aspirations, and their relations to money and entailment, mediating their relations to everyone and everything else. But the woman in this couple had recently read an article in a women's magazine about sex toys and other forms of non-reproductive eroticism. She and her husband did some mail-order shopping and have become increasingly involved in what from most points of view would count as queer sex practices; their bodies have become disorganized and exciting to them. They said to us that you're the only people we can talk to about this; to all of our straight friends this would make us perverts. In order not to feel like perverts, they had to make us into a kind of sex public.

Later, the question of aversion and pervasion came up again. This time we were in a bar that on most nights is a garden-variety leather bar, but that, on Wednesday nights, hosts a sex performance event called " Pork ". Shows typically include spanking, flagellation, shaving, branding, laceration, bondage, humiliation, wrestling you know, the usual amateur, everyday practitioners strutting for everyone else's gratification, not unlike an academic conference. This night, word was circulating that the performance was to be erotic vomiting. This sounded like an appetite spoiler, and the thought of leaving early occurred to us but was overcome by a simple curiosity, what would the foreplay be like? Let's stay until it gets messy. Then we can leave, A boy, twentyish, very skateboard, comes on the low stage at one end of the bar, wearing lycra shorts and a dog collar. He sits loosely in a restraining chair. His partner comes out and tilts the bottom's head up to the ceiling, stretching out his throat. Behind them is an array of foods. The top begins pouring milk down the boy's throat, then food, then more milk. It spills over, down his chest and on to the floor. A dynamic is established between them in which they carefully keep at the threshold of gagging. The bottom struggles to keep taking in more than he really can. The top is careful to give him just enough to stretch his capacities. From time to time a baby bottle is offered as a respite, but soon the rhythm intensifies. The boy's stomach is beginning to rise and pulse, almost convulsively.

It is at this point that we realize we cannot leave, cannot even look away. No one can. The crowd is transfixed by the scene of intimacy and display, control and abandon, ferocity and abjection. People are moaning softly with admiration, then whistling, stomping, screaming encouragements. They have pressed forward in a compact and intimate group. Finally, as the top inserts two, then three fingers in the bottom's throat, insistently offering his own stomach for the repeated climaxes, we realize that we have never seen such a display of trust and violation. We are breathless. But good academics that we are, we also have some questions to ask. Word has gone around that the boy is straight. We want to know what does that mean in this context? How did you discover that this is what you want to do? How did you find a male top to do it with? How did you come to do it in a leather bar? Where else do you do this? How do you feel about your new partners, this audience?

We did not get to ask these questions, but we have others that we can pose now, about these scenes where sex appears more sublime than narration itself, neither redemptive nor transgressive, moral nor immoral, hetero nor homo, nor sutured to any axis of social legitimation. We have been arguing that sex opens a wedge to the transformation of those social norms that require only its static intelligibility or its deadness as a source of meaning. In these cases, though, paths through publicity led to the production of non-heteronormative bodily contexts. They intended non-heteronormative worlds because they refused to pretend that privacy was their ground; because they were forms of sociability that unlinked money and family from the scene of the good life; because they made sex the consequence of public mediations and collective self-activity in a way that made for unpredicted pleasures; because, in turn, they attempted to make a context of support for their practices; because their pleasures were not purchased by a redemptive pastoralism of sex, nor by mandatory amnesia about failure, shame and aversion.

We are used to thinking about sexuality as a form of intimacy and subjectivity, and we have just demonstrated how limited that representation is. But the heteronormativity of U. S. culture is not something that can be easily rezoned or disavowed by individual acts of will, by a subversiveness imagined only as personal rather than as the basis of public formation, nor even by the lyric moments that interrupt the hostile cultural narrative that we have been staging here. Remembering the utopian wish behind normal intimate life, we also want to remember that we aren't married to it.

Roseann M. Mardziuk

Feminist Politics and Postmodern Seductions: Madonna and the Struggle for Political Articulation*

The only way to control people is to control their sex lives. As for me, I don't like the idea of being controlled.

——Madonna

As an undeniable powerful presence in contemporary popular culture, Madonna often is upheld as a model of self-determination and self-expression. She is admired for her constant drive and the intensity with which she pursues her career. Her creativity and business savvy are celebrated; she is the consummate pop icon and self-engineered chameleon. In the apt words of her brother, Christopher Ciccone, "My sister is her own masterpiece" (Hirschberg 1991: 160). All of these characteristics come together in Madonna's film *Truth or Dare*. In the behind-the-scenes sequences of this documentary, we see her alternately preen and cajole, intimidate and gyrate. Madonna orchestrates the people around her—her quasi-family of dancers, her managers, costumers, and makeup staff, even her personal companion at the time, actor Warren Beatty—into a narcissistic song played always in her own key. On stage, Madonna equally controls the musical sequences in an orgy of self-celebration metaphorically captured in her dance of simulated masturbation. The total portrait the film conveys is of a woman who undeniably is her own artist, painting both off and onstage persons with strong, sensual strokes.

---

* 本文选自 Cathy Schwichtenbery (ed.), *The Madonna Connection*, Boulder, Col: Westview, 1993.

It is important to ask, however, whether accolades for such personal and professional control and success necessarily qualify Madonna for an equally positive reception within feminist theoretical circles. Is sexual expression equivalent to personal freedom? Can pleasure substitute for politics? Precisely what kind of personal and political freedom does Madonna represent? The conflation of power, sexuality, and personal autonomy in the statement quoted above marks Madonna's suitability as a textual point of convergence and departure for a critical reconsideration of such questions. Throughout her history as a pop icon, Madonna's texts insistently equate pleasure with power, sexuality with control. Her assertion that personal freedom and sexuality are intrinsically linked provides an important clue to the terms of the larger debate over political articulation in contemporary feminist theory. Madonna is a fitting representation of feminism's theoretical struggle to come to terms with the intersection of cultural images and political practices.

The problematic of audience, text, and context traditionally has structured theorizing about popular culture and its relationship to political consciousness. Such inquiry began with models that theorized simple linear interactions and hypodermic injections of information into otherwise passive subjects. Alternatively, contemporary lines of inquiry seemingly have brought us far to our current theoretical location that is built on a multitude of "-isms" such as postmodernism, poststructuralism, and deconstructionism. These new vocabularies have opened fresh debates about cultural discourse and popular media, raising new questions about a multidimensional relationship among audiences and cultural texts that is far more complex than simple linearity. From a basis in the works of theorists such as Roland Barthes (1977, 1983) and Jacques Derrida (1976), for example, critics reconceptualize the active role of the reader and the symbolic play possible in textual encounters. From the works of psychoanalytic theorists such as Jacques Lacan (1982), the unidimensional concept of audience is replaced by multiple "subjectivities" that are textually defined. From the dirges of postmodern theorists such as Jean-Franois Lyotard (1985), who proclaim that the "master narratives" of the unified self and progressive course of history are dead, critics now can celebrate the possibility for new identities to be discussed, new stories to be told. From the works of Jean Baudrillard (1981, 1983), who sees not meaning but simulation, critics focus their attention on the shifting play of pseudo identities and abstractions.

As championed by those interested in the politics of minorities, subcultures, and women, these theories have become the cornerstone of a new conceptualization of resistance and opposition as experienced by such traditionally oppressed groups. Pressed into the service of cultural analysis, postmodernism is used to celebrate the political potential in audience responses to cultural discourses such as television or popular music (e.g., Fiske 1986, 1987, 1990; Grossberg 1983/1984, 1984, 1989; Petersen 1987). As proponents of this body of research are likely to argue, there are significant pockets of subcultural resistance to be found in audience readings that interpret texts against the grain of their dominant meanings. These critics find in postmodernism the promise of liberation through the recognition of pleasure as a significant site of opposition to cultural domination. Politics thus can be located in the simulated play of images and subjectivities.

For feminist researchers, in particular, the lure of these theories has been strong, and a consequent turn toward affiliation with postmodernism is under way. The affinities between the feminist theoretical project, with its interest in liberation and critique, and the free space of the postmodern has often been noted (Ferguson 1984; Flax 1986; Fraser and Nicholson 1988; Meese 1986; Owens 1983). Both share an informed skepticism of universalizing claims to knowledge, and both reject the modernist tendency to recognize a transcendent power in language, science, or the self. For feminism, the postmodern holds out a theoretical enticement to leave the public space of reason for the private, localized regions of pleasure. The postmodern promises feminism a symbolic, sensual terrain free of the modernist burdens of history and unified subjectivity. In a union with postmodernism, feminism can loosen itself from the binding constraints of materiality and abandon itself instead to the allure of a politics liberated from naive realism. Such are the temptations of the postmodern, but is feminism too quickly being seduced by these attractive, theoretical promises? Has feminism been fooled into relinquishing something too precious by celebrating the political potential of images like those projected by Madonna?

The subject of feminist political articulation demands a critical examination of the ways in which much recent feminist analysis has embraced postmodernist theories (e. g. , Kaplan 1987; Haraway 1990; M. E. Brown 1990; Probyn 1990; Butler 1990; W. Brown 1991). The theoretical promises of politics through symbolic play that characterize this research ring false in comparison to the complexity of a feminist politics defined according to praxis. Yet, to a feminist theoretical approach originating from the post-modern landscape, a feminist politics defined as praxis is fraught with essentializing epistemological traps. Ultimately, the battle for political articulation is fought on the territory of female images and representations. Are women's images politically subversive? If so, does this subversion benefit the audience or the artist? What does feminism truly demand when it claims to be committed to politics? The linguistic and theoretical traps seem endless within both feminist-realist epistemology and postmodern feminism.

Consequently, a politically rooted enterprise such as feminism must stop periodically to consider the implications of its theoretical alliances and the qualifications of its heroines. In the boundaries of this exploration, these are defined as postmodern theory and the "postmodern feminist heroine" (Kaplan, 1987) of Madonna. In the previous paragraph, I deliberately invoked the sexist language of heterosexual seduction, placing feminism in the position of the woman who is deluded into the act of compromising herself and placing postmodernist theories into the position of the man who promises much only to take away the woman's power over herself, including her sexual autonomy. Seduction here serves as a powerful metaphor for the relationship between feminism and postmodernism's theoretical enticements. In casting its lot with postmodernism, feminism is, indeed, sleeping with the enemy.

The remainder of this chapter expands on this central argument that danger lurks in the nexus between feminist theory/praxis and contemporary postmodern theories. Certainly, it is not possible in such a limited format to completely describe postmodernism nor offer a complete critique of its appropriation by feminism. To critique the postmodern means of seduction, however, the major assumptions behind postmodernist theory that have been embraced by some feminist theories will be set out in broad strokes. Explanations of the feminist theoretical positions that emerge on this receptive side of the postmodern debate then can be considered in contrast to the positions of feminist theorists engaged in distancing themselves from these postmodern lures. Much of this comparison rests in the ambiguities in the terms postmodern and politics as employed in feminist discussions: understanding such explanatory and definitional moves is necessary in order to evaluate the subsequent paradoxes of affiliation with postmodernism for a feminist politics of praxis. To provide a vantage point from which to view this dance of theory around the question of feminism, I periodically will use Madonna as a point of entry into these theoretical debates.

Three specific Madonna texts reside at the center of my discussion: her 1991 interview on the ABC news program *Nightline*, her 1990 *Rock the Vote Television Spot*, and the 1990 video *Vogue*, which the "Vote" the spot mimics. To move from Madonna to the interrogation of the interchange between feminism and postmodernism entails a large but instructive step from praxis back to theory. Central to my invocation of her texts in these three contexts is her emphasis on two elements in all three cases, first, her insistence on the individual ownership of her sexuality and, second, the conflation of sexual expression and political freedom within her discourse. Both elements in Madonna's texts capture, in miniature, the larger conflations that I will argue are being made in feminist defenses of postmodern theory.

Feminist Theory and the Dream of Substance

As a prelude to my discussion, I will use Madonna's appearance on *Nightline*, which nicely illustrates feminism's realist problems and its turn toward postmodernism. Such a choice may seem odd because this particular interview probably stands as Madonna's most fiercely "modernist" appearance on television. She answers the questions put to her directly and carefully, she responds to ABC reporter Forrest Sawyer as the typical serious interviewee, with pen in hand, and she is dressed quite conservatively in a simple black jacket with her hair pulled back from her face. Yet, this is precisely the point of my beginning here. Her appearance on the program raises several questions central to the problem of feminism, postmodernism, and political articulation. Madonna's modernist representation exposes many of the contradictions in the realist approach to representational politics. It is these theoretical traps that lead feminist theory to abandon a politics of praxis in favor of postmodern promises.

The *Nightline* program was structured into three parts, with an initial report from Ken Kashiwahara reviewing Madonna's "controversial" career, followed by the uncensored, full-length version of the *Justfy My Love* video, and culminating in a live interview between Sawyer in a New York City studio and Madonna appearing via satellite on a screen to his left. The overtly stated purpose of the program was to explore the controversy surrounding the *Justify My Love* video, including MTV's refusal to air the tape. Sawyer asked Madonna a series of questions, first confronting her intentions in the controversy: "A lot of people in the industry are saying, look, this is one of the best self-promoters in the business, it was all, in a sense, a kind of publicity stunt." He followed this inquiry with several questions that implied she had crossed the boundaries of acceptability, for example, "People are saying that there's a kind of trend here, where you are pushing the limits of what's permissible a little bit further each time, where is that line?" Later in the interview, he questioned whether Madonna was promoting her artistic experimentation at the expense of the responsibility that comes along with the kind of prominence that you have, and the fact that you're a role model for people. Finally, he asked her to respond to charges that she was promoting the degradation of women in her videos.

What is important to note here is that all of Sawyer's questions originated from a perspective that assumes images are literally and inescapably linked to both their artistic origin and their subsequent reception by audiences. Madonna answered his charges on the same realist epistemological ground. Hence, my earlier comment that this appearance on *Nightline* represents a particularly modernist chapter in Madonna's public persona. Her responses were grounded in a defense of artistic free expression and a passionate stand against censorship, while her demeanor was that of the careful college debater. She spoke of herself in the classic sense of a unified, transcendent subject as she stated, "I do everything by my own volition. I'm in charge." Especially in her defense against the charges made by "feminists" that she implies degradation to women in her videos (namely, in the scene in *Express Yourself* where she is chained and lying naked on a bed), she again championed authorial intentionality and unified identity: "I'm chained to myself, though, there wasn't a man that put that chain on me. I chained myself, I was chained to my own desires." Madonna's response here located her in the center of a realist notion of representation that there is an authorial intent that must be decoded by receivers before they can grasp the "true" meaning of the author's artistic message. She securely positioned herself in the discourse of a liberal pluralist kind of feminism: "Everybody knows in terms of my image in the public, people don't think of me as a person who's not in charge of my career or my life. And isn't that what feminism is all about, equality for men and women? And aren't I in charge of my life? Doing the things I want to do? Making my own decisions?" The sum of Madonna's appearance on *Nightline* spoke loudly for a feminist realist epistemology, one that argues for a direct relationship between public images and public responsibility as the grounds for feminist politics.

But what does all of this have to do with postmodernism and feminism? I have prolonged this discussion of Madonna's *Nightline* interview in order to use it to set the terms of the feminist debate over postmodern theory. Madonna's statements about artistic control and fighting censorship and her hope that her videos will provoke careful discussions between children and their parents about sexuality seem far removed from the postmodern promise of a politics of subversion and a free play of signifiers. Indeed, she seems here to be the perfect spokeswoman for the "images of women" or "identity politics" brand of feminism that marked much theory and practice in the 1970s and 1980s.[1] The central premise of this body of work is that images are political because when controlled by women authors, they can directly tell a truth about women's experience of oppression that previously had been suppressed under patriarchal control of the mechanisms of representation. Women's cultural expressions, such as those found in literature, art, and film, are celebrated as politically important for feminism because they foreground revolutionary images of women that express power, personal autonomy, and political commitment.

This images of women approach within feminist theory has been critiqued for many reasons by later theorists but primarily because it depends on a naive kind of realist belief in the political efficacy of images. Critics charge that to argue that images can have a direct political effect is to assume an unproblematic relationship between artist, image, and audience, where the meaning is clearly invested in the image, transparently represented, and easily decoded. Moreover, the images of women stance leads feminism dangerously close to the modernist strategy of essentializing women through a limited range of representations that capture the essence of women's true nature. As Linda Alcoff (1988: 414) argues in regard to feminist realist epistemology, "To the extent that it reinforces essentialist explanations of these true attributes, it is in danger of solidifying an important bulwark of sexist oppression, the belief in an innate 'womanhood' to which we must all adhere lest we be deemed either inferior or not 'true' women."

The term identity politics also merits attention in the feminist-postmodernist debate, especially because, linked to feminism, it leads to further questions of essentialism and epistemology. That is, the path of feminist theory inevitably leads back to its epistemological beginnings in women's discourse of identity, rooted in the women's liberation rhetoric of the 1960s: "The personal is the political." Politics here is equated with the assertion of and insistence on a discourse of woman's identity held up as different from both dominant cultural definitions of her and from masculine identity. As Elizabeth Weed (1989: XIII) explains, "At the very core of feminism is a struggle against the historical constitution of individual (masculine) identity with its collapse of the female into the biological or into the 'naturally' ordained realm of the functional." Feminist theorists now are quick to admit that a typical identity based political theory, like that of Nancy Chodorow (1978), which places motherhood as women's foundational experience, overly essentializes the feminist project by finding women's political potential in a single, often biologically determined, characteristic.

The danger in this essentialist definition of politics, however, lies in the erroneous belief in an integrated self in which awareness of a truth about woman's "true identity" beyond patriarchal coding is possible. Kathleen B. Jones (1991) argues convincingly that such simplistic conceptualizations of politics are flawed because they depend on a definition of "personal authority" that is rooted in the notion of authority as sovereignty and control exercised over others. As Jones (1991: 107) characterizes the contradiction in feminist identity politics: "We thought we were telling the stories of our lives, women's lives, in order to uncover the gendered patterns of oppression and resistance that flamed those lives. Now we are warned away from giving authoritative readings of other's lives." Feminist politics conceived as cultural intervention in the name of woman seems hopelessly bound up with the discourse of essentialism and epistemology, domination and subjugation. Identity politics appears to lead feminism to the same kind of theoretical impasse as the images of women approach: both limit and restrain feminism by setting categories, boundaries, and limits.

Postmodern Promises and Pleasures

The discussion of a second Madonna text can assist in setting up the central problematic that comprises the feminist transition from the politics of realism to the politics of the postmodern. If her appearance on *Nightline* invoked the persona of the staid and serious citizen, her presence in her *Rock the Vote Television Spot* represented the adolescent at play. This text was part of an advertising campaign featured on MTV during the 1990 election season. The various ads featured rock stars in fifteen-second messages that protested censorship and advocated freedom of speech. The series ostensibly was intended to convince the music television audience, presumably young adults, to vote in the current election. All of the advertisements ended with a still shot displaying the *Rock the Vote* slogan, which itself was shadowed by a large check mark signifying the act of checking a choice on a ballot. Madonna's particular text, however, contained a curious mixture of messages, crossing such interventionist politics with a diverse set of articulations of "Americanness". The careful champion of artistic expression from *Nightline* here quite literally wrapped her sexuality in the flag.

Madonna's *Rock the Vote* plays on several levels with notions of democratic politics and public citizenship, and it works off of a self-referential discourse wherein the text mimics Madonna's video *Vogue*. First, the action and appearance of Madonna, in the center of the frame, and the two black male dancers, who stand behind and to the left and right of her, satirize the very discourse of patriotism that the spot ostensibly promotes. All three are costumed to display visual references to prominent discourses of Americanness. The two black males are dressed in dark lace-up boots, navy blue shorts, and plain white T-shirts, and each waves a small flag, a clear invocation of military costuming. Madonna is dressed in a set of bright red lace bikini underwear, a large American flag draped around her shoulders; she also wears military-style combat boots. The combination of the sexually coded gyrations of the male dancers and the final display of Madonna's bikini-clad body serves to subvert the solemn patriotic and military symbols evoked by their dress.

The *Rock the Vote Spot* also highlights a curious discourse of race in relationship to its subversive patterns. White, blond Madonna is figured against the background of the black dancers in the spot. This visual organization makes Madonna more prominent by virtue of her whiteness. The contrast between white and black here is further underscored by the obvious playfulness of the two dancers in response to Madonna's mock seriousness. She stops twice to admonish them for singing off key and for being out of rhythm; in several shots, she communicates her exasperation with them through raised eyebrows and looks addressed to the camera. Madonna thus invites the audience to identify with her mother-like position of superiority over the less serious "kids" she has to work with. The effect is disturbing because the spot trades on the racist stereotype that white caretakers must compensate for black immaturity. Americanness seemingly includes a racial hierarchy that remains unsubverted by the text.

The lyrics in the spot further complicate its articulation of Americanness with the discourse of sexuality. Madonna's lyrics juxtapose U. S. political heroes with mixed messages about sex, political freedoms, and nuclear weapons: "Dr. King, Malcolm X, freedom of speech is as good as sex. Abe Lincoln, Jefferson, Tom, they didn't need the atomic bomb. We need beauty, we need art, we need everyone's heart. Don't give up your freedom of speech, power to the people is in our reach. Don't just sit there, let's get to it, speak your mind, there's nothing to it. Vote." Here, the spot foregrounds a curious combination of populist political sentiment and sexual pleasure. The first amendment is equated with sexual gratification. The phrase freedom of speech is as good as sex is followed by a shot of one of the black males spanking a willing, bent over Madonna. Several other phrases in the lyrics dissolve into laughter and mugging for the camera or are accompanied by exaggerated facial or body movements. The spot thus stresses the contradiction between the political sentiment in the message and the overt sexual play and adolescent giggles that accompany the delivery of the lyrics. The purported message about the importance of interventionist politics is undermined by the final statement from Madonna that merges the notions of public freedoms and sexual play: "If you don't vote, you're gonna get a spanking."

The reversal of political priorities associated with Americanness in the *Rock the Vote* spot is revealing. The visual portrayal of Madonna enjoying the gratification from a little playful spanking equates the pursuit of private pleasures with self-determination. Moreover, such pleasures are justified even at the cost of subjugation of others, as in the image here of the black dancer spanking Madonna for her own enjoyment. The promotion of the idea that personal autonomy means having the right to enjoy sexual play in the *Rock the Vote* spot is similar to the message asserted in Madonna's controversial song *Hanky Panky*. In this song, she self-assuredly sings about these pleasures and her insistence on them: "Please don't call the doctor, there's nothing wrong with me. I just want things a little rough and you'd better not disagree." Moreover, this same conflation of political freedom and sexuality is evident in the sequence in *Truth or Dare* where Madonna steadfastly defends her right to simulate masturbation on stage in defiance of the Toronto police force. Both *Hanky Panky* and *Truth or Dare* convey the same message as *Rock the Vote*: "There's nothing like a good spanking," all things being politically equal.

Madonna's *Rock the Vote Spot* underscores questions of feminist realist epistemology and its alternatives. It is a particularly good example of a text where representational politics engages and exposes the liberal pluralist belief in the transparency of images and the serious facade of interventionist politics. Madonna's status as a signifier of femaleness and Americanness does not have one static meaning but moves insistently among several discursive levels. The result is that the text both upholds and undercuts the democratic ideal of free speech by its celebration, in the presence of Madonna, of free play with the symbolic representations of that ideal. She becomes a visual representation of both the impassioned arguer and the giddy adolescent vandal, articulating both individual autonomy and the pleasures of remaining mobile. Such dualities challenge the straightforward image and identity politics of feminist realist epistemology. Madonna's "meaning" cannot be accounted for easily within theoretical boundaries that view representation as an unproblematic process.

These perceived deficits in the realist stance in feminist theory make the postmodern direction in much contemporary critical theory attractive, and they prompt feminist theory to eagerly search for an alternative way to adhere to the persistent refrain of the *Rock the Vote Spot*: "Truth is where you find it." Postmodernism seemingly holds out to feminism a means to escape its epistemological traps and adopt an alternative notion of politics. The term postmodern references a complex set of associations primarily because it is used in contemporary writings in at least two ways. First, it is used as a noun; the postmodern serves as a historical marker that isolates the current period in contemporary culture, characterized by an explosion of technologies and the acceleration of information, mass media access, and cultural change. Second, it is used as an adjective, postmodern referring both to cultural manifestations (such as music, television, and clothing) and to theories about the historical period and these cultural artifacts. I will limit my discussion to the major aspects of the theory generally referred to as postmodernism. It is built on three major contentions, the death of "master narratives" in culture, the "death of the author" as a category of inquiry, and an endless play of meanings and surfaces.

The pronouncement on the passing of master narratives in culture is best understood through the work of Jean-Franois Lyotard (1985), whose book *The Postmodern Condition* provides one of the more influential developments of this position. Lyotard sees the postmodern as a designation for a general state in Western civilization in which what he calls "the grand narratives of legitimation" are no longer credible as bases for a philosophical understanding of humankind. Among the narratives that no longer hold sway are the vision of a slow and steady forward progress of history, the belief in the transcendent self, and the Enlightenment belief in reason and freedom. Each is delegitimized in culture because it emphasizes notions of humanity as defined according to essential qualities, to forces of destiny, and to hierarchical relationships between truths and nontruths. In postmodern culture, every discourse is autonomous and is equally subject to the same set of localized criteria for judging its efficacy, wherein attention to language games, localized rules, and the "performativity" of the discourse determine its legitimacy.

Concurrently with the development of postmodern notions about discursive legitimacy, other theorists began to ask questions about the specific category of the author, as again related to notions of the transcendent self and the unproblematic discourse of identity characteristic of much earlier work in philosophy and criticism. Two fundamental statements that announce the "death of the author" come from French theorists Roland Barthes (1977) and Michel Foucault (1979/1980). Both question the set of modernist assumptions typically made about the unified subject or the self. Both argue that the category of "the author" preserves the naive belief that there is an integrated core in individuals from which a piece of discourse unproblematically ensues. According to Barthes, authors do not originate but only translate among various preexisting discourses in the process of textual production. The priority in the struggle over the meaning of texts instead goes to the reader, for in the author's death is the reader's birth. According to Foucault, primary attention should be paid not to the category of the author but to the circulation and appropriation of texts according to established power relations in culture. Authors fade in importance in comparison to the way in which the text takes on a life of its own in its subsequent uses and recontextualizations. What Barthes and Foucault variously describe is a poststructuralist/postmodern assumption that in contemporary culture, the relation between individuals and their discursive products has been severed, thereby opening a space for readers' textual "play" with meanings and power relationships.

Devoid of master narratives and the essentializing presence of the author, the postmodern is a culture of perpetual presents. Culture becomes "fundamentally two-dimensional and lacking in depth, perspective, and time" (Pfeil 1988: 385), a landscape defined by its ever-shifting combinations of images and relationships. The celebrated form of postmodernism is that of a revolutionary pastiche: "a present of hysterical, historical retrospection in which history is fragmented and the subject dispersed in its own representations" (Foster 1984: 72 – 73). The liberating promise of postmodernism resides in the assumption that from such cultural dispersion can come the opening of spaces for subversion of cultural meanings and consequent play with definitions of power. The concept of "self" yields to recognition of multiple subjectivities, the preponderance of history melts into a series of endless contradictions, and each creation and/or dissolution of meanings and pleasures becomes as significant as the next.

The theoretical promises of the postmodern have been embraced by many feminists for a variety of reasons. First, because it offers the prospect of freedom from the epistemological bonds of the master narratives and the fiction of the unified self, the postmodern is seen as opening endless spaces for the play of multiple selves and meanings. With the world as text and life a series of simulations, feminist theorists envision a landscape that is beyond binary categories of sex or gender, masculine or feminine. Identities are dispersed into what Susan Suleiman calls a multiplied set of narrative and interpretive possibilities, "so that what results is a dizzying accumulation" (1986: 25). Pleasure is found in the confusion of boundaries. As evocatively described by Donna Haraway (1990: 205), the postmodern body becomes that of a cyborg, "the disassembled and reassembled, postmodern collective and personal self", whose mode of expression is "a powerful infidel heteroglossia" (1990: 223) that replaces a common language. Postmodernist theory promises feminists a means of cultural critique that does not depend on generalizations or categories, a perspective that does not set boundaries but violates them.

Second, postmodernist theory, as a prominent cultural project, pushes feminism to examine its previous alliances and assumptions. Such self-examination is seen as both necessary and healthy for the development of feminist theory. For example, Nancy Fraser and Linda Nicholson (1988) find that the similarities between the two theoretical projects merit attention and cooperation between them. As they note, "feminists and postmodernists have worked independently on a common nexus of problems. They have tried to rethink the relation between philosophy and social criticism so as to develop paradigms of 'criticism without philosophy'" (1988: 83). These authors argue that because feminism and postmodernism have complementary strengths and weaknesses, the two theoretical perspectives have much to learn from each other, regardless of the androcentrism and political naivet (that Fraser and Nicholson find in the postmodern project. For them, postmodernism most importantly highlights the problems of essentialism that plague feminist political theorizing.

The alternative definition of politics in postmodernism promises to escape the latent essentialism and consequent exclusion of such traditional feminist invocations of the political. In a postmodern landscape, politics cannot be mapped according to a permanent standpoint such as the category of "women"; rather, politics becomes localized and dispersed into a series of random and unpredictable cultural interruptions.

Iris Marion Young (1990: 318) uses the metaphor of the contemporary city to describe the politics of the postmodern: "The temporal and spatial differentiation that mark the physical environment of the city produce an experience of aesthetic inexhaustibility... The juxtaposition of incongruous styles and functions that usually emerge after a long time in city places contribute to this pleasure in detail and surprise. This is an experience of difference in the sense of always being inserted." Contrary to the rootedness of what Young calls the modernist dream of community, then, the politics of the postmodern is found in the continual movement across boundaries and into new surroundings. The pleasures of subversion and surprise constitute a kind of postmodern political resistance. The jouissance of multiplicities refuses definition and closure as each new emanation will be partial and contradictory.

Feminism Dances into the Abyss

Such a vision of multiplicity leads to our final excursion into a Madonna text, her 1990 video *Vogue*. The content of the lyrics and the discourse of posing that constitute this video offer the perfect textualization of the postmodern dream of a politics in which subjectivities constantly traverse different forms, all to the movement of music heard in a mythical and safe place removed from the harsh realities of the everyday. *Vogue* is set in an unspecific location resembling a sparsely decorated sound stage or modeling studio backdrop. Scattered icons signifying bourgeois taste and class abound classically styled statues of the human form, large windows seemingly unattached to walls, columns, pedestals, and high-backed chairs. The video is shot in black and white, an effect that adds to the timelessness of the setting and its inhabitants because it evokes the look of classic Hollywood films from the 1930s. The participants in *Vogue* include Madonna, two female backup singers, and several male dancers/backup singers.

As with the *Rock the Vote Spot*, much of the discursive play in *Vogue* is related to the coding of dress and pose. In many of the shots in the video, the camera lingers on individual participants as they "strike a pose". For the males, the different poses evoke the discourse of modeling. They are dressed in vintage suits or smoking jackets, or they are shot in slow-motion sequences with shirttails flowing or twirling. Moreover, the men in *Vogue*, as in *Rock the Vote*, are coded as gay. This interpretation of the males can be made both from intertextual evidence, such as the interviews and comments in *Truth or Dare* where the dancers reveal their homosexuality, and from their stylized, almost campy poses and expressions. More importantly, the act of voguing is traceable to the gay subculture in which various personas and identities are enacted in dance and drag as a form of subversion of and opposition to the dominant heterosexual culture.

Madonna's sequence of poses more explicitly references the discourse of Hollywood screen legends such as Greta Garbo, Jean Harlowe, Marilyn Monroe, and Marlene Dietrich. One sequence in particular consists of several shots wherein Madonna reembodies well-known photographs of these stars, mimicking their clothing, gestures, and facial expressions. Madonna and her dancers all move constantly through a series of identities in stylized dance and gestures: it is the culmination of the postmodern subject dissolving into a multitude of symbols and attitudes. In *Vogue*, however, difference and opposition are recuperated only as sources of style. The political content of the act of voguing is appropriated and transformed into a superficial dance of appearances.

The lyrics of the song that accompany the images further extend the postmodern invitation to join in the pleasure of diffusion into interchangeable subjects. The act of voguing is held out as an alternative to the struggles and disappointments facing individuals on the hard road of life. The lyrics instead promote a postmodern subversion through dance: "Look around, everywhere you turn there's heartache, it's everywhere that you go. You will try everything that you can to escape the pain of life that you know. I know a place where you can get away, it's called the dance floor, and here's what it's for. Come on, vogue, let your body move to the music." The song promises that for those who strike a pose, regardless of gender or race, the reward will be elevation to the "superstar" identities of their choice. Even if the moment is fleeting, the enticements of voguing rest in the ability to enter and leave the fantasy of multiple subjectivities at will, gaining sensual pleasure and self-expressive satisfaction. In the timeless, shapeless landscape of the dance floor, all is nondiscriminatory, self-gratifying, and safe.

As Madonna promises, all things are appearances in the postmodern: "Beauty's where you find it." The terrain of postmodern politics is an insular space where the goal is self-aggrandizement and the path to politics is a series of disconnected moments of illusion and play. Yet, the allure of the postmodern vision of *Vogue* obscures a set of insistent questions and absences. Compare the speaking subjects in the three Madonna texts: "We have followed a progression that has taken us from the equation of political autonomy with artistic expression, through the association of freedom of speech with sexual expression, to a final diminishment of the distinction between politics and pleasure". From *Nightline* to *Rock the Vote*, public argument has given way to speech at play. From *Vote* to *Vogue*, praxis has vanished into the private act of posing; the search for local truths has transformed itself into the fleeting acquisition of beauty. Postmodernism holds out to feminist politics the dream of multiple selves at play, free of the epistemological bonds of authorship, history, and commitment, but at the cost of the ability to stake a claim to power. In a continually changing landscape where gendered subjectivities disappear into aesthetic objects, feminism must relinquish the standpoint of critique. What demands can be made in the name of difference if such categories of social subjects are never anchored?

The alternative postmodern vision of politics is no less problematic than the politics of feminist realist epistemology. Rather than locate politics in a discourse of identity that potentially leads to essentialism and exclusion, the politics of the postmodern refuses responsibility for itself while it reinforces the very power structures and boundaries it promises to violate. The central postmodern promises of an escape from limiting generalizations and the transcendent self into a free play of meanings become for feminist theory only a series of compromising positions. Such a politics predicated on the rewards of pleasure dangerously conflates personal gratifications with cultural liberation. Let me now develop each of these critiques separately.

First, the postmodernist abandonment of both narratives and authorship is premature for feminist political theory, regardless of whether politics is defined as intervention or play. To embrace the postmodern, with its dissolution of the subject and its implosion of meaning, is to ignore the historicity of discourse and the situatedness of the feminist theorist herself. Much feminist identity theory has been critiqued because it falls prey to the essentializing consequences of narrative generalizations and dependence on categories of identity such as "gender" and "woman". Yet, these critiques fail to recognize a crucial difference between a feminist dependence on the discourse of the personal and the modernist discourse of the transcendent self. As Susan Bordo (1990: 141) argues: "While in theory, all 'totalizing' narratives may be equal, in the context of Western history and the actual relations of power characteristic of that history, key differences distinguish the universalizations of gender theory from the metanarratives arising out of the propertied, white, male, Western intellectual tradition Feminist theory, even the work of white, upper-class women—is not located at the center of cultural power." When feminism accepts the dehistoricizing tendency of the postmodern, it loses its specificity as a discourse different from and in opposition to the historicized power of patriarchal narratives.

What is at stake in the abandonment of standpoints is feminism's ability to retain its status as a theoretical enterprise motivated by critique. In answering the postmodern call to abandon categories, feminism faces the problem described by Christine di Stefano (1990: 73) as the "postfeminist tendency", "a refusal to privilege any particular form of difference or identity against the hegemonic mainstream." Without any specificity of reference to its location in various systems of power and recognition of differences, the politics of feminism gets lost in the uncharted locales of the postmodern landscape. Finding joy in the dance of subjectivities, we forget that the music we move to is manipulated by someone else. No matter how much fun Madonna's notion of voguing may appear to be, posturing cannot be allowed to replace politics.

Similarly, in substituting the private pleasures of interpretation for the public intervention of authorship, feminism again has prematurely abdicated its place as an insistent critical pressure within mainstream narratives. As Nancy K. Miller (1986: 106) argues, "Because women have not had the same historical relation of identity to origin, institution, production, that men have had [their] relation to integrity and textuality, desire and authority, is structurally different." The melding of feminism and postmodernism poses the danger that the death of the author gives birth to nothing more than a new system of limitations in which all discourse about authorial identity and claims based on it are repressed. At risk is the possibility that the entire discourse of gender might be silenced, with feminism exercising its own brand of exclusionary control in its refusal to acknowledge the potential for subjective agency. Such pleasure of the author "in favor of an abstract indeterminacy is an act of oppression" (Walker 1990: 571), one that decontextualizes women from the realm of political intervention. In the abstract, black-and-white landscape of the postmodern, subjectivities are caged into an endless series of mimetic moves, referencing only an aesthetic of appearances. The postmodern entices us to enjoy nothing more than the free play of our own chains (Pfeil 1988: 385).

Second, because it is located only on surfaces and in simulations, the postmodern politics of personal play relegates woman to the place outside power that patriarchy has always left open for her. Rather than liberating itself from modernist bonds, a postmodern feminism becomes complicit in its own imprisonment once more. In this sense, Madonna's claim that she chained herself to her own bed in her videos does not excuse the historicized meanings of such images. To blithely celebrate such representations as liberating is to reproduce the familiar code of patriarchy that renders women as powerless. Wendy Brown (1987: 15) captures the true irony of the dead end to which postmodernism leads feminism when she asks, "What woman needs to be deconstructed, to know herself as a field of discourse, a fiction, a text, a play of 'free-floating signifiers'? These are the very things woman has been; indeed they constitute a marvelous, if parodied, shorthand for the history of women's oppression."

The elevating promise of postmodernism turns into a bottomless abyss for feminist theory if an alliance with it means an abandonment of any kind of claim to subjective agency. Ephemerality leaves woman precisely where she started, outside discourse and with no place of her own to stand, while postmodernism reworks an old pattern of relationships: "a rerun, in updated garb, of the modernist case of the incredible shrinking woman" (di Stefano 1990: 77). In simply adding itself to the shifting flow of forms and surfaces in the postmodern, feminist politics becomes equated with nothing more than stylistic interruptions of bourgeois sensibilities. The feminist critique that once sought the continued exposure of power mutates into a harmless game of evasion.

Feminism's embrace of postmodernism leads to an ultimate cost, the loss of the space in which to insert the voice of difference into the cultural conversation. If feminism relinquishes the authority of identity in favor of an elided distinction between politics and pleasures, we have gained nothing but an invitation to participate in the endless dance of noncommitment. Rather, as Bordo (1990) argues, feminism must insist on specific locations from which to acclaim generalities as well as explore the subtleties of gendered categories; to turn away from the insistence of critique leads to a trap where feminists "cut ourselves off from the source of feminism's transformative possibilities" (1990: 153). Such a grounded feminist politics, of course, leads back in the direction of feminist realist epistemology but with a new awareness of the limitations of political articulation through the mechanisms of representation. Certainly, an insistence on the discursive intervention of "woman" can never transparently communicate a truth about gender experience, yet feminism must continue to cling to such categorizations regardless of their attendant limitations. A focus on impure concepts such as gender does not doom feminist theory to an essentializing path but rather allows these distinctions to be used strategically to open heuristic spaces for the discussion of the relationship between theory and material reality. A feminist politics does not have to search for a transcendent truth about "woman," but it must continue to seize the spaces to speak in her behalf.

The effacements of postmodern theory result in a closure of these discursive avenues. Pure theory is given an ascendancy that silences the voices of difference that are just beginning to articulate their political demands. [2] Indeed, feminism should be very suspicious of a theoretical agenda that celebrates the dissolution of agency that happens to coincide with critical calls from subcultural communities to move their discourses from margin to center. This is not to say that a feminist politics must insist on rigid boundaries that set these groups apart from each other, but at this point, it is still important to insist on a mapping of locations so that we can travel into different worlds without insisting that we must see all cultural points on our itinerary as interchangeable. It is necessary for a feminist politics to insist on subjective agency in order to preserve the distinction between the critical function of speech and the aesthetic play of style, and it is entirely possible to do so without committing the essentialist error of insisting on a single voice or location for the emanation of such a message.

A feminist politics of praxis, therefore, must hold tightly to a sense of commitment. We must preserve our faith in the ability of feminism to intervene and transform because as a political discourse, it is willing to take responsibility for its voices and presences. To give in to the allure of escape and ephemerality is to become participants in the elimination of the possibility of social change. The alternative path of postmodernism leaves feminism only a kind of passive, private, sexually coded politics of illusion to substitute for its origins in an active, powerful critique of culture. To celebrate the postmodern feminist politics represented by Madonna requires replacing the speech of intervention with the discourse of style. The posturing of *Rock the Vote* and the posing in *Vogue* both promise a subversive alternative to the politics of praxis, but the rewards of such pleasures cannot compensate for what is lost when feminism turns away from its transformative purposes. The feminist theoretical move toward postmodern enticements leads feminism down a slippery path, one that descends from politics through pleasure to erasure.

Distinguishing between postmodern passivity and an authentic interventionist politics must remain an urgent task for feminism, particularly in a consumer culture that equates commodification with choice and sexuality with self-determination. Madonna provides a perfect example of the postmodern feminist heroine, selling the virtues of political indeterminacy in her insistent play with sexual expression. Yet, in her discourse as a postmodern icon, something is all too familiar in her transformation of politics into pleasure. Madonna sounds the same old cultural message that a woman's place is to be sensual, stylish, and self-involved. Feminism must not let itself be persuaded to enter the artificially accelerated scramble toward the newest theoretical fashion of postmodernism,[3] especially if the only place this pursuit leads it to is the sexually coded position of submission always already reserved for it. In its race for a theory purified of the dirt of epistemology, feminism has too quickly embraced in postmodernism a discourse that inevitably will lead it to relinquish its autonomy as the persistent advocate of difference. Ultimately, if feminist theory accepts the postmodern conflation between private sexual play and social intervention, then the forces of patriarchy will have succeeded in closing women out of the public space of discourse and seducing them into the bedroom once more.

Notes

This chapter was originally presented at the 1991 Speech Communication

Association Annual Meeting, October 31 – November 3, Atlanta, Ga.

[1] Typical of the images of women's literature is feminist literary criticism that focuses on the search for recurring trends in women's writing, art criticism that features the images and icons associated with women and their experiences, and film criticism that sees the representation of women's experience in cinema as an effective political strategy. See, for example, Gilbert and Gubar (1979); Kimball (1981); and Lesage (1978).

[2] See Hooks's (1990) essay "Postmodern Blackness" and Christian's (1988) analysis for excellent developments of the argument against postmodernism's exclusion of alternative voices.

[3] I am indebted to Christian (1988) for the notion of an accelerated and misguided race for theory in contemporary critical studies.

References

Alcoff, L. (1988), "Cultural Feminism Versus Post-Structuralism: The Identity Crisis in Feminist Theory", *Signs* 13, No. 3 (Spring), pp. 405 – 436.

Barthes, R. (1977), "The Death of the Author", *Image*, *Music*, *Text*. S. Heath (trans.). , New York: Hill and Wang, pp. 142 – 148.

Barthes, R. (1983), *Mythologies*, A. Lavers (trans.), New York: Hill and Wang.

Baudrillard, J. (1981), *For a Critique of the Political Economy of the Sign*. C. Levin (trans.), St. Louis, Mo. : Telos.

Baudrillard, J. (1983), *In the Shadow of the Silent Majorities... or the End of the Social*. P. Foss, P. Patton, and J. Johnston (trans.), New York: Semiotext (e).

Bordo, S. (1990), "Feminism, Postmodernism, and Gender-Skepticism", in L. J. Nicholson (ed.), *Feminism/Postmodernism*, New York and London: Routledge, pp. 133 – 1156.

Brown, M. E. (1990), "Motley Moments: Soap Operas, Carnival, Gossip, and the Power of the Utterance", In M. E. Brown (ed.), *Television and Women's Culture*, London: Sage, pp. 183 – 198.

Brown, W. (1987), "Where Is the Sex in Political Theory?", *Women and Politics* 7, No. I (Spring), pp. 3 – 23.

Brown, W. (1991), "Feminist Hesitations, Postmodern Exposures", *Differences* 3, No. I (Spring), pp. 63 – 84.

Butler, J. (1990), "Gender Trouble, Feminist Theory, and Psychoanalytic Discourse", in L. J. Nicholson (ed.), *Feminism/Postmodernism*, New York and London: Routledge, pp. 324 – 340.

Chodorow, N. (1978), *The Reproduction of Mothering: Psychoanalysis and the Sociology of Gender*, Berkeley: University of California Press.

Christian, B. (1988), "The Race for Theory", *Feminist Studies* 14, No. 1 (Spring), pp. 67 – 79.

Derrida, J. (1976), *Of Grammatology*, G. C. Spivak (trans.), Baltimore, Md.: Johns Hopkins University Press.

Di Stefano, C. (1990), "Dilemmas of Difference: Feminism, Modernity, and Post-modernism", in L. J. Nicholson (ed.), *Feminism/Postmodernism*, New York and London: Routledge, pp. 63 – 82.

Ferguson, K. (1984), *The Feminist Case Against Bureaucracy*, Philadelphia, Pa.: Temple University Press.

Fiske, J. (1986), "Television: Polysemy and Popularity", *Critical Studies in Mass Communication* 3, No. 4 (December), pp. 391 – 408.

Fiske, J. (1987), *Television Culture*, London: Methuen.

Fiske, J. (1990), "Women and Quiz Shows: Consumerism, Patriarchy, and Resisting Pleasures", in M. E. Brown (ed.), *Television and Women's Culture: The Politics of the Popular*, London: Sage, pp. 134 – 143.

Flax, J. (1986), "Gender as a Social Problem: In and for Feminist Theory", *Amerikastudien/American Studies* 31, No. 2, pp. 193 – 213.

Foster, H. (1984), "(Post) Modern Polemics", *New German Critique* 33 (Fall), pp. 72 – 73.

Foucault, M. (1979/1980), "What Is an Author?", K. Hanet (trans.), *Screen* 20, No. I (Spring), pp. 13 – 33.

Fraser, N., and Nicholson, L. (1988), "Social Criticism Without Philosophy:

An Encounter Between Feminism and Postmodernism", in A. Ross (ed.), *Universal Abandon? The Politics of Postmodernism*, Minneapolis: University of Minnesota Press, pp. 83 – 104.

Gilbert, S., and Gubar, S. (1979), *The Madwoman in the Attic: The Woman Writer and the Nineteenth-Century Imagination*, New Haven, Conn.: Yale University Press.

Grossberg, L. (1983/1984), "The Politics of Youth Culture: Some Observations on Rock and Roll in American Culture", *Social Text* 8, No. 2 (Winter), pp. 104 – 126.

Grossberg, L (1984), "I'd Rather Feel Bad Than Not Feel Anything at All: Rock and Roll, Pleasure and Power", *Enclitic* 8, No. 1/2 (Spring/Fall), pp. 94 – 111.

Grossberg, L (1989), "Swinging on the (Postmodern) Star", I. Angus and S. J. Hally (eds.), *Cultural Politics in Contemporary America*, New York: Routledge, pp. 254 – 268.

Haraway, D. (1990), "A Manifesto for Cyborgs: Science, Technology, and Socialist Feminism in the 1980s", L. J. Nicholson (ed.), *Feminism/Postmodernism*, New York and London: Routledge, pp. 190 – 233.

Hirschberg, L. (1991), "The Misfit", *Vanity Fair*, April, pp. 158 – 168, 196 – 198, 200, 202.

Hooks, B. (1990), "Postmodern Blackness", *Race, Gender, and Cultural Politics*, Boston, Mass.: South End Press, pp. 23 – 31.

Jones, K. B. (1991), "The Trouble with Authority", *Differences* 3, No. 1 (Spring), pp. 104 – 127.

Kaplan, E. A. (1987), *Rocking Around the Clock: Music Television, Postmodernism, and Consumer Culture*, New York and London: Routledge.

Kimball, G. (ed.). (1981), *Women's Culture: The Women's Renaissance of the Seventies*, Metuchen, N. J.: Scarecrow Press.

Lacan, J. (1982), *Feminine Sexuality*, J. Mitchell and J. Rose (eds.), J. Rose (trans.), New York: Norton.

Lesage, J. (1978), "The Political Aesthetics of the Feminist Documentary Film", *Quarterly Review of Film Studies* 3, No. 4 (Fall), pp. 507 – 523.

Lyotard, J. E. (1985), *The Postmodern Condition: A Report on Knowledge*, G. Bennington and B. Massumi (trans.), Minneapolis: University of Minnesota Press.

Meese, E. (1986), *Crossing the Double-Cross: The Practice of Feminist Criticism*, Chapel Hill and London: University of North Carolina Press.

Miller, N. K. (1986), "Changing the Subject: Authorship, Writing, and the Reader", in T. de Lauretis (ed.), *Feminist Studies/Critical Studies*, Bloomington: Indiana University Press, pp. 102 – 120.

Owens, C. (1983), "The Discourse of Others: Feminists and Postmodernism", in H. Foster (ed.), *The Anti-Aesthetic: Essays on Postmodern Culture*, Port Townsend, Wash.: Bay Press, pp. 57 – 82.

Petersen, E. E. (1987), "Media Consumption and Girls Who Want to Have Fun", *Critical Studies in Mass Communication* 4, No. I (March), pp. 37 – 50.

Pfeil, E. (1988), "Postmodernism as a Structure of Feeling", C. Nelson and L. Grossberg (eds.), *Marxism and the Interpretation of Culture*, Urbana: University of Illinois Press, pp. 381 – 404.

Polunsky, B. (1991), "Madonna Bares All", *San Antonio Express News*, May 12, pp. 4 – 11.

Probyn, E. (1990), "Travels in the Postmodern: Making Sense of the Local", L. J. Nicholson (ed.), *Feminism/Postmodernism*, New York and London: Routledge, pp. 176 – 189.

Suleiman, S. (1986), "(Re) Writing the Body: The Politics and Poetics of Female Eroticism", S. Suleiman (ed.), *The Female Body in Western Culture*, Cambridge, Mass.: Harvard University Press, pp. 7 – 29.

Walker, C. (1990), "Feminist Literary Criticism and the Author", *Critical Inquiry* 16, No. 3 (Spring), pp. 551 – 571.

Weed, E. (1989), "Introduction: Terms of Reference", E. Weed (ed.), *Coming to Terms: Feminism, Theory, Politics*, New York and London: Routledge, pp. IX – XXXI.

Young, I. M. (1990), "The Ideal of Community and the Politics of Difference", L. J. Nicholson (ed.), *Feminism/Postmodernism*, New York and London: Routledge, pp. 300 – 323.

Madonna's Postmodern Feminism: Bringing the Margins to the Center*

It is precisely at times such as these, when we live with the possibility of unthinkable destruction, that people are likely to become dangerously crazy about sexuality... Disputes over sexual behavior often become the vehicles for displacing social anxieties, and discharging their attendant emotional intensity. Consequently, sexuality should be treated with special respect in times of great social stress.

——Gayle Rubin, "Thinking Sex"

On Monday, December 3, 1990, the two most current signifiers of sexuality and destruction were coupled on ABC's *Nightline*. Although Madonna's defense of her sexually explicit *Justify My Love* video ranked a newsworthy first, displacing the war in the *Persian Gulf*, one followed fast on the other. This pairing was not coincidental. As Gayle Rubin points out, times of great social stress, such as those created by deficit, recession, and war, are likely to produce a displacement of anxieties onto sexual values and erotic conduct. The controversy surrounding Madonna's depiction of diverse sexual practices is, perhaps, symptomatic of the contradictions that besiege the core of an American value system that polices "deviant" sexualities but sanctions the violence of war. Madonna, I contend, is involved in a bloodless war. Hers is a "sex war" to be fought on the field of sexual representation.

The episode of *Nightline* with Forrest Sawyer conducting the interview, established

* 本文选自 Cathy Schwichtenberg (ed.), *The Madonna Connection*. Boulder, Col: Westview Press, 1993.

such a confrontation. Following a video montage that featured Madonna "pushing the boundaries of sexuality," Sawyer issued a paternalistic warning to viewers prior to screening *Justify My Love*. Madonna, as interviewee, spoke nervously from within the television frame—a double frame established by the normalizing context of the mainstream media. She was forced to justify "Justify" in response to Sawyer's sexual inquisition, which defined the terrain of discussion in terms of moral absolutes. Sawyer appeared patronizing and self-righteous, constantly referring to boundaries, lines, and limits: "Where is that line?" "First, you have to tell me where you draw the line." In Sawyer's "newsworthy" discourse on sexuality, "the line" established a zone between a sanctified sexual order and the evil, unspeakable acts on the other side. Madonna, with her polymorphous, gender-blending image, had clearly crossed into the "danger zone".

Although Madonna crosses lines between gender polarities and sexual practices in *Justify My Love*, her multiple video incarnations also have been described as a postmodern challenge to aesthetic boundaries. E. Ann Kaplan (1987: 126) notes that Madonna's "postmodern feminism is part of a larger postmodern phenomenon which her videos also embody in their blurring of the hitherto sacrosanct boundaries and polarities such as male/female, high art/pop art, film/TV, fiction/reality, private/public." Madonna's shifting persona and stylistically seductive aesthetic are all hallmarks of a postmodern commodity culture where modernist notions of authenticity surrender to postmodern fabrication.

Madonna's postmodern reinventions are of particular concern for some feminists who view her multiple personae as a threat to women's socialization, which entails the necessary integration of female identity (Goodman 1990). Yet, such displeasure signals an even larger problematic that pits feminism against postmodernism. Here, perhaps most troubling to feminist criticism is Madonna's role as an envoy of a postmodernism that, in its lack of authenticity, unity, and stable categories, challenges the more modernist foundational tenets of feminism itself.

Nancy Fraser and Linda Nicholson (1990) explain that the shift between postmodernism and feminism is the result of two tendencies that have proceeded from opposite directions toward the same objective to debunk traditional (patriarchal) philosophy in favor of a more politically potent social theory or criticism.

Postmodernists have focused primarily on the philosophy side of the problem. They have begun by elaborating antifoundational and metaphilosophical per spectives and from there have drawn conclusions about the shape and character of social criticism. For feminists, on the other hand, the question of philosophy has always been subordinated to an interest in social criticism (Fraser and Nicholson 1990: 19 – 20).

However, though feminists may have willingly subordinated philosophy to social criticism, philosophy as a male preserve has continued to subordinate questions of feminism.

Craig Owens (1983) observes that in the early 1980s, women were excluded from the postmodern debate. This debate, which incited grand theorizing from male philosophers and cultural theorists, focused on the postmodern challenge to modernism and enlightenment philosophy without so much as noting women's absence (Habermas 1983; Jameson 1984; Lyotard 1984). In response, feminists impertinently pointed out that though male philosophers and cultural theorists could freely relinquish mastery, foundational truths, and unified conceptions of self, women had to question such relativisitic thinking because they had yet to establish an adequate foundation for feminism one that could articulate women's multiple identities to a unified social identity. Such an identity could incite collective political action as well as help forge a social theory responsive to the conditions of all women, oppressed under patriarchy specifically by virtue of gender. Postmodernism called on women to relinquish their foundational goals, and it seemed to undermine earlier feminist theories that moved in that direction.

According to Fraser and Nicholson (1990), feminist thinkers had endeavored throughout the 1970s to produce expansive social theories that could explain the basis for male/female inequities. In the process, feminist thinkers [the authors cite Chodorow (1978) and Gilligan (1983) as representatives]· often reified female differences through essentialist (or universal) categories that excluded the determinants of race, class, and sexual preference. Postmodernism, by contrast, focused on the differences between women rather than their sameness and emphasized the socially constructed (not to mention fluid and ad hoc) nature of all sex and gender categories.

Feminism's newly emergent foundation, forged as an inclusive, woman-centered basis for social thought and political action, confronted a postmodernism without guarantees for feminism that instead offered a network of potential alliances not necessarily bounded by the category of "woman" and its epistemological entailments. With this as a context, it is easy to see why an alliance between feminism and postmodernism is regarded with skepticism.

Currently, then, postmodernism is thought to be a political liability for feminism, insofar as it challenges a unified conception of feminism. Because feminism attempts to posit a unified identity for the category "woman" as its foundation (as in "women's culture", "feminism writing", or "female discourse"), it is compelled to exclude fragmented or multiple identities from its ranks as disruptive signifiers of postmodernism. Thus, both Christine di Stefano (1988) and Kate Soper (1990) argue that postmodernism, with its emphasis on fragmented identities, runs the risk of destroying or subverting a feminism that, as gender politics, is based on a unified conception of women as social subjects; Seyla Benhabib (1984) notes that postmodernism leads to relativism. Susan Bordo (1990a: 135), however, cautions against "eschewing generalizations about gender a priori on theoretical grounds", and she notes that Madonna's postmodern presentation in a music video like *Open Your Heart* facilitates, rather than deconstructs, her objectification (1990b).

But postmodernism may not be a political liability for feminism. For instance, simulation, the key term in Jean Baudrillard's (1983) postmodern theory, is a concept often overlooked in feminist debates. Simulation, which stresses the artificial as "dress-ups", "put-ons", and "make-overs", is not a political liability for a postmodern feminism intent on reclaiming simulation for the "other". In particular, Madonna's political stylistics appeal to lesbians who have long been the "other" as "the skeleton in the closet of feminism" (Case 1988/1989: 57) —Madonna's gender-bending, pin-striped suit and crotch grabs in *Express Yourself*, her scene of Sapphic titillation on "Late Night with David Letterman", and her languid French kiss with l'autre femme in *Justify* all represent a deconstruction of lines and boundaries that fragment male/female gender polarities and pluralize sexual practices. This is a postmodern, unbounded feminism that unifies coalitionally rather than foundationally.

Thus, I read Madonna's figuration against the backdrop of Baudrillardian theory, where simulation is the pivotal term for a postmodern feminism that addresses differences between and among women. Madonna, a postmodern "product", uses simulation strategically in ways that challenge the stable notion of gender as the edifice of sexual difference. Specifically, I analyze Madonna's deconstruction of gender boundaries in the music video *Express Yourself* to illustrate the fragmentation of gender, which is then refashioned through the flux of identities, more conducive to readings of otherness. This, in turn, advances the argument for a radical sexual politics, best exemplified through Madonna's stylistic challenge to an ontological notion of sexuality pluralized in the music video *Justify My Love*. Such an excursion into Madonna's protean persona underscores the need (now more crucial than ever) for feminism to "open its heart" to the radical disjunctures informing gender and sexuality as plural invocations for women under the sign of postmodernism.

Disperse Yourself: Postmodern Gender Simulations

Although Jean Baudrillard's (1983, 1988a, 1988b) bleak postmodern theory may appear from the outset to have nothing in it for women, looks are deceiving. Amid his reified surface world, emblematic of a dead culture, is the concept of simulation. Simulation functions as the conceptual linchpin in Baudrillard's theory of the hyperreal, and it is operationalized at the moment when the poles of the real and of representation contract and collapse into one another. Simulation begins with the liquidation of all referentials, and a new culture of surfaces emerges out of the rubble. This new postmodern culture lacks all reference to a fixed and stable reality. When played out in a postmodern feminist key, this bipolar collapse into fabrication poses a challenge to the male/female polarities of sexual difference, which have by now proved to be an impasse for feminist theory (de Lauretis 1987; Kaplan 1985).

Indeed, sexual difference was erected as a binary structure in which woman's differences were posed in opposition to man's. This reliance on gendered binarisms resulted in woman's separate but equal status or in feminine essentialism, neither of which proved fruitful for theorizing gender beyond the constraints of biological sex. Moreover, the polarities of sexual difference buttressed the edifice of heterosexuality, ostensibly excluding all "others" who did not accede to the male/female couplet (de Lauretis 1986; 1987). Thus, in the effort to collapse this binary opposition, postmodern feminists can seize the moment of simulation and read sexual difference against the backdrop of postmodernism, where gender emerges as a process that must be "worked at" and constructed.

Foremost among constructions of gender is "femininity", which, in light of simulation, can be regarded as artifice or masquerade. For instance, psychoanalyst Joan Riviere (1986) notes that "women who wish for masculinity may put on a mask of womanliness to avert anxiety and retribution feared from men." This, she argues, is especially true of women in male-dominated professions where women disguise themselves as "feminine", as disempowered (Riviere 1986: 35). However, though Riviere contends that femininity is used as a masquerade in the form of "protective coloration", she is unwilling to assert that all femininity is a put-on, lacking any essential bipolar foundation in sexual difference. Femininity is marked by the arrangement of signifiers on the body's surface that act in a part-to-whole relationship in the construction of a "look". The look is key, for women simulate appearances. In this regard, Michele Montrelay (1978: 93) describes femininity as a masquerade that "takes shape in the piling up of crazy things, feathers, hats, and strange baroque constructions which rise up like so many silent insignias". Indeed, Montrelay, Gayatri Spivak (1976, 1983), Mary Russo (1986), Judith Butler (1990b), and Mary Anne Doane (1982) have all suggested the mutable cultural underpinnings of femininity as an exaggeration in which woman "plays" at herself, playing a part. This suggests a reflexive shift to the surface where femininity is in excess of itself as a masquerade. In particular, Doane (1982: 82) notes that "this type of masquerade, an excess of femininity, is aligned with the femme fatale".

The part of the femme fatale has been repeatedly performed by Madonna, who organizes her excess of femininity around the drama of vision. Her body functions as a "prop" that simulates the excessive femininity of male projections only to turn that vision against herself. For example, *Open Your Heart*, *Borderline*, *Material Girl*, and

Express Yourself are all reflexive commentaries on male "looking" countered by a feminine "look". *Open Your Heart* is structured as a cinematic peep show that frames Madonna's play as stripper; *Borderline* is organized around photography and modeling; *Material Girl* refers to the cinematic construction of Marilyn Monroe, deconstructed by Madonna's feminine double play as a construction of a construction; and *Express Yourself* advances a panopticon like vision of surveillance, which Madonna underscores in her gyrations against a screen that reduces her figuration to a cartoon like silhouette.

The exhibitionist knows that the voyeur is watching; thus, Madonna bares the devices of femininity, thereby asserting that femininity is a device. Madonna takes simulation to its limit in a deconstructive maneuver that plays femininity off against itself—a meta-femininity that reduces gender to the overplay of style. If femininity is an excessive performance on one side of the divide, then gender play marks the play of signifiers across the bar. As Wendy Chapkis (1986: 138) notes, "Gender and sex increasingly do appear to be areas of fashion and style rather than biology and identity." Gender play is the mix and match of styles that flirt with the signifiers of sexual difference, cut loose from their moorings. Such inconstancy underscores the fragility of gender itself as pure artifice. Thus, gender play takes shape in a postmodern pastiche of multiple styles: masculinity and femininity fractured and refracted in erotic tension.

Gender play is highlighted, in particular, by the play of differences signifying "drag". Indeed, if masquerade is feminine excess, then drag is the ebb and flow of disengendered and reengendered signifiers that are held in suspension. In the case of female impersonators, Esther Newton (1972: 103) notes this as a "double inversion" in which "appearance is an illusion": "Drag says 'my outside appearance is feminine, but my essence inside [the body] is masculine.' At the same time it symbolizes the opposite inversion: 'My appearance outside [my body, my gender] is masculine but my essence inside [myself] is feminine.'" Drag foregrounds gender as an imitation that lacks an original through a constant shift of contingent signifiers.

Newton's (1972) formulation is relevant to drag insofar as it stresses the double inversion of polarities; however, drag as a performance of gender goes even further. The stylistics of gesture, posture, movement, and pose, as well as the stylization of external adornments, are all signifiers on the loose. They are in process, transiently coded and highlighted in a bricolage of differences that construct an "imagined body" or "provisional identity". Signifiers touch, create friction, and move about in multiple configurations that fragment gender and eroticize play. Drag consists of an energized surrender and retrieval in which parts in flux never designate the whole but rather pose gender as an inherently fractured and easily fragmented construction.

For instance, in Madonna's *Express Yourself* video, drag is a deconstructive performance staged against the futuristic, intertextual backdrop of Fritz Lang's *Metropolis*. This revitalized, postmodern backdrop provides a pastiche of sexually loaded signifiers that reference everything from S/M to gay male pornography, thereby setting the stage for a suited Madonna (Curry 1990). Madonna's performative play has been described approvingly as "a dykey Madonna dancing in a man's suit [and] grabbing her crotch" (Porkorny 1989). Indeed, her drag dance is a decentering vision that highlights the double inversion of drag as a double play on gender. Drag parodies gender, which is fissured through a doubling back on femininity in a masculinity that is feminized: the body multiply figured as gender's autocritique.

Here, Madonna's body is dynamized in a constant conflict and rearrangement of signifiers. Her excessively femme silhouette cuts to a working-class man in silhouette who watches Madonna emerge from the smoke and her monocled and suited transformation, a parodic send-up of "the boss" and the bounds of gendered authority. She throws her body into broad movements mechanized, abrupt. Madonna's dance freely associates with "masculine" workout moves in a kinetic synchronization that also invokes the dissonantly gendered body of Michael Jackson.

Powerful low-angle shots predominate as Madonna punches the air, grabs her crotch, and spreads her legs. She teasingly opens and closes her jacket, revealing a black lace bra in a dissonant interplay of difference. Here, Madonna's drag dance resonates with postmodern dance, which "directs attention away from any specific image of the body and towards the process of constructing all bodies" (Dempster 1988: 48). Madonna's body, caught in the flux of destabilized identities, deconstructs gender as a put-on, a sex toy. Madonna concludes the sequence with hand on crotch and finger pointed at the viewer. The viewer is compelled to reread her body as the intersection of converging differences.

This imaginary construction of the body as fragments reflects on the artifice of gender. Madonna's disingenuous figuration signifies, through strategies of simulation, a political core at the heart of play. Her strategies are not alien to the lesbian community. As Joan Nestle notes, "On a good bar night, the variety of self-presentation runs the whole gamut from Lesbian Separatist drag to full femme regalia to leather and chains" (Stein and Urla 1988: 18). So, too, Madonna enacts this multiplicity; her postmodern body, in disguise and in process, is "unstable, fleeting, flickering, transient—a subject of multiple representations" (Dempster 1988: 48 – 49). Two of Madonna's representational strategies have been touched on here as feminine masquerade and drag. Indeed, the surface play of gender suggests plural styles that, under the sign of the postmodern, are made available to multiple discourses.

Sexuality: Over the Line and Between the Sheets

If gender has gone up in smoke for postmodern feminism in the implosion of sexual difference, then the next step is to deconstruct sex as the basis for identity. Sex must be placed on equally fictive footing with gender for both are mutable and constructed and thus can be deconstructed and refigured. As Butler (1990b: 32) insightfully remarks, "If the regulatory fictions of sex and gender are themselves multiply contested sites of meaning, then the very multiplicity of their construction holds out the possibility of a disruption of their univocal posturing." Indeed, one's biological sex has long been riveted to ontological, essentialist notions of sexuality, with gender as an alibi. Here, Jonathan Ned Katz (1990: 29) notes that "feminists have explained to us that anatomy does not determine our gender destinies (our masculinities and femininities)"; however, he adds, "we've only begun to consider that biology does not settle our erotic fates." Nature has functioned as the basis for culture and its social practices; thus, exposing the artifice of gender is only half the job, sex still exerts a tenacious hold. It is the last line of defense, harboring "natural," "normal," and "immanent" notions of sexuality.

In this society, in particular, compulsory heterosexuality regulates a normalizing frame, for sex (as biology) and gender (as culture) have long been wedded to produce one acceptable form of sexuality as the "natural" derivation of the two. Sexual essentialism, thus rooted in biology, generates sexual determinism as some immanent proclivity toward "proper" erotic aim, object, choice, and sexual practice. However, as Katz (1990: 29) notes, "The common notion that biology determines the object of sexual desire, or that physiology and society together cause sexual orientation, are determinisms that deny the break existing between our bodies and situation and our desiring."

Thus, I would argue, it is time for a break, a radical break from the impoverished script of a univocal sexuality. Here, the postmodern proliferation of bodies, pleasures, and knowledges advocated by Michel Foucault (1980) deregulates the univocal aim of sexual agency, thereby calling into question the fundamental categories of sex and gender as the basis for a unified identity. As demonstrated earlier, gender can be exposed as artifice through strategies of simulation that collapse binarisms. But sexuality, too, must be derailed from its track, which is locked into a naturalized heterosexual destination.

Once again, the maintenance of gay and straight boundaries categorically reproduces the old dream of symmetry found in the male/female couplet of sexual difference. Although gender succumbs to simulation, sexual practices take refuge in sexed bodies from whence those practices originate as homosexual or heterosexual. Not surprisingly, heterosexuality (like the gender-master term male) is constituted as a monolithic category against which all other practices are defined as other, as deviant. Deviance, though, is necessary to the constitution and invention of heterosexuality (Katz 1990). This tenacious sexual binarism undergirds Forrest Sawyer's compulsion to repeat "lines, limits, and boundaries" in his *Nightline* interview with Madonna. To protect the heterosexual zone, Sawyer tries to stave off sexual plurality through the erection of discursive boundaries, a symptom of his terror. Thus when Sawyer stutters "and you have ... apparently group sex," his referent collapses the video with Madonna, her body the finely honed instrument of multiple practices as simultaneously fucker and fuckee with the video's multiple bodiesmall detoured from their assigned routes.

Not surprisingly, *Justify My Love* has been characterized with a moralistic litany of charges against nudity, bisexuality, sadomasochism, and multiple partners (group sex). The video opens up a Pandora's box of sexual prohibitions, which are judged as such through the maintenance of a single sexual standard. The kind of sexual morality, whether religious, political, or psychological, that legislates such a standard has, as Rubin (1984: 283) notes, "more in common with ideologies of racism than with true ethics." According to Rubin (1984: 283):

A democratic morality should judge sexual acts by the way partners treat one another, the level of mutual consideration, the presence or absence of coercion, and the quantity and quality of the pleasures they provide. Whether sex acts are gay or straight, coupled or in groups, naked or in underwear, commercial or flee, with or without video, should not be ethical concerns.

Here, one's body (and what one chooses to do with it) may be the last bastion of freedom against those discourses that try to restrict it. Even those discourses associated with the progressive agendas of liberalism, socialism, and feminism, which supposedly pride themselves on a politics of cultural diversity, often deny freedom of expression to alternative sexualities.

Perhaps most alarming is the tactical alliance between anti-porn feminists and the right wing, of which Rubin notes that, "stripped of their feminist content, much of the language and many of the tactics of persuasion developed by the feminist anti-porn movement have been assimilated by the rightwing" (Stamps 1990: 9).[1] Thus, feminists concerned with violence against women find themselves strange compatriots with the Moral Majority in a coalition that will not necessarily deter male-perpetrated violence but is likely to place sexual minorities under siege by the state.[2]

Butler (1990a) points out that one way to combat this assault on sexual pluralism is proliferation, a Foucauldian strategy that displaces the binary structure of gay and straight as discursively uncontrollable. Rather than succumb to the ontological identities at the core of this sexual binarism, the task is to efface boundaries by refusing the definitional efficacy of the terms themselves to build up a range of representations and intensify multiple meanings. Such tactics, which push for a democratic morality, have been implemented unwittingly by the mainstream media. In their eagerness to vilify "deviance", the media continue to be complicitous in proliferating sexual representations that invite viewers to question the very basis of a single-standard morality within public discourse.

In this respect, both Madonna's polymorphic video and Robert Mapplethorpe's *S/M* photographs have served as vehicles for public controversy. The two have much in common as multidiscursive fragments that have insinuated themselves into our culture's sexual lingua franca as so many loaded signifiers. However, they share even more than representational proliferation and an excess of signification, for Richard Meyer (1990) notes that Mapplethorpe's visual aesthetic relies on the intrinsic theatricality of *S/M*, a high stylization that also informs the sexual stylistics of Madonna's *Justify My Love* video.

Although *Justify* borrows its mise-en-scène from European art cinema, it duplicates Mapplethorpe's preference for black and white to intensify sexual theatrics, which are visually extended by the video's camera work. Vertiginous camera movement tracks Madonna's dizzying walk through mazelike hotel spaces, a subjective sign of the autoerotic extended to glimpses of bodies in spatial dislocation. Fluid cuts on action shift between Madonna's undulating body in the corridor's exaggerated deep space and the flat, staged spaces where leather- and lace-clad bodies pose between acts. Here, the trope of sadomasochism is complicated through a staged distribution of fetish signifiers that diffuse the typical binary terms of mastery and subordination. Marked by fluidity and dislocation, this dream scene collapses the boundaries inscribed in spatial and sexual relations. As Eric Michaels (1987: 91) notes, "texts which intend polysemy, which do not police meaning but instead invite it, do not encourage [singular] identification, a psychological response, but displacement, a spatial activity." The polysexual stimulates the polysemic in this dream of dissymmetry where sexual identities are displaced by multiple erotic acts.

Displacement is at the core of the video's transgression where bodies intersect in the infamous bedroom scene. Multiple bodies shift positions in a series of displacements, while camera movement simulates the fluidity of erotic activity as it ranges over bodies, undisturbed by substitutions. Core identities surrender to the assumption of erotic roles in a splitting between dark and light, male and female, gay and straight, differences multiplied and compounded. As Butler (1990a: 110) notes, "Fantasy enacts a splitting or fragmentation or, perhaps better put, a multiplication or proliferation of identifications that puts the very locatability of identity into question."

Thus, at the outset, Madonna draws her lover, Tony Ward, onto the bed in a medium shot. Space is disrupted as a black, sexually stylized figure enters the flame in a close-up, low-angle shot coded as above Madonna, camera, and viewer. A cut reorients space yet again in a medium close-up shot of Madonna prone on the bed, her arms raised in expectation. Splits between spaces break spatiosexual continuity, and Madonna is joined across the divide by a (wo) man coded between male and female, light and dark: a coding split between spaces and identities. S/he becomes the third term, interceding between Tony and Madonna, as the "top" to Madonna's "bottom." The triangulated erotic action shifts to Tony Ward, now in the revolving third-term position, voyeur to female performers who, as exhibitionists, break the male gaze in two shot-reverse-shot sequences.

Madonna and the complexly figured (wo) man on the bed dislocate and reallocate erotic aims in a polymorphic distribution. As their bodies entwine in a convergence of rhyming black lace, the camera moves horizontally up their bodies toward the locus of categorical rifting, the mouth. Gender and sexuality are placed in question in this crossing of boundaries where a deep, languid kiss is the focal point—a collapse of space and binary terms into the erotic act. As Rosalind Coward (1985: 96) notes, "Sexual relations alone regularly transgress the barrier around each individual, and the kiss seals a crossing into this personal zone, a crossing into the empire of the senses." Close-ups of a muscular back, the flesh between edges of black lace, capture the tactility of Madonna's slow caress, mutually enjoyed.

Justify maintains these structures of splitting, displacement, and the multiplication of erotic aims rerouted into a sexually plural orbit. This extends to top/bottom relations that, though derived from the terminology of gay *S/M*, more generally refer to sexual exchanges in which power is eroticized in the enactment of fluid erotic roles. Newton and Walton (1984: 246) note that:

in any given sexual exchange, the top is the person who conducts and orches trates the episode. The bottom is the one who acts out or interprets the sexual initiatives and language of the top. How this exchange takes place is not a given. The top might not move much or the bottom might be expressive and physically active, rather than the inert being conjured up by the word "passive".

Throughout the video, top/bottom relations shift, beginning with the (wo) man on top of Madonna and Madonna as bottom, initiator of the kiss. Later, Ward is top and Madonna bottom as the camera's horizontal movements simulate intercourse, and still later, these movements are rhymed when Madonna tops Ward, the close-up of her black-laced buttocks matching the earlier shot of the (wo) man's black-laced back. Moreover, toward the video's conclusion, the camera moves with Ward down the (wo) man's body in a sensual caress rhymed in a later move upward in which Ward embraces Madonnam black lace doubly matched on the vertical as well as horizontal planes. Thus, the video presents a gridlike structure to represent multiple points of sexual pleasure as split and dispersed across bodies, between bodies, on top of and beneath bodies—a plural assertion of sexualities.

Justify My Love multiplies and proliferates the very terms of sexual identification through top/bottom interchanges and spacial dislocations that refuse to match sex identity with erotic aim and object choice. Indeed, Justify issues a challenge to ontological notions implicit in the sex/gender/sexuality triumvirate by producing rifts and breaks between their linkage. As a postmodern vehicle for this insistent rifting. Madonna pries open a space in the mainstream to provide sexual minorities with visibility and confirmation, while provoking feminism to rethink its own lines, limits, and boundaries.

Justify and Madonna's other videos suggest that the answer is not to delimit the spheres of feminism and postmodernism but rather to "push the envelope" toward the postmodern possibilities of multifaceted alliances. Her popularity, which traverses the ranks of cross-dressers, drag queens, Dykes for Madonna, and various gay and lesbian sex-radicals, brings the margins to the center of feminist debate through postmodern representational strategies. Feminism, inflected by postmodernism, may be opened up to more radical possibilities. The gay liberation movement is a case in point, where, as James Darsey (1991: 44) notes, "the rhetoric of gay liberation is unique in being perhaps the most thoroughly postmodern of reform discourses."

Although differentially constituted (and not without internal as well as external conflicts), gay men and lesbians have been at the vanguard of political movements, displacing essentialized notions of identity with "a patchwork of overlapping alliances" (Fraser and Nicholson 1990: 35).[3] Indeed, the material power exerted through postmodern sex and gender representations, as practiced within the gay community and popularized by Madonna, can fracture the notion of "an identity" with a motley pastiche of interests, alignments, and identities that intersect at decisive moments. Such provisional coalitions could present a formidable challenge to patriarchal moralism, which, lacking the presumed immanence of identity categories, would have a more difficult time maintaining social control over others aligned in a disparate unity.

Conclusion: Toward a Postmodern Feminist Politics of Motley Alliances

The politics of sex and gender representations as they relate to identity has not been lost on Madonna. One of her more recent guises, recounted with out a trace of irony in *Vanity Fair*, has been that of the lonely chanteuse, nostalgic for domestic "pleasures" such as picking lint from lint screens and mating Sean's socks (Hirschberg 1991). This domestic construction provides some rifting with her bold persona in *Truth or Dare*, a confrontational performance-documentary that has, among other things, Madonna declaring that the sight of two men kissing gives her a "hard-on". In each case, Madonna confounds prescribed boundaries by, respectively, playing at femininity and simulating male sexuality. Thus, from her disengendering polysexual display in *Justify* to her drag dance in *Express Yourself* to her representation as space-age dominatrix in the Blond Ambition tour, Madonna will continue to simulate and deconstruct the "truths" of sex and gender.

Through strategies of simulation, she transforms the "truth" of gender into drag, a dialectical fragmentation between two terms, and then fissures this destabilized sex identity further by means of splitting and displacement to advance a prodigious sexual plurality. In more general terms, her disingenuous figuration says much about the political promise of postmodern strategies.

The ungrounded ground of postmodern feminist discourse, in particular, can establish alliances based on an eccentric and disparate mobilization, aimed at concerted political action. As Butler (1990b: 148) insists, "The deconstruction of identity is not the deconstruction of politics; rather, it establishes as political the very terms through which identity is articulated." This reinscription in the plural expands the range for a coalitional politics not determined or fixed by foundationalist frames. Thus, one could "come out" and participate in a range of identities such as a lesbian heterosexual, a heterosexual lesbian, a male lesbian, a female gay man, or even a feminist sex-radical. As Butler (1990a: 121) notes, "There are structures of psychic homosexuality within heterosexual relations, and structures of psychic heterosexuality within gay and lesbian sexuality and relationships." Once sex and gender are placed on equally fictive footing, the possibilities for multiple identities (and alliances) are enormous.

So, the postmodern era inaugurating simulation and fragmented identities need not because for political pessimism, especially in regard to "others" who have lived in the shadows of realist epistemology and sex and gender essentialism. To think otherwise and to entertain multiple styles, surfaces, sexualities, and identities may move us from the margin to the center in coalitional acts of resistance and disruption.

Thus, we return to the center, to the spectacle of Madonna on *Nightline* splitting the seams that attempt to suture her into a seamless interrogation. At the interview's end, Forrest Sawyer asks her what she will do next, rehearsing the media's desire to know and fix this prolific source of multiplicity. To this, Madonna reflexively replies: "So you want me to promote one of my products, one of my up-coming, button-pushing products?" Madonna thus refuses to divulge the ground or location of her future insurrections. A coalitional politics that lacks all truth in appearances can do likewise. So can a strategic postmodern feminism, whose sly deployments multi-Madonna knows only too well.

Acknowledgments

I would like to thank the University of Utah Humanities Center's National Conference on Rewriting the (Post) Modern (March 1990), at which I presented an earlier version of this chapter. I am also indebted to Cindy Patton, Lisa Henderson, Thomas Nakayama, and Harold Schlechtweg. Reprinted with permission from "Madonna's Postmodern Feminism: Bringing the Margins to the Center", *Southern Communication Journal*, 57, No. 2 (Winter 1992). pp. 120 – 131.

Notes

[1] The specifics of what has been called the "sex wars" or the "sex/porn debates" fall outside the scope of this chapter. However, the debates between antiporn feminists and sex-radicals continue to be a rich area for further research, particularly regarding the defeat of the antipornography ordinances in Minneapolis and Indianapolis, which pitted antiporn feminists against the Feminist Anti-Censorship Task Force (FACT). See Leidholdt and Raymond (1990) and Caught Looking, Inc. (1988) for opposing points of view.

[2] An unlikely and unofficial coalition of fundamentalist religious groups and antiporn feminists has created a discursive climate that encourages state repression of sexual minorities. For example, witness the frightening breach of civil rights in recent police raids on gay and lesbian night clubs and gatherings as reported in *Boston's Gay Community News* (Nealon 1990a, 1990b; Yukins 1991).

[3] Here, it is important to note that gay males and lesbians respond differently to Madonna. Although the wealth of material in the gay press suggests that she is more popular among gay men (Musto 1991), she has also had a profound impact on the lesbian community (Solomon 1990), whose views have been underrepresented in print (but not in widespread networks of discussion). I recognize differences, to be sure, and do not wish to essentialize gay discourse or lump together others as the same.

However, my project here is a first step toward deconstructing sex and gender presumptions and foundations, for which I find the rich and multiple differences represented by gay men, lesbians, and others a lived contestation for what often passes in theory as a given.

References

Baudrillard, J. (1983), *Simulations*, P. Foss, P. Patton, and P. Beitchman (trans.), New York: Semiotext (e).

Baudrillard, J. (1988a), *America*, C. Turner (trans.), London: Verso.

Baudrillard, J. (1988b), *The Ecstasy of Communication*, B. and C. Schutze (trans.), New York: Semiotext (e).

Benhabib, S. (1984), "Epistemologies of Postmodernism: A Rejoinder to Jean-Francois Lyotard", *New German Critique* 33 (Fall), pp. 103 –126.

Bordo, S. (1990a), "Feminism, Postmodernism, and Gender-Skepticism", L. Nicholson (ed.), *Feminism/Postmodernism*, New York: Routledge, pp. 133 –156.

Bordo, S. (1990b), "Material Girl: The Effacements of Postmodern Culture", *Michigan Quarterly Review* 29, No. 4 (Fall), pp. 653 –677.

Butler, J. (1990a), "The Force of Fantasy: Feminism, Mapplethorpe, and Discursive Excess", *Differences* 2, No. 2 (Summer), pp. 105 –125.

Butler, J. (1990b), *Gender Trouble: Feminism and the Subversion of Identity*, New York: Routledge.

Case, S. E. (1988/1989), "Towards a Butch-Femme Aesthetic", *Discourse II*, No. I (Fall – Winter), pp. 55 –73.

Chapkis, W. (1986), *Beauty Secrets: Women and the Politics of Appearance*, Boston, Mass.: South End Press.

Chodorow, N. (1978), *The Reproduction of Mothering: Psychoanalysis and the Sociology of Gender*, Berkeley: University of California Press.

Coward, R. (1985), *Female Desires*, New York: Grove Press.

Curry, R. (1990), "Madonna from Marilyn to Marlene: Pastiche and/or Parody?" *Journal of Film and Video* 42, No. 2 (Summer), pp. 15 –30.

Darsey, J. (1991), "From 'Gay is Good' to the Scourge of AIDS: The Evolution of Gay Liberation Rhetoric, 1977 – 1990", *Communication Studies* 42, No. 7 (Spring), pp. 43 –66.

De Lauretis, T. (1986), "Feminist Studies/Critical Studies: Issues, Terms, and Contexts", T. de Lauretis (ed.), *Feminist Studies /Critical Studies*,

Bloomington: Indiana University Press, pp. 1 – 19.

De Lauretis, T. (1987), "The Technology of Gender", *Her Technologies of Gender: Essays on Theory, Film, and Fiction*, Bloomington: Indiana University Press, pp. 1 – 30.

Dempster, E. (1988), "Women Writing the Body: Let's Watch a Little How She Dances", S. Sheridan (ed.), *Grafts: Feminist Cultural Criticism*, London: Verso, pp. 35 – 54.

Di Stefano, C. (1988), "Dilemmas of Difference: Feminism, Modernity, and Post-modernism", *Women and Politics* 8, No. 3/4 (Spring), pp. 1 – 24.

Doane, M. A. (1982), "Film and the Masquerade: Theorizing the Female Spectator", *Screen* 23, No. 3/4 (September-October), pp. 74 – 87.

Ellis, K., Jaker, B., Hunter, N. D., O. Dair, B., and Tallmer, A (eds.). (1988), *Caught Looking: Feminism, Pornography & Censorship*, Seattle, Wash.: Real Comet Press.

Foucault, M. (1980), *The History of Sexuality*, Vol. I: An Introduction, R. Hurley (trans.), New York: Vintage Books.

Fraser, N., and Nicholson, L. (1990), "Social Criticism Without Philosophy: An Encounter Between Feminism and Postmodernism", L. Nicholson (ed.). *Feminism/ Postmodernism*, New York: Routledge, pp. 19 – 38.

Gilligan, C. (1983), *In a Different Voice: Psychological Theory and Women's Development*, Cambridge, Mass.: Harvard University Press.

Goodman, E. (1990), "Multi-Madonna Offers Wrong Answers", (Northampton, Mass.) *Daily Hampshire Gazette*, December 18, p. 8.

Habermas, J. (1983), "Modernity—An Incomplete Project", H. Foster (ed.), *The Anti-Aesthetic: Essays on Postmodern Culture*, Port Townsend, Wash.: Bay Press, pp. 3 – 15.

Hirschberg, L. (1991), "The Misfit", *Vanity Fair*, April, pp. 158 – 168, 196 – 198.

Jameson, E (1984), "Postmodernism, or the Cultural Logic of Late Capitalism", *New Left Review* 146 (July – August), pp. 53 – 92.

Kaplan, E. A. (1985), "The Hidden Agenda—Revision: Essays in Feminist Film Criticism", *Camera Obscura* 13/14 (Spring – Summer), pp. 235 – 249.

Kaplan, E. A. (1987), *Rocking Around the Clock: Music Television, Postmodernism, and Consumer Culture*, New York: Methuen.

Katz, J. N. (1990), "The Invention of Heterosexuality", *Socialist Review* 20, No. I (January – March), pp. 7 – 34.

Leidholdt, D. and Raymond, J. (eds.). (1990), *The Sexual Liberals and the Attack on Feminism*, New York: Pergamon Press.

Lyotard, J. F. (1984), *The Postmodern Condition: A Report on Knowledge*, G. Bennington and B. Massumi (trans.), Minneapolis: University of Minnesota Press.

Meyer, R. (1990), "Imagining Sadomasochism: Robert Mapplethorpe and the Masquerade of Photography", *Qui Parle* 4, No. I (Fall), pp. 62 – 78.

Michaels, E. (1987), "My Essay on Postmodernity", *Art and Text* 25 (June – August), pp. 86 – 91.

Montrelay, M. (1978), "Inquiry into Femininity", *M/F* I, pp. 83 – 101.

Musto, M. (1991), "Immaculate Connection: Madonna and Us", *Outweek*, March 20, pp. 35 – 41, 62.

Nealon, C. (1990a), "Iowa Gay Fest Raided", *Gay Community News*, September 9 – 15, pp. 1, 7.

Nealon, C. (1990b), "Summer of Gay Raids", *Gay Community News*, September 23 – 29, pp. 1, 3.

Newton, E. (1972), *Mother Camp: Female Impersonators in America*, Englewood Cliffs, N. J.: Prentice-Hall.

Newton, E., and S. Walton (1984), "The Misunderstanding: Toward a More Precise Sexual Vocabulary", C. S. Vance (ed.), *Pleasure and Danger: Exploring Female Sexuality*, Boston, Mass.: Routledge and Kegan Paul, pp. 242 – 250.

Owens, C. (1983), "The Discourse of Others: Feminists and Postmodernism", H. Foster (ed.), *The Anti-Aesthetic: Essays on Postmodern Culture*, Port Townsend, Wash.: Bay Press, pp. 57 – 82.

Porkorny, S. (1989), "Obsess Yourself!", *Gay Community News*, July 30 August 5, pp. 8 – 10.

Riviere, J. (1986), "Womanliness as a Masquerade", V. Burgin, J. Donald, and C. Kaplan (eds.), *Formations of Fantasy*, London: Methuen, pp. 35 – 44.

Rubin, G. (1984), "Thinking Sex: Notes for a Radical Theory of the Politics of Sexuality", C. S. Vance (ed.), *Pleasure and Danger: Exploring Female Sexuality*. Boston, Mass.: Routledge and Kegan Paul, pp. 267 – 319.

Russo, M. (1986), "Female Grotesques: Carnival and Theory", T. de Lauretis (ed.), *Feminist Studies/Critical Studies*, Bloomington: Indiana University Press, pp. 213 – 229.

Solomon, A. (1990), "Dichotomies: Sense and Sensibility in the Lesbian Community", *Village Voice*, June 26, pp. 39 – 42.

Soper, K. (1990), *Troubled Pleasures: Writings on Politics, Gender, and Hedonism*, London: Verso.

Spivak, G. C. (1976), "Translator's Preface", J. Derrida, *Of Grammatology*, Balti-more, Md.: Johns Hopkins University Press, pp. IX – XC.

Spivak, G. C. (1983), "Displacement and the Discourse of Woman", M. Krupnick (ed.), *Displacement: Derrida and After*, Bloomington: Indiana University Press, pp. 169 – 195.

Stamps, W. (1990), "On the Edge, Under the Gun: A Boston Symposium Examines the Right-Wing Attack on Radical Sexuality", *Gay Community News*, September 30 – October 6, p. 9.

Stein, A., and J. Urla. (1988), "Lesbians of the 80: A Lesbian Roundtable Discussion", *On Our Backs* 5, No. 2 (Fall), pp. 16 – 19.

Yukins, E. (1991), "Vice Cops Raid Lesbian Party", *Gay Community News*, March 11 – 17, pp. 1, 6.

Jacqueline Bobo 18

The Color Purple: Black Women as Cultural Readers*

[...]

My aim is to examine the way in which a specific audience creates meaning from a mainstream text and uses the reconstructed meaning to empower themselves and their social group. This analysis will show how Black women as audience members and cultural consumers have connected up with what has been characterized as the "renaissance of Black women writers". [1] The predominant element of this movement is the creation and maintenance of images of Black women that are based upon Black women's constructions, history and real-life experiences.

As part of a larger study I am doing on *The Color Purple* I conducted a group interview with selected Black women viewers of the film. [2] Statements from members of the group focused on how moved they were by the fact that Celie eventually triumphs in the film. One woman talked about the variety of emotions she experienced. "I had different feelings all the way through the film, because first I was very angry, and then I started to feel so sad I wanted to cry because of the way Celie was being treated. It just upset me the way she was being treated and the way she was so totally dominated. But gradually, as time went on, she began to realize that she could do something for herself, that she could start moving and progressing, that she could start reasoning and thinking things out for herself." Other woman stated that she was proud of Celie for her growth— "The lady was a strong lady, like I am. And she hung in there and she

---

* 本文选自 John Storey (ed.), *Cultural Theory and Popular Culture: A Reader*, London & New York: Prentice Hall, 1998. 收入本书时略有删节。

overcame."

One of the women in the group talked about the scene where Shug tells Celie that she has a beautiful smile and that she should stop covering up her face. This woman said that she could relate to that part because it made Celie's transformation in the film so much more powerful. At first, she said, everybody who loved Celie [Shug and Nettie], and everyone that Celie loved, kept telling her to put her hand down. The woman then pointed out that last time Celie put her hand down nobody told her to put her hand down. She had started coming into her own. So when she grabbed that knife she was ready to use it. This comment refers to the scene in the film at dinner table, when Celie and Shug are about to leave for Memphis. Mister begins to chastise Celie, telling her that she will be back. He says, "You ugly, you skinny, you shaped funny and you scared to open your mouth to people." Celie sits here quietly and takes Mister's verbal abuse. Then she asks him, "Any more letters come?" She is talking about Nettie's letters from Africa that Mister has been hiding from Celie that Celie and Shug had recently found. Mister replies, "Could be, Could not be." Celie jumps up at that point, grabs the knife, and sticks it to Mister's coat.

The woman who found this scene significant continued. But had she not got to that point, built up to that point [of feeling herself worthwhile], she could have grabbed knife and turned it the other way for all that it mattered to her. She couldn't have been any worse off. But she say herself getting better. So when she grabbed that knife she was getting ready to use it and it wasn't on herself.

Other comments from the women were expressions of outrage at criticisms made against film. The women were especially disturbed by vicious attacks against Alice Walker and against Black women critics and scholars who were publicly offending the film. One of the women in the interview session commented that she is surprised that there was such controversy over the film: "I had such a positive reading on it, I couldn't imagine someone saying that they didn't like it." Another point she was shocked at the outcry from some Black men: "I didn't look at it be stereotypically Black or all Black men are this way" (referring to the of the character Mister).

[...]

I found that on the whole Black women have discovered something aggressive and useful in the film. It is crucial to understand how this is possible in viewing a work made according to the encoding of dominant ideology. Blackwomen's response to *The Color Purple* loom as an extreme contrast to those of any other viewers. Not only is the difference in reception noteworthy, but Black women's response confront and challenge a prevalent method of media audience analysis insists that viewers of mainstream works have no control or influence on a cultural product. Recent developments in media audience analysis demonstration that there is a complex process of negotiation whereby specific members of culture construct meaning from a mainstream text that is different from the meanings others would produce. These different readings are based, in part, on viewer's histories and experiences.

Oppositional Readings

The encoding-decoding model is useful for understanding how a cultural product can evoke such different viewer reactions. The model was developed by the of Birmingham Centre for Contemporary Cultural Studies, under the direction of Stuart Hall, in an attempt to synthesize various perspectives on media audience analysis and to incorporate theory from sociology and cultural studies. This model is concerned with an understanding of the communication process as operates in a specific cultural context. It analyses ideological and cultural power and the way in which meaning is produced in that context. The researchers at the Centre felt that media analysts should not look simply at the meaning of a text but should also investigate the social and cultural framework in which communication take place.[3]

From political sociology, the encoding-decoding model was drawn from the work of Frank Parkin, who developed a theory of meaning systems.[4] This theory delineates three potential responses to a media message: dominant, negotiated or oppositional. A dominant (or preferred) reading of a text accepts the content of the cultural product without question. A negotiated reading questions parts of the content of the text but does not question the dominant ideology which underlies the production of the text. An oppositional response to a cultural product is one in which the recipient of the text understands that the system that produced the text is one with which she/he is fundamentally at odds. [5]

A viewer of a film (reader of a text) comes to the moment of engagement with the work with a knowledge of the world and a knowledge of other texts, or media products. What this means is that when a person comes to view a film, she/he does:

> *not leave her/his histories, whether social, cultural, economic, racial, or sexual, at the door. An audience member from a marginalized group (people of colour, women, the poor, and so on) has an oppositional stance as they participate in mainstream media. The motivation for this counter-reception is that we understand that mainstream media has never rendered our segment of the population faithfully. We have as evidence our years of watching films and television programmes and reading plays and books. Out of habit, as readers of mainstream texts, we have learned to ferret out the beneficial and put up blinders against the rest.*

From this wary viewing standpoint, a subversive reading of a text can occur. This alternative reading comes from something in the work that strikes the viewer as amiss that appears strange. Behind the idea of subversion lies a reader-oriented notion of "making strange". [6] When things appear strange to the viewer, she/he may then bring other viewpoints to bear on the watching of the film arid may see things other than what the film-makers intended. The viewer, that is, will read against the grain of the film.

Producers of mainstream media products are not aligned in a conspiracy against an audience. When they construct a work they draw on their own background, experience and social and cultural milieu. They are therefore under "ideological pressure" to reproduce the familiar. [7] When Steven Spielberg made *The Color Purple* he did not intend to make a film that would be in the mould of previous films that were directed by a successful white director and had an all-Black or mostly Black cast.

[...]

Black Women's Response

Given the similarities of *The Color Purple* to past films that have portrayed Black people nenegatively, Black women's positive reaction to the film seems inconceivable. However, their stated comments and published reports prove that Black women not only like the film but have formed a strong attachment to it. The film is significant in their lives.

John Fiske provides a useful explanation of what is meant by the term "the subject" in cultural analysis. "The subject" is different from the individual. The individual is the biological being produced by nature; the "subject" is a social and theoretical construction that is used to designate individuals as they become significant in a political or theoretical sense. When considering a text, a cultural product, the subject is defined as the political being who is affected by the ideological construction of the text. [8]

Black women, as subjects for the text, *the Color Purple*, have a different history and consequently a different perspective from other viewers of the film. This became evident in the controversy surrounding the film, and in the critical comments from some Black males about what they perceived as the detrimental depiction of Black women, in contrast to this view, Black women have demonstrated that they found something useful and positive in the film. Barbara Christian relates that the most frequent statement from Black women has been: "Finally, somebody says something about us."[9] This sense of identification with what was in the film would provide a perspective for Black women to form an engagement with the film. This engagement could have been either positive or negative. That it was favourable indicates something about the way in which Black women have constructed meaning from this text.

It would too easy, I think, to categorize Black women's reaction to the film as an example of "false consciousness"; to consider Black women as cultural dupes in the path of a media barrage who cannot figure out when a media product portrays them and their race in a negative manner. Black women are aware, along with of the oppression and harm that come from a negative media history. But Black women are also aware that their specific experience as Black people as women, in a rigid class/caste state, has never been adequately dealt with in mainstream media.

One of the Black women that I interviewed talked about this cultural past and now it affected her reaction to *the Color Purple*: "When I went to the movie, I thought , here I am, I grew up looking at Elvis Presley kissing on all these white girls. I grew up listening to Tammy, Tammy, Tammy. [She sings the song that Debbie Reynolds sang in the movie of the same name.] And it wasn't that I had anything projected before me on the screen to really give me something that I could grow up to be like. Or even wanted to be. Because I knew I wasn't Goldilocks, you know, and I had heard those stories all my life. So when I got to the movie, the first thing I say was "God, this is good acting." And I liked that. I felt a lot of pride in my brothers and sisters by the end of the movie I was totally emotionally drained... The emotional things were all in the book, but the movie just took every one of my emotions towards the end. when she looks up and sees her sister Nettie..., I had gotten so emotionally high at that point..., when she saw her sister, when she started to call her name and to recognize who she was, the hairs on my neck started to stick up. I had never had a movie do that to me before."

The concept "interpellation" sheds light on the process by which Black women were able to form a positive engagement with *the Color Purple*. Interpellation is the way in which the subject is hailed by the text; it is the method by which ideological discourses constitute subjects and draw them into the text/subject relationship. John Fiske describes "hailing" as similar to hailing a cab. The viewer is hailed by a particular work; if she/he gives a cooperative response to the beckoning, then not only are they constructed as a subject, but the text then becomes a text, in the sense that the subject begins to construct meaning from the work and is constructed by the work.[10]

The moment of the encounter of the text and the subject is known as the "interdiscourse". David Morley explains this concept, developed by Michel Peheux, as the space, the specific moment when subjects bring their histories to bear on meaning production in a text.[11] Within this interdiscursive space, cultural competencies come into play. A cultural competency is the repertoire of discursive strategies, the range of knowledge, that a viewer brings to the act of watching a film and creating meaning from a work. As has been stated before, the meanings of a text will be constructed differently depending on the various backgrounds of the viewers. The viewers' position in the social structure determines, in part, what sets of discourses or interpretive strategies they will bring to their encounter with the text. A specific cultural competency will set some of the boundaries to meaning construction.

The cultural competency perspective has allowed media researchers to understand how elements in a viewer's background play a determining role in the way in which she/he interprets a text. Stuart Hall, David Morley and others utilize the theories of Dell Hymes, Basil Bernstein and Pierre Bourdieu for an understanding of the ways in which a social structure distributes different forms of cultural decoding strategies throughout the different sections of the media audience. These understandings are not the same for everyone in the audience because they are shaped by the individual's history, both media and cultural, and by the individual's social affiliations such as race, class, gender, and so on. [12]

As I see it, there can be two aspects to a cultural competency, or the store of understandings that a marginalized viewer brings to interpreting a cultural product. One is a positive response where the viewer constructs something useful from the work by negotiating her/his response, and/or gives a subversive reading to the work. The other is a negative response in which the viewer rejects the work. Both types of oppositional readings are prompted by the store of negative images that have come from prior mainstream media experience—in the case of *the Color Purple*, from Black people's negative history in Hollywood films.

A positive engagement with a work could come from an intertextual cultural experience. This is true, I think, with the way in which Black women constructed leaning from *the Color Purple*. Creative works by Black women are proliferating now. This intense level of productivity is not accidental nor coincidental. It stems from a desire on the part of Black women to construct works more in keeping with their experiences, their history, and with the daily lives of other Black women. And Black women, as cultural consumers, are receptive to these works. The intertextual cultural knowledge is forming Black women's store of decoding strategies for films hat are about them. This is the cultural competency that Black women brought to heir favourable readings of *the Color Purple*.

Black Women's Writing Tradition: Community and Articulation

The historical moment in which the film *the Color Purple* was produced and ceived is what one Black feminist scholar has categorized the "renaissance of Black women writers" of the 1970s and 1980s. Within this renaissance the central concern the writers has been the personal lives and collective histories of Black women. The writers are reconstructing a heritage that has either been distorted or ignored this reconstruction, Black women are both audience and subject. [13]

A major difference in the current period of writing from that of the well-known Irlem Renaissance of the 1920s, the protest literature of the 1940s and the Black ivist literature of the 1960s, is that Black women writers are getting more exposure and recognition today, and the target of their works is different. In the periods of Black writing, male writers were given dominant exposure and the patience to whom they addressed their works was white. The writers believed that the use Black people's oppression was the direct result of white racism, exposing fact to white people would result in change. By contrast, for Black women writers within the last forty years, the Black community has been the major focus their work.

Hortense J. Spillers writes that the community of Black women writing is a vivid fact of national life. Spillers includes in this community not only the writers but Black women critics, scholars, and audience members. This community, which Spillers labels a community of "cultural workers", is fashioning its own tradition. Its cannons and its readers are, she writes, creating their works against the established canons and are excavating a legacy that is more appropriate to their lives. Spillers argues compellingly that that traditions are made, not born. Traditions do not arise spontaneously out of nature, but are created social events. She insists that traditions not only because there are writers there to make them, but also because there strategic audience of heightened consciousness prepared to read and interpret works as such. [14]

Spillers adds that traditions need to be maintained by an audience if they are to live, and she argues that this is currently happening. She writes that "we are put upon to witness" the formation of a new social order of Black women as a community conscious of itself. This is not a random association of writers creating in isolation or readers consuming the works in a vacuum. According to Spillers, the group views itself as a community and is aware that it is creating new symbolic values and a new sense of empowerment for itself and the members of the group.

Stuart Hall has defined the principle of "articulation", developed by Ernesto Laclau, to explain how individuals within a particular society at a specific historical moment wrest control away from the dominant forces in a culture and attain authority over their lives for themselves and for others within their social group. The way in which an articulation is accomplished, and its significance, has bearing on this examination of the film *the Color Purple*. An articulation is defined as the form of a connection, a linkage, that can establish a unity among different elements within a culture, under certain conditions, is in the case of a cultural product such as the film *the Color Purple*, the unity that is formed links a discourse (the film) and a specific social group (Black women or, more precisely, what Spillers has defined as the Black women's writing community). Such unity is flexible, but not for all time. It must constantly be strengthened. The strength of the unity formed between a discourse and a social alliance comes from the use to which the group puts the discourse, or the cultural product. In the case of *the Color Purple*, the film has been used to give new meaning to the lives of Black women.

Articulation, as it is normally defined, can have two meanings: "joining up" in the sense of the limbs of a body or an anatomical structure, or "giving expression to".[15] Hall disagrees with the use of articulation to mean "giving expression to" because it implies that a social group shares an expressive unity, which Hall believes it does not. An articulation results from a coming together of separate discourses under certain specific conditions and at specific times. The use of articulation to mean "giving expression to" implies that the two elements that are linked are the same, but for Hall they are not. The unity formed "is not that of an identity where one structure perfectly reproduces or recapitulates" the other. The social group and the signifying text are not the same. An articulation occurs because a social alliance forms it, in a political act which makes the group a cohesive one for a time, as long as it goes on acting for a political purpose.

When an articulation arises, old ideologies are disrupted and a cultural transformation is accomplished. The cultural transformation is not something totally new, nor does it have an unbroken line of continuity with the past. It is always in a process of becoming. But at a particular moment the reality of the cultural transformation becomes apparent. The group that is the catalyst for it recognizes that a change is occurring and that they are in the midst of a cultural transition. The formal elements of the transformation are then recognized and consolidated.

The Black women's writing tradition laid a foundation for the way in which Black women formed an articulation through which they interpreted the film *the Color Purple*. The boundaries of the tradition are set from 1850 onward. Although Black women were socially and politically active from the beginning of their enforced presence in the "new world", their writings, speeches, and lectures, their "publics" as Hazel Carby describes it, was not being recorded and preserved. The critical point, however, is that Black women's voices were being heard.[16]

The public voice of nineteenth-century Black women activists resounds now in the creative works of Black women in the 1970s and the 1980s, thus giving imporary texts all the elements of a tradition.

[...]

Black women's positive response to the film *the Color Purple* is not coincidental, nor is it insignificant. It is in keeping with the recent emergence of a body of critical works about the heritage of Black women writers, the recent appearance of other novels by Black women written in the same vein as *the Color Purple* and, very importantly, the fact that there is a knowledgeable core of Black women readers of both literary and filmic texts. This community of heightened consciousness is in the process of creating new self-images and forming a force for change.

Notes

[1] Mary Helen Washington, "Book Review of Barbara Christian's Black Women Novelists", in *Journal of Women in Culture and Society*, Vol. 8, No. 1 (August 1982), p. 182.

[2] I am at present writing a dissertation on Black women's response to the film *the Color Purple*. As part of this study I conducted what will be an ethnography of reading with selected Black women viewers of the film in December 1987 in California. All references women interviewed come from this study. For a discussion of the issues of readers resposne to texts, in media audience analysis, see Ellen Seiter et al., "Don't Treat Us Like We're So Stupid and Naive: Towards an Ethnography of Soap Opera Viewers, in *Rethinking Television Audiences*", in Ellen Seiter (ed.), Chapel Hill: University of North Carolina Press, Forthcoming. See also Seiter's use of Umberto Eco's open/closed text distinction to examine the role of the woman reader. Seiter uses Eco's narrative theory to argue for the possibility of "alternative" readings unintended by their producers in "Eco's TV guide: the soaps", *Tabloid*, No. 6 (1981), pp. 36 – 43.

[3] David Morley, "Changing Paradigms in Audience Studies", in *Rethinking Television Audiences*, Ellen Seiter (ed.), Chapel Hill: University of North Carolina Press, Forthicoming.

[4] David Morley, "Changing paradigms", p. 4.

[5] Lawrence Grossberg, "Strategies of Marxist Cultural Interpretation", *Critical Studies in Mass Communication*, No. 1 (1984), p. 404.

[6] Christine Gledhill explains the idea of "making strange" in two articles: "Developments Feminist Film Criticism", in Revision: Essays in Feminist Film Criticism, Mary Annane, Patricia Mellencamp and Linda Williams (eds.), Frederick, MD: University Pubications of America, in association with the American Film Institute, 1984; and Klute: "A Contemporary Film Noir and Feminist Criticism", in *Women in Film Noir*, E. Ann Kaplan (ed.), London: British Film Institute, 1984.

[7] Lawrence Grossberg, p. 403.

[8] John Fiske, "British Cultural Studies and Television", in *Channels of Discourse: Television and Contemporary Criticism*, Robert C. Allen (ed.), Chapel Hill: University of North Carolina Press, 1987, p. 58.

[9] Barbara Christian, University of Oregon, 20 May 1986. *Television*, p. 258.

[10] John Fiske, "British Cultural Studies and Television", p. 258.

[11] David Morley, "Texts, Readers, Subjects", in *Culture, Media, Language*, Stuart Hall, Dorothy Hobson, Andrew Lowe and Paul Willis (ed.), London: Hutchinson, 1980, p. 164.

[12] David Morley, "Changing Paradigms in Audience Studies", p. 4.

[13] Barbara Christian, Seminar: "Black Women's Literature and the Canon", University of Oregon, 7 December 1987.

[14] Hortense J. Spillers, "Cross-Currents, Discontinuities: Black Women's Fiction", in *Conjuring: Black Women, Fiction, and Literary Tradition*, Marjorie Pryse and Hortense J. Spillers (eds.), Bloomington: Indiana University Press, 1985, p. 250.

[15] Stuart Hall discusses the principle of "articulation" in two articles: "Race, Articulation and Societies Structured in Dominance", in *Sociological Theories: Race and Colonialism*, UNESCO, 1980, pp. 305 – 345. Also, Lawrence Grossberg (ed.), "On Postmodernism and Articulation: An Interview with Stuart Hall", *Journal of Communication Inquiry*, Vol. 10, No. 2, Summer 1986, pp. 45 – 60.

I explore the principle of "articulation" further in the larger study that I am doing on Black women's response to *the Color Purple*. I see the articulation between Black women as audience, the Black women's writing community and Black women's collective response to the film as constituting a social force that will affect other areas in Black people's lives politically, economically and socially.

[16] Hazel V. Carby, *Restructuring Womanhood: The Emergence of the Afro-American Woman Novelist*, New York: Oxford University Press, 1987. Other critical works that examine the Black women's writing tradition are: *The Black Woman* (1970), by Toni Cade; *Black-Eyed Susans* (1975) *and Midnight Birds* (1980), by Mary Helen Washington; *Black Women Writers at Work* (1983), Claudia Tate (ed.); *Black Women Writers* (1984), by Mari Evens; *Invented Lives* (1987), by Mary Helen Washington; and *Specifying* (1987), by Susan Willis.

后　记

《西方女性媒介文化研究》是2010年国家社科基金青年项目“当代英美亚文化理论及实践研究”（胡疆锋博士主持，项目编号为10CZW012）的子课题，主要探讨女性亚文化理论的核心问题，包括女性主义与大众文化、女性主义与电影研究、女性主义与电视文化、女性主义与翻译研究、女性主义与言情小说、女性媒介受众、女性主体建构、后现代女性主义文化、麦当娜镜像的女性文化分析等。

本课题的最终完成，首先要感谢首都师范大学胡疆锋博士主持的国家社科基金青年项目给我们提供的灵感启发和资料援助。其次要感谢北京印刷学院科研处提供的经费支持和科研条件。感谢中国国家图书馆、香港中文大学图书馆、加拿大多伦多大学图书馆在文献资料上提供的方便与帮助，感谢广州大学社科处提供的便利条件。

本书的最终出版还要感谢暨南大学出版社人文社科分社社长杜小陆先生。衷心感谢他为本书出版所慷慨付出的时间、精力、智慧与尊重。他的热情鼓励与敬业奉献始终是我们编撰本书的能量动力与精神支柱。感谢责任校对黄颖女士的细心用心。

最后十分感谢各位英文作者为本书提供的学术论文，特别要感谢美国加州大学 Douglas Kellner 教授，纽约大学 E. Ann Kaplan 教授，威斯康星大学 John Fiske 教授，澳大利亚昆士兰理工大学 John Hartley 教授，加拿大多伦多大学 Linda Hutcheon 教授，感谢这些国际学者的跨时空鼓励与指导。感谢湖南师范大学新闻传播学院的蔡骐教授。感谢《南京社会科学》，《山西大学学报》，《学术论坛》，*Critical Quarterly*，*Screen*，*Quarterly Review of Film Studies*，*Journal of Communication Studies* 等中外学术刊物提供的版权支持与版权使用。

编著者

2013 年 6 月一稿于北京

2013 年 10 月二稿于广州